Rainer Oestmann

Pausengespräche

Politische Bildung

in Stichworten

Seit ESM 1789

Verlag E.S. Mittler & Sohn · Hamburg · Berlin · Bonn

Die Deutsche Bibliothek – CIP-Einheitsaufnahme

Oestmann, Rainer:
Pausengespräche : politische Bildung in Stichworten /
Rainer Oestmann. – Hamburg ; Berlin ; Bonn : Mittler, 1997
ISBN 3-8132-0518-5

ISBN 3 8132 0518 5; Warengruppe 16

Layout und Produktion: Alexandra Busch
Belichtung: Einsatz Creative Production, Hamburg
Druck und Bindung: Druckerei Runge GmbH, Cloppenburg
Printed in Germany

Inhalt

Kapitel 7:
Deutschland als Bündnispartner in der NATO

Kapitel 8:
Deutschlands Rolle in der UNO

Kapitel 9:
Rüstungskontrolle und Entspannungspolitik

Kapitel 10:
Sicherheitspolitische Perspektiven für die Zukunft

Kapitel 11:
Die Problematik »Krieg und Frieden«

Kapitel 12:
Zeittafeln

Kapitel 13:
Quellenverzeichnis

Kapitel 14:
Abkürzungsverzeichnis

Kapitel 15:
Stichwortverzeichnis

Vorwort

Politische Bildung ist und bleibt eine Kernaufgabe von Führung, Ausbildung und Erziehung in Streitkräften in einer Demokratie und damit wesentliche Grundlage für die Motivation von Soldaten.

Angesichts der neuen, zusätzlichen Herausforderungen muß der Soldat seine Aufgaben professionell beherrschen, sie aber mehr denn je zugleich in den politischen Zusammenhang einordnen können.

Dieses Bewußtsein kann nur im Rahmen einer Politischen Bildung geweckt werden, die alltagsgerecht und praxisorientiert angelegt sowie einfach, für jedermann verständlich und unter Verzicht auf weitschweifige, wissenschaftliche Abhandlungen angeboten wird.

Dies ist Aufgabe von Führern aller Ebenen im täglichen Dienstbetrieb wie auch im Einsatz und bezieht sich sowohl auf die politische Unterrichtung, als auch das Gespräch im Kameradenkreis.

Der Autor der »**Pausengespräche**« hat sich zum Ziel gesetzt, die Umsetzung dieser Verpflichtung durch brauchbare, praxisnahe Informationsvermittlung zu unterstützen:

➡ Zahlreiche Schaubilder,
➡ Prinzipskizzen,
➡ Stichwort-und Zitatsammlungen

bieten sich zur methodischen Aufbereitung für Unterrichte, Kurzvorträge oder »Hand-outs« an.

»**Pausengespräche**« spannen den Bogen

➡ von den Menschenrechten als Basis einer freiheitlichdemokratischen Grundordnung und des Staatbürgers in Uniform,
➡ über die Grundlagen des Einsatzes deutscher Streitkräfte im Rahmen europäischer aber auch internationaler, kollektiver Sicherheitssysteme

☞

➡ bis hin zu Fragen der Rüstungskontrolle, Entspannungspolitik, Friedensforschung und sicherheitspolitischer Perspektiven für die Zukunft.

Für Offiziere, Unteroffiziere, Wehrpflichtige und Reservisten – aber auch für alle anderen, an Sicherheitspolitik Interessierten – ein wertvoller Helfer und schnell verfügbares, komplexes Nachschlagewerk, das kaum Fragen offenläßt!

Hamburg im Dezember 1996 *Rainer Oestmann*

Bundesminister Volker Rühe:

*»**Politische Bildung** ist und bleibt eine Kernaufgabe von Führung, Ausbildung und Erziehung in unserer Armee in der Demokratie.*
Heute steht sie vor zusätzlichen Herausforderungen. ...

***

... Der Auftrag der Bundeswehr erfordert bei den Soldaten ein ausgeprägtes Bewußtsein für die politische Dimension militärischen Urteilens und Handelns.
Politische und militärische Verantwortung verlangen, den Soldaten auch geistig auf die künftigen Aufgaben vorzubereiten.
Er muß diese Aufgaben professionell beherrschen, aber sie zugleich in den politischen Zusammenhang einordnen können.
Jeder Soldat muß wissen und verstehen, wofür er ausgebildet und gegebenenfalls eingesetzt wird.
Er soll überzeugt sein, daß sein Auftrag politisch notwendig, militärisch sinnvoll und moralisch begründet ist.
Das Rüstzeug wird im staatsbürgerlichen und völkerrechtlichen Unterricht vermittelt. ...«

Auszug aus dem Vorwort zur
»Weisung zur Durchführung der Politischen Bildung i. d. Streitkräften ab 1. Januar 1996«

Helfen Sie mit, Ihre

"PAUSENGESPRÄCHE"

aktuell und praxisorientiert zu gestalten !

Einfach kopieren – ausfüllen – abschicken !

Ihre Adresse:

Name:
Straße:
PLZ /Wohnort:
Telefon:

Vorschläge:

•Trotz höherer Kosten ist mir eine **Loseblattsammlung** lieber ❑
•Eine **CD-Rom**-Version ist praktikabler ❑

•Für den **Multi-Media**-gestützten Unterricht wäre die entsprechende Aufbereitung der Schaubilder auf Diskette (Powerpoint/PPT) eine große Hilfe (ca30-40 DM /bedarfsorientiert / ggf Anfg /97) ❑

Weitere Fragen:

Verlagsgruppe
KOEHLER/MITTLER
Vertrieb

Tel.: 040/79713-322
Fax: 040/79713-324

Lebenslauf

1945 als Sohn eines Berufsoffiziers in der Lüneburger Heide geboren, **Abitur** in Köln

1965 Eintritt als **Offiziersanwärter** in die Bundeswehr, **Führungs- und Stabsverwendungen** in aufsteigenden Verantwortungsebenen in der Panzergrenadier-, Panzerjäger- und Panzertruppe.

1987 einjährige **Generalstabsausbildung** an der Führungsakademie der Bundeswehr.

1990 als **Kommandeur** eines in Schleswig Holstein grenznah eingesetzten Panzerbataillons mit seinen Soldaten im Rahmen der **Wiedervereinigung** aktiv am Abbau der Grenzbefestigungen beteiligt.

Seit
1991 als Generalstabsoffizier im Aufgabenbereich Personal- und Menschenführung, Politische Bildung, Presse- und Öffentlichkeitsarbeit in einem Divisionsstab und als **Dozent an der Führungsakademie** der Bundeswehr in Hamburg eingesetzt.

Bis
1996 im Auftrag des Inspekteurs Mitwirkung an der **Erarbeitung der neuen Führungsvorschriften** für »Das neue Heer für neue Aufgaben«

Bisherige Veröffentlichungen:

1. ***»Multinationale Befehlsausgabe«*** (English for Military Leaders) Handbuch für die Zusammenarbeit militärischer Führer aller Ebenen mit verbündeten Streitkräften. (Walhalla-Verlag/ Regensburg)
2. ***»Dazu befehle ich.....!«*** Handbuch für Ausbildung und Einsatz (Walhalla-Verlag/ Regensburg)

Kapitel 1:
Menschenrechte –
Basis einer freiheitlich demokratischen Grundordnung

1.1 Was sind **Menschenrechte**?

1.2 Wem steht **Menschenwürde** zu?

1.3 Warum ist es das höchste Ziel einer demokratischen Verfassung, die **Menschenwürde** des Einzelnen **zu wahren**?

1.4 Wie **schützt** und **achtet** der Staat die **Würde des Menschen**?

1.5 Was ist eine **freiheitliche Grundordnung**?

1.6 Was ist eine **demokratische Grundordnung**?

1.7 Was bedeutet »**Freiheitliche Demokratische Grundordnung**«?

1.8 Was sind **Grundrechte**?

1.9 Warum müssen die **Grundrechte** in einer **demokratischen Verfassung** festgeschrieben sein?

1.10 Wie werden die **Grundrechte verwirklicht**?

1.11 Unter welchen Voraussetzungen können **Grundrechte eingeschränkt** werden?

1.12 Welche **Grundrechte können eingeschränkt** werden?

1.13 Welche **Aufgabe** ordnet das **Grundgesetz** dem **Staat** zu?

1.14 Warum muß auch in einer Demokratie die **staatliche Gewalt kontrolliert** werden?

1.15 Warum **Gewaltenteilung**?

1.16 Sind der **Macht Grenzen** gesetzt?

1.17 Wie vollzieht sich **Willensbildung in einem demokratischen Staat**?

1.18 Was bedeutet **Pluralismus**?

1.19 Warum **Parteien**?

1.20 Warum ein **Recht auf Verweigerung** des Kriegsdienstes?

1.21 Welchen Zweck hat das **Humanitäre Völkerrecht**?

Was sind Menschenrechte?

1.1

1. Menschenrechte sind die dem Individuum zustehenden **»angeborenen«** und **»unveräußerlichen«** Rechte auf Schutz vor Eingriffen des Staates.

2. **Sie sind durch den Staat zu achten! (Art. 1 GG)**

3. **Geschichte:**
   - ➡ Ergebnis des »Humanismus« und der »Naturrechtslehre«
   - ➡ **Festgelegt in:**
     - Magna Charta Libertatum (**1215**/England)
     - »Habeas-Corpus Akte« (**1675**/England)
     - »Bill of Rights« (**1689**/England)
   - ➡ erstmals formuliert und **vertragsrechtlich festgehalten:**
     - »Virginia Bill of Rights« (**1776**/1. amerikanische Verfassung)
     - »Déclaration des droîts de l'homme et de citoyen« (**1789**/»Französische Revolution«)
   - ➡ In **Deutschland** wurden die Menschenrechte erstmals in die Verfassungen der Deutschen Staaten
     - Kurhessen und Kursachsen (**1831**)
     - Nassau, Bayern und Baden (**1840**)
     - Preussen (**1850**)

     aufgenommen.
   - ➡ In der **Weimarer Verfassung** (**1919**) wurde diesbezüglich ein eigener Grundrechtsteil geschaffen (II. Teil der Verfassung: Grundrechte und Grundpflichten der Deutschen)
   - ➡ Das **Grundgesetz der Bundesrepublik Deutschland** (23.05.**1949**) hat die Grundrechte in ihrer herausgehobenen Wertigkeit zu Beginn **(Artikel 1-19)** eingeordnet und als »unantastbar« eingestuft.

Quellen: 37

Wem steht Menschenwürde zu?

1.2

Menschenwürde

➡ kommt **allen Menschen** zu
➡ ist Grundlage der Menschenrechte
➡ ist **oberstes und unantastbares Grundrecht unserer Verfassung (Art. 1GG) (Art. 3 GG)**

Artikel 1 (GG)

(1) »Die Würde des Menschen ist unantastbar. Sie zu achten und zu schützen ist Verpflichtung aller staatlichen Gewalt.«

(2) »Das deutsche Volk bekennt sich darum zu unverletzlichen und unveräußerlichen Menschenrechten als Grundlage jeder menschlichen Gemeinschaft, des Friedens und der Gerechtigkeit in der Welt.«

Quellen: 1

Warum ist es das höchste Ziel einer demokratischen Verfassung, die Menschenwürde des Einzelnen zu wahren?

1.3

1. Das moderne **Menschenbild** geht davon aus, daß der Mensch
   → eine **selbständige, selbstverantwortliche** und
   → **frei entscheidende Persönlichkeit** ist,
   → die ein – von Gott gewolltes – **Anrecht auf Würde** hat.

2. Voraussetzung für die Erhaltung der Menschenwürde ist die **Freiheit** der Person, welche persönliche Entscheidungen zuläßt und **auf Einengung** – wo immer möglich – **verzichtet.**

3. Das **Recht** des einzelnen Staatsbürgers, menschenwürdig behandelt zu werden, beinhaltet zwangsläufig die **Verpflichtung,** den anderen Mitgliedern der Gemeinschaft **gleiches Recht** einzuräumen. **(Art. 3 GG)**

4. Dies zu garantieren ist **Auftrag** der Verfassung! (**Art. 1** Abs. 3)

Quellen: 1

Wie schützt und achtet der Staat die Würde des Menschen?

1.4

Er schützt sie Kraft **Gesetz**

- → durch **Unverletzlichkeitsrechte,** die dem Einzelnen Freiraum und zugleich den Schutz des Staates sichern,
- → durch **Freiheitsrechte,** die dem Einzelnen Selbstverwirklichung sowohl in staatsbürgerlicher als auch in politischer Hinsicht garantieren,
- → durch **Gleichheitsrechte,** die davon ausgehen, daß alle Menschen naturgewollt verschieden sind, aber gleichzeitig sicherstellen, daß sich daraus keine Sonder- bzw. Vorrechte ergeben.
- → durch **soziale Grundrechte,** die den Staat im Bereich Fürsorge und Verantwortung für seine Bürger in die Pflicht nehmen.

Quellen: 1

Was ist eine freiheitliche Grundordnung?

1.5

Freiheitliche **Grundordnung**

- ➡ stellt in ihren Mittelpunkt die Prinzipien **Freiheit, Gerechtigkeit, Gleichheit,**
- ➡ sichert die **Würde des Einzelnen,**
- ➡ ist die Basis einer Lebensweise, die **die Auseinandersetzung über unterschiedliche Auffassungen** und Wertvorstellungen innerhalb der Gesellschaft durch Rechtsgrundlagen garantiert, dabei jedoch auf eine **Lenkung verzichtet,**
- ➡ garantiert auch **Minderheiten** gleich welcher Art, ihre Interessen oder Ziele zu vertreten,
- ➡ ist keine starre Ordnung, sondern entwickelt sich **dynamisch** durch aktive Einflußnahmen der Bürger weiter,
- ➡ garantiert das Recht auf **Selbstverwirklichung.**

Quellen: 1

Was ist eine demokratische Grundordnung?

1.6

1. Eine demokratische **Grundordnung**

   → verhindert
   den unkontrollierten Herrschafts- oder Führungsanspruch gesellschaftlicher bzw. politischer Eliten oder Idelogien,

   → garantiert dem Bürger **das Recht auf Mitsprache** in allen Angelegenheiten, die das Gemeinwohl beeinflussen.

2. Den Bürgern als Gesamtheit wird **uneingeschränkte, gleichberechtigte** Beteiligung am politischen und gesellschaftlichen Prozeß zugestanden.

3. Wesentlicher Pfeiler einer demokratischen Grundordnung ist die garantierte **Kontrolle durch die Öffentlichkeit.** Diese wird realisiert durch das Recht auf freie Meinungsäußerung, auf Pressefreiheit usw.

Quellen: 1

Was bedeutet »Freiheitliche demokratische Grundordnung«?

1.7

1. **»Freiheitliche demokratische Grundordnung«**
   ist eine Ordnung,
   - ➞ die zum **Basisgedanken des Grundgesetzes** der Bundesrepublik Deutschland wurde, und
   - ➞ den **Ausschluß jeglicher Gewalt und Willkürherrschaft** garantiert.

2. Damit ist sie eine **rechtsstaatliche Gesellschaftsordnung**
   - ➞ auf der Grundlage der **Selbstbestimmung** des Volkes
   - ➞ nach dem Willen der jeweiligen **Mehrheit**
   - ➞ der **Freiheit** und **Gleichheit.**

3. Zu den **grundlegenden Prinzipien** dieser Ordnung sind mindestens zu rechnen:
   - ➞ die Achtung vor den im Grundgesetz konkretisierten **Menschenrechten,**
     vor allem vor dem **Recht der Persönlichkeit,**
     auf **Leben** und **freie Entfaltung;**
   - ➞ die Volkssouveränität;
   - ➞ die **Gewaltenteilung**
   - ➞ die Verantwortlichkeit der Regierung
   - ➞ die Gesetzmäßigkeit der Verwaltung
   - ➞ die **Unabhängigkeit der Gerichte**
   - ➞ das **Mehrparteienprinzip** und die **Chancengleichheit** für alle polit. Parteien mit dem Recht auf verfassungsmäßige Bildung und Ausübung einer Opposition.

4. Das **Bundesverfassungsgericht** hat auf Antrag der Bundesregierung 1952 die Sozialistische Reichspartei (SRP) und 1956 die Kommunistische Partei Deutschlands (KPD) verboten. Es hat dabei die »freiheitliche demokratische Grundordnung« als Ordnung definiert,

   »die unter Ausschluß jeglicher Gewalt- und Willkürherrschaft eine rechtsstaatliche Herrschaftsordnung auf der Grundlage der Selbstbestimmung des Volkes nach dem Willen der jeweiligen Mehrheit und der Freiheit und Gleicheit darstellt«. (Urteil vom 23.10.1952)

Was sind Grundrechte?

1. Höchstes Ziel unserer Grundrechte ist die Wahrung der **Menschenwürde! (Art. 1 GG)**

2. Grundrechte garantieren **Freiheitsrechte:**
   ➞ Recht auf freie Entfaltung der Persönlichkeit
   ➞ Glaubens-, Gewissens- und Religionsfreiheit
   ➞ Freiheit der Meinungsäußerung und Pressefreiheit
   ➞ Freiheit von Wissenschaft und Kunst
   ➞ Versammlungsfreiheit
   ➞ Recht auf Freizügigkeit

3. Darüber hinaus stellen sie **Gleichheitsrechte** sicher:
   ➞ Gleichheit vor dem Gesetz
   ➞ Gleichberechtigung der Geschlechter, Staatsangehörigkeiten, Rassen, Hautfarben, Sprachen, Religionen und politischen Anschauungen.

4. Im Bereich der **sozialen Grundrechte** garantieren sie:
   ➞ Schutz von Ehe und Familie
   ➞ Mutterschutz
   ➞ Recht auf freie Berufswahl
   ➞ Petitionsrecht

5. Sie sichern **Unverletzlichkeitsrechte:**
   ➞ Schutz und Achtung der Würde des Menschen
   ➞ Recht auf Leben, körperl. Unversehrtheit und Freiheit der Person
   ➞ Unverletzlichkeit des Brief-, Post- und Fernmeldegeheimnisses
   ➞ Unverletzlichkeit der Wohnung
   ➞ Schutz der Staatsangehörigkeit

1.8

6. Damit bilden die Grundrechte den
Rahmen der menschlichen Werte,
für die der **Staat als Gemeinwesen** gegenüber seinen Bürgern eine **Schutzverpflichtung** übernommen hat.

7. Sie gelten für die **Ewigkeit (»Ewigkeitsklausel«)** und sind im Wesensgehalt nicht änderbar.
(Art. 19, Abs. 2; Art. 79, Abs. 3 GG)

Quellen: 25

Warum müssen die Grundrechte in einer demokratischen Verfassung festgeschrieben sein?

1.9

---

1. Grundrechte
   ➡ sind **unveränderbar** und binden damit den Staat in seiner Handlungsweise an,
   ➡ **schützen den Bürger vor der Willkür** des Staates bzw. staatl. Übergriffen.
   (Art. 1, Abs. 3)

2. Durch Bindung des Staates an die Verfassung hat dieser damit automatisch die **Verpflichtung zur Wahrung der Grundrechte** übernommen.
   Dies bezieht
   ➡ die **Verhinderung des Mißbrauchs**
   ➡ den **Schutz des Einzelnen** in der Gemeinschaft
   ➡ als auch den **Schutz nach außen**
   mit ein.

3. Im Grundgesetz der Bundesrepublik Deutschland sind die Grundrechte in den Artikeln **1-19** auf Ewigkeit festgeschrieben **(»Ewigkeitsklausel«)**
   (Art. 79, Abs. 3)

Quellen: 25

Wie werden die Grundrechte verwirklicht?

1.10

1. **Jeder Bürger,** ob stark oder schwach, muß die Möglichkeit haben, seine im Grundgesetz verankerten Grundrechte
   frei zu verwirklichen (Recht auf Selbstverwirklichung)
   und **mit Leben zu füllen.**

2. Voraussetzung für eine Verwirklichung ist das Bemühen,
   ➡ Grundrechte zu **bejahen,**
   ➡ sie **glaubwürdig zu vertreten** und
   ➡ diese auch **vorzuleben.**

3. **Wer Grundrechte für sich in Anspruch nimmt, muß erkennen, daß die Freiheit des Einzelnen dort ihre Grenzen findet, wo die Freiheit des anderen beginnt!**

   Hier wird die **besondere Verantwortung** des Staatsbürgers deutlich, der durch seine **Rücksichtnahme** sicherstellt, daß das Recht des Stärkeren nicht zum Grundprinzip erhoben wird.

4. Der **Staat** hat lediglich eine
   unterstützende bzw. **schützende Funktion.**
   (Art. 1 Abs. 1 u. 3)

5. Grundrechte können sich nur dann auswirken, wenn sie gleichzeitig **im Rahmen einer notwendigen Ordnung eingeschränkt** werden.
   (Art. 17a, Art. 18, Art. 19)

Quellen: 25

Unter welchen Voraussetzungen können Grundrechte eingeschränkt werden?

1. **Art. 19 GG** sieht festgelegte **Voraussetzungen** für Einschränkungen vor. Dies bezieht sich insbesondere auf **Sonderfälle,** die sowohl zum Schutz der Gemeinschaft als auch des Einzelnen unumgänglich sind.

2. Grundrechteseinschränkungen sind durch Gesetze möglich
   ➡ wenn **allgemeingültige Regelungen** getroffen werden
   ➡ das Grundrecht in seinem **Wesensgehalt nicht angetastet** wird **(Art. 19, Abs. 2 GG)**
   ➡ jedem, der sich durch öffentliche Gewalt in seinen Rechten eingeengt oder verletzt fühlt, nach wie vor der **Rechtsweg** offenbleibt. **(Art. 19, Abs. 4 GG)**

3. **Art. 17 a** sieht **Einschränkungen einzelner Grundrechte** durch Gesetze für Zwecke der **Verteidigung** und den **Ersatzdienst** vor.

Welche Grundrechte können eingeschränkt werden?

1.12

1. Das Recht auf **freie Entfaltung der Persönlichkeit (Art. 2)** darf eingeschränkt werden, wenn
   - ➡ die Rechte anderer
   - ➡ die verfassungsmäßige Ordnung
   - ➡ das Sittengesetz

   verletzt werden.

2. Recht auf **freie Meinungsäußerung in Wort, Schrift und Bild (Art. 5)** kann eingeschränkt werden durch Bestimmungen
   - ➡ zum Schutz der Jugend
   - ➡ zum Schutz der persönlichen Ehre
   - ➡ zur Verpflichtung auf die Treue zur Verfassung

3. Das Recht auf **Schutz von Ehe und Familie (Art. 6)** kann eingeschränkt werden bei
   - ➡ Vernachlässigung der elterlichen Sorgepflicht

4. Darüber hinaus können eingeschränkt werden:
   - ➡ **Art. 7** – Das Recht zur Errichtung von Privatschulen
   - ➡ **Art. 8** – Das Recht auf Versammlungsfreiheit
   - ➡ **Art. 9** – Das Recht auf Vereinigungsfreiheit
   - ➡ **Art. 10** – Das Recht auf Brief-, Post- und Fernmeldegeheimnis
   - ➡ **Art. 11** – Das Recht auf Freizügigkeit
   - ➡ **Art. 12** – Das Recht auf Freiheit von Arbeitszwang
   - ➡ **Art. 14** – Das Recht auf Eigentum

   Achtung:
   Die Würde des Menschen ist in keinem Fall einschränkbar!

Quellen: 25

Welche Aufgabe ordnet das Grundgesetz dem Staat zu?

1.13

Der **Staat**

➡ ist **nicht Selbstzweck,**
➡ regelt menschliches **Zusammenleben**
➡ sichert das **Recht auf Selbstverwirklichung** des Menschen
➡ garantiert die **Achtung der Würde des Menschen**
➡ verpflichtet sich, diese durch staatl. Gewalt zu **schützen (Art. 1 GG)**
➡ ist **»um des Menschen Willen«** da.

Quellen: 1, 25

Warum muß auch in einer Demokratie die staatl. Gewalt kontrolliert werden?

1.14

---

1. Macht bedarf der Kontrolle, um **Mißbrauch** zu **verhindern**
   Beispiele:
   ➡ III. Reich 1933-1945
   ➡ ehem. DDR/Totalitäre Staaten des ehem. Warschauer Paktes
   ➡ Dritte Welt

2. Macht kann sich verselbständigen **(– außer Kontrolle geraten –)** und damit Situationen schaffen, aus denen es **gewaltlos kein Zurück** gibt.

3. Ausdehnung der Macht kann **unrechtmäßige Einschränkung der Freiheit des Einzelnen zur Folge haben.**

4. Eine demokratische Verfassung kann
   die **Eingrenzung staatlicher Gewalt** nur garantieren,
   wenn die verschiedenen **Kontrollfunktionen** funktionieren.

Quellen: 1, 25

Warum Gewaltenteilung?

1.15

1. Gewaltenteilung ist ein **Grundprinzip demokratischer Ordnung**:
   - ➞ **gesetzgebende** Gewalt (**LEGISLATIVE**) (Bundestag, Bundesrat),
   - ➞ **vollziehende, ausführende** Gewalt (**EXEKUTIVE**) (Bundesregierung, Polizei, Bundeswehr usw.),
   - ➞ **rechtsprechende, richterliche** Gewalt (**JUDIKATIVE**) (Gerichte, Bundesverfassungsgericht).

2. Durch **gegenseitige Kontrolle** der Gewalten werden **Machtmißbrauch** sowohl einzelner Gewalten, als auch der Staatsgewalt **verhindert**.

Quellen: 1, 25

1.15

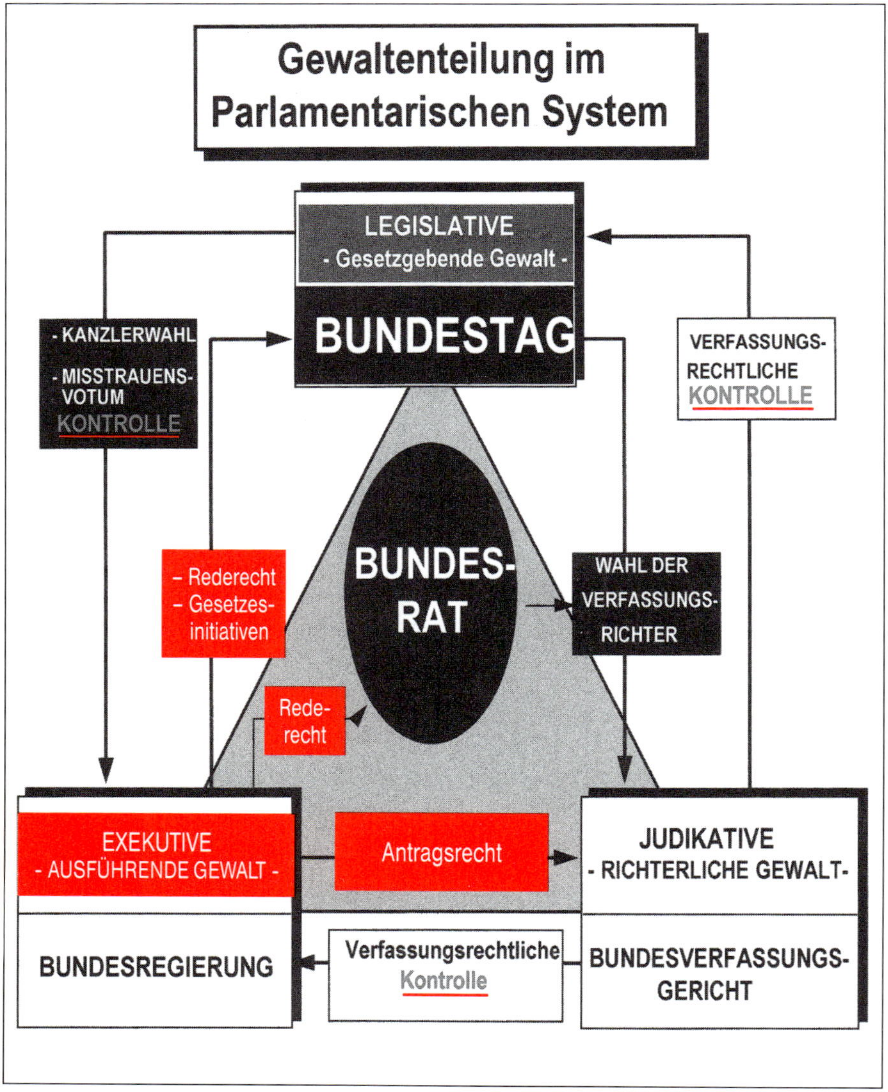

Gewaltenteilung im Parlamentarischen System
LEGISLATIVE
- Gesetzgebende Gewalt -
BUNDESTAG
- KANZLERWAHL
- MISSTRAUENS-VOTUM
KONTROLLE
VERFASSUNGS-RECHTLICHE
KONTROLLE
BUNDES-RAT
– Rederecht
– Gesetzes-initiativen
WAHL DER VERFASSUNGS-RICHTER
Rede-recht
EXEKUTIVE
- AUSFÜHRENDE GEWALT -
Antragsrecht
JUDIKATIVE
- RICHTERLICHE GEWALT-
BUNDESREGIERUNG
Verfassungsrechtliche
Kontrolle
BUNDESVERFASSUNGS-GERICHT

Volker Rühe :

»Die Bundeswehr ist Teil der staatlichen Exekutive.
Sie unterliegt dem Primat der Politik und der parlamentarischen Kontrolle.
Sie ist Teil des Rechtsstaates.
Jeder Soldat hat die gleichen verfassungsmäßigen Rechte wie alle anderen Bürger.
Er ist Staatsbürger in Uniform.
Seine Rechte sind nur soweit eingeschränkt, wie es der klar umrissene militärische Auftrag erfordert.
Die Grenzen von Befehl und Gehorsam sind im Soldatengesetz genau bestimmt.
Es gibt zahlreiche Sicherungen, um diese Rechte zu wahren.
Dazu gehört auch die Überprüfung durch unabhängige, zivile Gerichte.«

Betr: ***Bundeswehr, Sicherheitspolitik und Streitkräfte im Wandel***
Schriftenreihe OFFENE WORTE seit 1789 Verlag E.S. Mittler & Sohn, Berlin · Bonn · Herford

Sind der Macht Grenzen gesetzt?

1.16

---

1. In einem Rechtsstaat ist die Macht durch **rechtliche Bestimmungen** eingeschränkt, um Machtwillkür und Machtmißbrauch zu verhindern.

2. Die Wahrnehmung der Machtbefugnisse wird sowohl durch die **öffentliche Kontrolle** als auch die **Gewaltenteilung** kontrolliert. **(Art. 20)**

Blaise Pascal (Französischer Denker – 1623-1662):

»Das Recht ohne Macht ist machtlos.
Die Macht ohne Recht ist thyrannisch.
Also muß man dafür sorgen, daß das, was Recht ist mächtig ist,
und das, was mächtig ist gerecht sei.«

Quellen: 1, 25

Wie vollzieht sich die Willensbildung in einem demokratischen Staat?

1.17

---

1. Grundlage ist die **individuelle Willensbildung,**
   ➡ die den **mündigen Staatsbürger** voraussetzt, der durch
   - **möglichst umfassende Information**
   - aufgeschlossene und konstruktive **Diskussion**
   - Bemühungen um das Finden einer **eigenen Meinung**

   zur **Voraussetzung für das »Funktionieren«** eines demokratischen Staates wird.

2. Die **politische Willensbildung** vollzieht sich durch **Wahlen. (Art. 38 GG)** Diese sind:
   ➡ **allgemein** (alle wahlberechtigten Bürger wählen)
   ➡ **unmittelbar** (alle Abgeordneten des Deutschen Bundestages werden unmittelbar, auf die Person bezogen, gewählt)
   ➡ **frei** (jeder Bürger hat das Recht der freien Entscheidung, auch über die Frage, ob er an der Wahl teilnimmt oder nicht)
   ➡ **gleich** (alle Bundesbürger dürfen unabhängig von Rasse, Geschlecht, Religion, Abstammung nach Vollendung des 18. Lebensjahres wählen)
   ➡ und **geheim** (durch organisatorische Maßnahmen ist sichergestellt, daß die persönliche Wahlentscheidung niemandem zur Kenntnis gelangt).

3. Darüber hinaus vollzieht sich Willensbildung durch **Parteien, Verbände, Bürger- und Wählerinitiativen** und durch sonstige **Organisationen,** soweit sie nach ihren Zielen oder ihrem Verhalten die freiheitliche, demokratische Grundordnung weder beeinträchtigen noch beseitigen wollen. **(Art. 21 GG)**

1.17

4. Wenn sich der Wille eines einzelnen Staatsbürgers durchsetzen soll, muß er versuchen, **Mehrheiten** zu finden, die ihm die Möglichkeit geben, an der Macht teilzuhaben bzw. diese zu beeinflussen (Gemeindevertretungen – Ländervertretungen – Bundestag/Bundesrat).

5. **Minderheiten** haben nur dann eine Chance, wenn es ihnen gelingt, mindestens **5 % der Wählerstimmen** aller wahlberechtigten Bürger eines Wahlkreises auf sich zu vereinen.
   Diese Beschränkung resultiert aus den Erfahrungen der Weimarer Republik, die wesentlich durch die Unfähigkeit, regierungsfähige Mehrheiten zu bilden, scheiterte.

Quellen: 1, 25

Was bedeutet Pluralismus?

1.18

1. **Pluralismus**
   - ➡ beschreibt das **geduldete bzw. geforderte Nebeneinander unterschiedlicher und auch gegensätzlicher Meinungen,** Weltanschauungen, Gesellschaftslehren, Parteien usw.
   - ➡ sieht in der **Offenheit der Konfliktaustragung** die Basis für eine **dynamische Weiterentwicklung** der Gesellschaft.

2. Durch das **Mehrparteiensystem** ist der **Pluralismus** zu einem der wichtigsten Strukturmerkmale eines demokratischen Staates geworden.

Quellen: 1, 25

Warum Parteien?

1.19

1. Parteien
   ➡ sind **Hauptträger der Willensbildung**
   ➡ stellen die **Verbindung** zwischen dem Bürgerwillen und staatl. Institutionen her. **(Art. 21 GG)**

2. Parteien
   ➡ entwickeln **Programme** zur Lösung von Problemen
   ➡ formulieren **Zielvorstellungen**
   ➡ engagieren sich aktiv am **tagespolitischen Geschehen**
   ➡ stellen aus ihren Reihen ausgesuchte **Persönlichkeiten,** die in der Lage sind, **politische Führungspositionen** zu bekleiden.

3. Da eine Partei nur **Einfluß** ausüben kann, wenn sie entsprechende **Mehrheiten** hinter sich weiß, ist sichergestellt, daß sich der **Wille der Bürger durch Wahl** je nach Mehrheitsverhältnissen bis in höchste Machtpositionen durchsetzen kann.

4. Die eventuelle **Verfassungswidrigkeit** einer Partei wird in **Art. 21 Abs. 2 GG** definiert.

Quellen: 1, 25

Warum ein Recht auf Verweigerung des Kriegsdienstes?

1.20

1. Den Einsatz von Waffengewalt können viele Menschen mit ihrem **Gewissen** bzw. ihrer **religiösen Einstellung** nicht vereinbaren und erleiden bei Zwangsausübung dadurch schweren, seelischen Schaden.
   Diese Grundeinstellung wurde in der Vergangenheit nur selten akzeptiert.

2. Kriegsdienstverweigerer wurden
   ➡ bis zum Ende des 1. Weltkrieges noch als **unzurechnungsfähig** erklärt,
   ➡ im III. Reich als Wehrkraftzersetzer mit **Zuchthausstrafen** belegt.

3. Die Bundesrepublik Deutschland hat das Recht auf Kriegsdienstverweigerung als ein **unveränderbares Grundrecht** festgeschrieben:
   ➡ »Niemand darf gegen sein Gewissen zum Kriegsdienst mit der Waffe gezwungen werden ...« **(Art. 4 Abs. 3 GG)**
   ➡ »Wer aus Gewissensgründen den Kriegsdienst mit der Waffe verweigert, kann zu einem Ersatzdienst verpflichtet werden ...« **(Art. 12a Abs. 2)**

4. Das Grundgesetz macht in ganz besonderer Weise die Verantwortung des Staates gegenüber der Gewissensentscheidung des Einzelnen deutlich, indem es **auch das Recht auf Kriegsdienstverweigerung unter den Schutz der Streitkräfte** stellt.

Quellen: 1, 25

Welchen Zweck hat das Humanitäre Völkerrecht (Kriegsvölkerrecht)

1.21

---

1. Das Kriegsvölkerrecht
   ➞ setzt der **Gewaltanwendung** zur Niederwerfung eines Feindes **Grenzen,**
   ➞ dient der **Beschränkung von Mitteln und Methoden** in der Kriegsführung,
   ➞ schreibt auch im Krieg ein **Mindestmaß an Achtung der Menschenwürde** und der **Menschenrechte** vor,
   ➞ bezweckt, die Anwendung von **Gewalt zu begrenzen** und die Leiden der vom Krieg unmittelbar betroffenen Menschen zu mildern,
   ➞ regelt die **humanitären Mindesterfordernisse** im Kampf gegen den militärischen Gegner,
   ➞ fordert den **Schutz der Kriegsopfer** (Verwundete, Kranke, Schiffbrüchige und Zivilpersonen).

2. Die Grundsätze sind
   ➞ in der **»Genfer Konvention«** (**Henri Dunants**/22.08.**1864**),
   ➞ im **»Haager Abkommen«** (29.07.1899 und 18.10.**1907**),
   ➞ im **»Genfer Rot-Kreuz-Abkommen«** (12.08.**1949**)
   zum Schutz der Kriegsopfer einschließlich der Zivilbevölkerung festgeschrieben.

3. Die Bundesrepublik Deutschland ist dem **»Genfer Rot-Kreuz-Abkommen«** im Jahre **1954** beigetreten.

4. Zur Regelung des humanitären Völkerrechts, auch unter dem Gesichtspunkt der Weiterentwicklung und Ausweitung bewaffneter Konflikte, wurde eine **Schlußakte am 10.06.1977** von insgesamt **102 Staaten** – dabei die Bundesrepublik – unterzeichnet.

Quellen: 37

Kapitel 2:
Das Leitbild des »Staatsbürgers in Uniform«

2.1 Welche **Erwartungen** stellt der **Staat** an den **»Staatsbürger«**?

2.2 Ist der Beruf des Soldaten **ein Beruf wie jeder andere**?

2.3 Was versteht man unter **»Innerer Führung«** und welche **Aufgaben** hat sie?

2.4 Was versteht man unter **zeitgemäßer, militärischer Menschenführung**?

2.5 Welche Rolle spielt die **Menschenwürde in der Bundeswehr**?

2.6 Was kennzeichnet die **rechtsstaatliche Stellung des Soldaten**?

2.7 Welche **Rechte** hat der **Soldat der Bundeswehr**?

2.8 Welchen **Reglementierungen** muß sich der Soldat unterwerfen?

2.9 Warum müssen die **Grundrechte** für den Soldaten **eingeschränkt** werden?

2.10 Welche **Grundrechte** sind für den Soldaten **kraft Verfassung eingeschränkt**?

2.11 Was versteht man unter **soldatischer Disziplin**?

2.12 Darf sich der Soldat **politisch** betätigen?

2.13 Warum ist der Soldat zur **Verschwiegenheit in dienstlichen Dingen** verpflichtet?

2.14 Wodurch wird die **Macht von Vorgesetzten begrenzt**?

2.15 Sind Soldaten lediglich **»Befehlsempfänger«** oder werden sie an den Entscheidungsprozessen beteiligt?

2.16 Ist der Soldat verpflichtet, mit seinem **Leben** für die **Erhaltung von Recht, Frieden** und **Freiheit** einzutreten?

2.17 Braucht der Soldat der Bundeswehr ein **Feindbild**?

2.18 Verteidigt ein Soldat der Bundeswehr auch **außerhalb des Deutschen Territoriums Recht und Freiheit des Deutschen Volkes**?

2.19 Ist **Wehrpflicht Friedensdienst**?

2.20 Warum muß ein sehr großer Teil der Wehrpflichtigen **»heimatfern«** seinen Dienst verrichten?

2.21 Warum können nicht alle Soldaten **»berufsnah«** eingesetzt werden?

2.22 Warum wird für den Soldaten die **Freizeit eingeschränkt**?

2.23 Warum bekommt ein **Wehrpflichtiger kein – mit dem Berufsleben vergleichbares – Gehalt**?

2.24 Leistet ein **Wehrdienstverweigerer/Zivildienstleistender Friedensdienst**?

2.25 Welche Rolle spielen **Ersatzdienstleistende in einem Konflikt**?

2.26 Warum werden im Zuge der **Gleichberechtigung** nicht auch **Frauen zum Wehrdienst** eingezogen?

2.27 Hat der deutsche **Soldat** ein **Widerstandsrecht**?

2.28 Dürfen Soldaten **»Mörder«** genannt werden?

☞

2.29 Welche Rolle spielen **Reservisten** in der Bundeswehr und wie werden sie eingesetzt?

2.30 Wie hat sich die **Reservistenkonzeption** der veränderten Lage angepaßt?

2.31 Welche Ziele verfolgt die **Reservistenarbeit?**

2.32 Was versteht man unter dem **»Verband der Reservisten der Deutschen BW (VdR BW)«?**

2.33 Welche **Ziele** verfolgt der **Bundeswehrverband (DBwV) e.V.?**

2.34 Welche **Aufgaben** hat das **Bundeswehr-Sozialwerk (Bw SW e.V.)** im Rahmen der **Fürsorge** übernommen?

Welche Forderungen stellt der Staat an den Staatsbürger »in Zivil/in Uniform«?

2.1

Das Schaubild stellt die Pflichten des **Staatsbürgers** den Pflichten des **»Staatsbürgers in Uniform«** gegenüber.
Dabei wird deutlich, daß die Pflichten des »Staatsbürgers in Uniform« sich aus den allgemeinen Pflichten jedes Staatsbürgers ableiten lassen und lediglich auf seine **besondere Aufgabe** zugeschnitten sind:

General Klaus Naumann:

»Dienst als Soldat bedeutet die Bereitschaft, Pflichten zu übernehmen und in Erfüllung dieser Pflichten Risiken, auch für das eigene Leben, zu tragen. Auf die Bereitschaft unserer Bürger, für etwas einzustehen, Pflichten zu übernehmen, und notfalls auch Opfer zu bringen,
müssen wir im Prozeß der Gestaltung der Einheit ohnehin zählen, vermutlich künftig sogar noch mehr als bisher. ...
... Was für uns Soldaten aber noch hinzukommt, ist die Bereitschaft, zur Abwehr von Gefahr auch Risiken zu tragen,
auch wenn unsere Gesellschaft weiter im Frieden lebt und wir die Risiken irgendwo in der Ferne, aber doch für unser Land, für unsere Gesellschaft zu tragen haben. ...«

Generalinspekteur der Bundeswehr anläßlich des 7. Forums
»Bundeswehr und Gesellschaft«
der Welt am Sonntag am 22. März 1994 in Berlin

Quellen: 38, 79

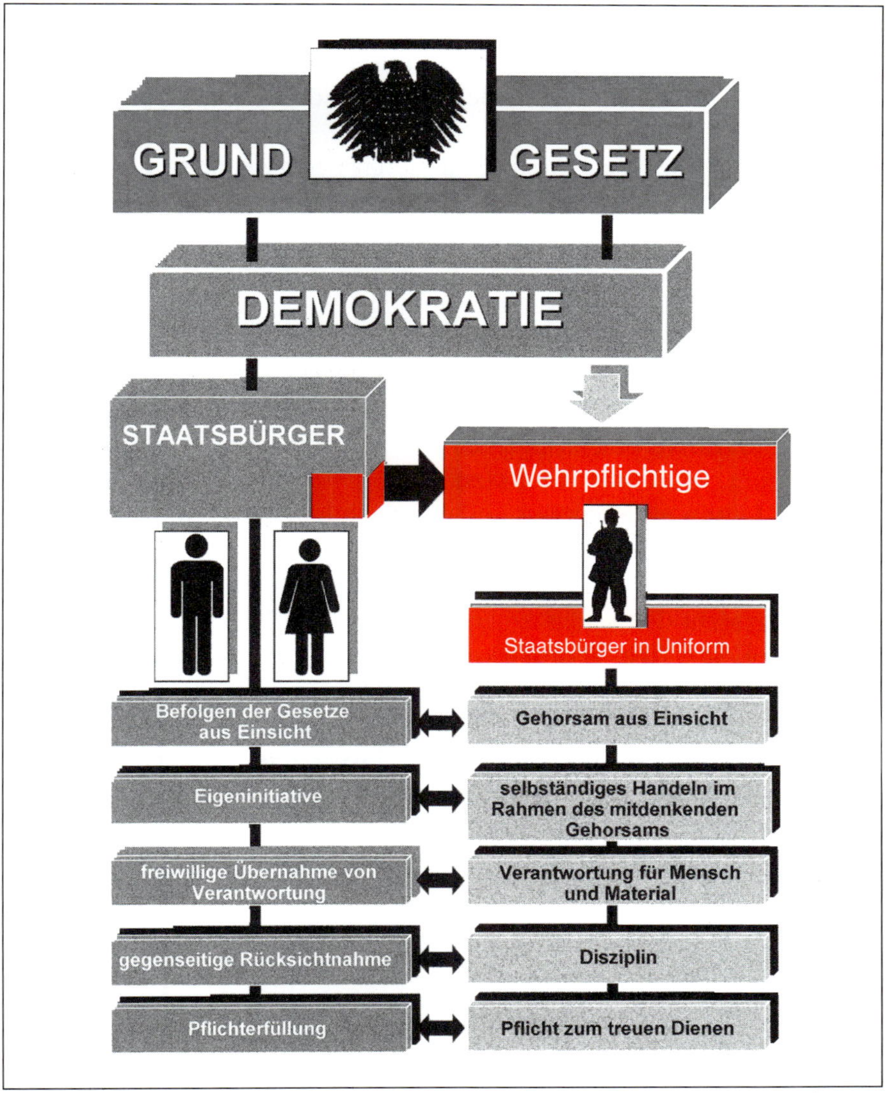
GRUND GESETZ
DEMOKRATIE
STAATSBÜRGER
Wehrpflichtige
Staatsbürger in Uniform
Befolgen der Gesetze aus Einsicht
Gehorsam aus Einsicht
Eigeninitiative
selbständiges Handeln im Rahmen des mitdenkenden Gehorsams
freiwillige Übernahme von Verantwortung
Verantwortung für Mensch und Material
gegenseitige Rücksichtnahme
Disziplin
Pflichterfüllung
Pflicht zum treuen Dienen

Ist der Beruf des Soldaten ein Beruf wie jeder andere?

2.2

1. Das Berufsbild des Soldaten ist in seiner **Aufgabenvielfalt** und in Hinblick auf **Laufbahnmöglichkeiten** fest umrissen und damit diesbezüglich mit anderen Berufsbildern durchaus vergleichbar.

2. Im Gegensatz zu den meisten anderen Berufsgruppen ist der Soldat jedoch verpflichtet, **innerhalb** und **außerhalb** des Dienstes für die **freiheitliche demokratische Grundordnung** einzutreten.

3. Darüberhinaus wird von ihm verlangt,
   ➡ zur Erhaltung des **Friedens**
   ➡ zur Wahrung von **Recht** und **Freiheit**
   ➡ zum Schutz der **Souveränität** seines Vaterlandes (dies schließt Bündnisverpflichtungen ein)
   ➡ zum Schutz des **Nächsten**
   sein Leben einzusetzen und ggf. auch bereit zu sein,
   im äußersten Fall Leben zu zerstören.

4. Damit steht der Soldat »zu jeder Tages- und Nachtzeit« in einer **hohen, ideellen Verantwortung,** mit der er zwar **nicht täglich** konfrontiert wird, die er jedoch als **Konsequenz seiner Berufsentscheidung** immer in Erinnerung behalten muß.
   Dies macht deutlich, welch **hohen Anspruch** der Staat an die **Gewissensentscheidung** des Soldaten stellt und stellen muß!

☞

2.2

Volker Rühe :

*»Unsere Zeit verändert das Leitbild des Soldaten.
Gefragt ist nicht der seelenlose Techniker des Schlachtfeldes, sondern der Soldat, der seinem Land durch Einsatz seines Lebens Schutz gewährt, aber auch mit derselben Energie und Tüchtigkeit, mit der er Kampfaufgaben meistert, zu Rettung und Hilfe fähig ist.«*

Betr: ***Bundeswehr, Sicherheitspolitik und Streitkräfte im Wandel***
Schriftenreihe OFFENE WORTE seit 1789 Verlag E.S. Mittler & Sohn, Berlin · Bonn · Herford

Was versteht man unter »Innerer Führung« und welche Aufgaben hat sie?

2.3

1. Ausgangspunkt für »Innere Führung« ist das Leitbild des **»Staatsbürgers in Uniform«.** (vgl. 2.1)

2. **Aufgaben** der Inneren Führung:
   ➞ **Eingliederung der Soldaten** und der Bundeswehr in die **freiheitliche Staats- und Gesellschaftsordnung zur Sicherung der Einsatzbereitschaft der Streitkräfte.**
   ➞ Im **Mittelpunkt** stehen dabei:
   - Eine **zeitgemäße Menschenführung** in den Streitkräften
   - **Politische Bildung** und **Information** alsVoraussetzung für die Motivation der Soldaten
   - Eine **Soldatische Ordnung,** die sich am **Verfassungsauftrag** der Streitkräfte orientiert.
   - **Fürsorge und Betreuung** als Grundprinzipien eines Sozialstaates.

3. Innere Führung verlangt
   ➞ vom **Vorgesetzten** **die Bereitschaft zur Zusammenarbeit**
   ➞ vom **Untergebenen** **den Willen zur verantwortlichen Mitarbeit.**

4. Grundidee für »Innere Führung« ist die in **Artikel 1 GG** als **unantastbar** deklarierte **Menschenwürde,** die zu achten und zu schützen Verpflichtung aller staatlichen Gewalt ist.«

Graf Baudissin:

»Aus dem ***aktiven Gehorsam,*** *der* ***Mitverantwortung,*** *der* ***Disziplin*** *und der* ***Härte*** *des Einzelnen resultiert die Schlagkraft der Truppe.*
Genau dies: Den Willen zur ***Mitarbeit,*** *zur* ***Mitverantwortung*** *und* ***tätigen*** *Gehorsam innerhalb der Bundeswehr zu wecken und zu fördern ist, auf die kürzeste Formel gebracht, die eigentliche* ***Aufgabe der »Inneren Führung«.***

Soldat für den Frieden, Piper Verlag München 1969

◆ ◆ ◆

Weißbuch der Bundesregierung 1985:

Grundlagen und Grundsätze der Inneren Führung *gelten für den Soldaten der Bundeswehr auf allen Ebenen und in seinen verschiedenen Funktionen gleichermaßen.*
Innere Führung soll ***drei Hauptziele*** *erreichen:*

* ***Legitimation:*** *die rechtliche, politische und ethische* ***Begründung des Auftrags*** *der Bundeswehr und der Inpflichtnahme des Staatsbürgers als Soldat.*
* ***Integration:*** *die* ***Einbindung*** *der Bundeswehr und des einzelnen Soldaten in* ***Staat und Gesellschaft.***
* ***Motivation:*** *die* ***Bereitschaft*** *des Soldaten der Bundeswehr, aus* ***Überzeugung*** *treu zu dienen, seine Pflichten nach besten Kräften zu erfüllen und dabei die durch das Soldatengesetz auferlegten Einschränkungen seiner Grundrechte zu akzeptieren.*

2.3

Volker Rühe:

»Das Konzept der Inneren Führung ist keine abstrakte Leerformel. Innere Führung bedeutet, das Wehrsystem unserer freiheitlichen gesellschaftlichen Grundordnung nicht nur im Munde zu führen, sondern Tag für Tag praktisch vorzuleben.«

Betr: ***Bundeswehr, Sicherheitspolitik und Streitkräfte im Wandel***
Schriftenreihe OFFENE WORTE seit 1789 Verlag E.S. Mittler & Sohn, Berlin · Bonn · Herford

Quellen: 9, 38, 74

☞

Konzept der Inneren Führung

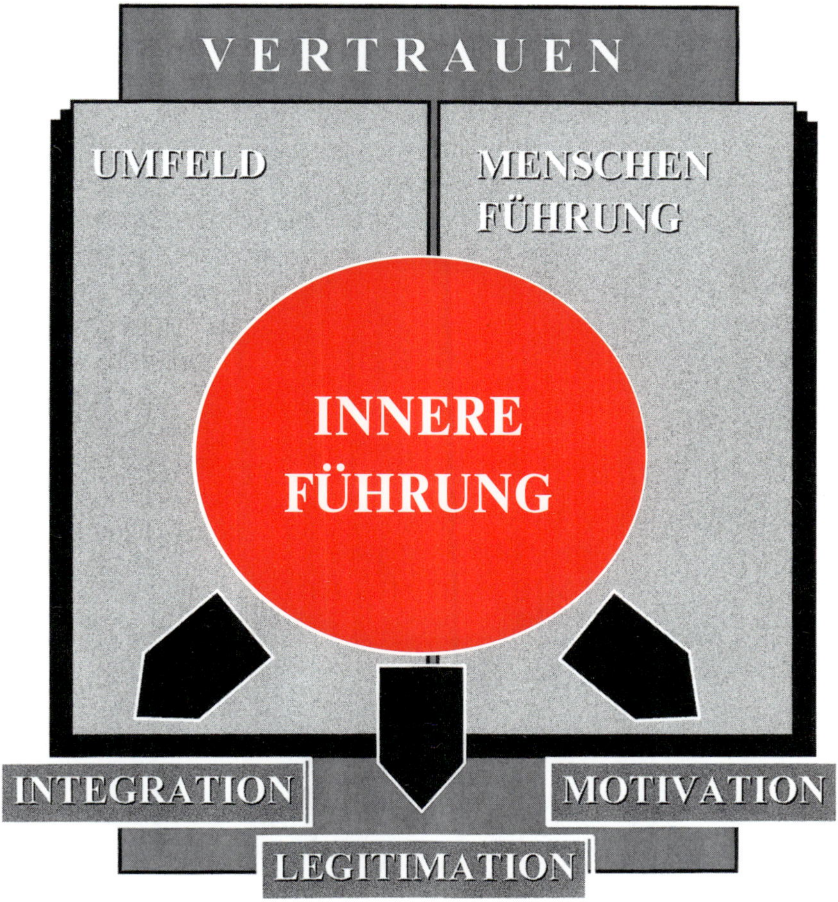

2.3

Aufgabenfelder
der
INNEREN FÜHRUNG
Fürsorge und Betreuung
Seelsorgerische Betreuung
Führung,Ausbildung,Erziehung
» Führen mit Auftrag«
Freiheit in der Durchführung
Politische Bildung und Truppeninformation
Soldatische Ordnung
Tradition

Was versteht man unter zeitgemäßer, militärischer Menschenfühung?

2.4

1. Moderne Menschenführung hat zum **Ziel,** auf der Basis guter, **zwischenmenschlicher Beziehungen**
   - ➡ Einsicht in Notwendigkeiten und
   - ➡ Eigenverantwortung in der Mitarbeit in dienstlichen Aufgaben zu wecken.

2. Sie wird im wesentlichen realisiert durch
   - ➡ **Maßnahmen zur Vertrauensbildung**
     - menschenwürdige Behandlung
     - umfassende Information
     - Gesprächsbereitschaft
     - Toleranz und Akzeptanz
     - »Vorleben«/»Führen durch Beispiel«

   - ➡ **Motivation für den täglichen Dienst** durch
     - interessante, phantasievolle, fordernde, erlebnisorientierte Dienstgestaltung
     - sinnvolle Verlagerung von Verantwortung.

   - ➡ **Motivation für den Auftrag** durch
     - sinnvolle, phantasievolle Unterrichtsgestaltung im Rahmen der Politischen Bildung
     - Diskussionsbereitschaft
     - Kritikfähigkeit
     - ständige Überzeugungsarbeit

   - ➡ **Möglichkeit der Selbstverwirklichung des Einzelnen** durch
     - Erkennen und Nutzen von individuellen Schwerpunkten/Interessen/Fähigkeiten
     - sinnvolle Personalführung (»Der richtige Mann am richtigen Platz!«)

2.4

Volker Rühe:

»Die Leistungsfähigkeit der Bundeswehr wird nicht zuletzt von Motivation und Einsatzbereitschaft unserer Soldaten bestimmt. Deshalb brauchen wir Investitionen für die Menschen, für bessere Lebens- und Dienstbedingungen unserer Soldaten wie auch der zivilen Mitarbeiter der Bundeswehr. Im Mittelpunkt unserer Anstrengungen muß der Mensch stehen.«

Betr: ***Bundeswehr, Sicherheitspolitik und Streitkräfte im Wandel***
Schriftenreihe OFFENE WORTE Verlag E.S. Mittler & Sohn
Berlin · Bonn · Herford

◆ ◆ ◆

Klaus Naumann:

»Militärisches Führen hat mehr denn je nichts mit Verwalten zu tun, sondern bedeutet auftragsorientierte Arbeit an sich selbst und am Soldaten.
Es gilt eine Gemeinschaft zu formen, die zusammensteht,
die in jeder Facette des erweiterten Aufgabenspektrums unserer Streitkräfte ihren Mann steht.
Dazu müssen die Soldaten wissen, wofür sie dienen
und sie müssen überzeugt werden, daß sie dazu beitragen,
den Frieden in der Welt sicherzumachen.«

Ehem. Generalinspekteur:
»Die Herzen und Köpfe der Soldaten gewinnen«,
in Truppenpraxis 10/1995

Quellen: 9, 74, 80

Welche Rolle spielt die Menschenwürde in der Bundeswehr?

2.5

1. **Militärische Vorgesetzte** sind Repräsentanten staatlicher Gewalt und damit zum **Schutz der Menschenwürde** der ihnen anvertrauten Soldaten verpflichtet

2. die **»Innere Führung«** als **Grundprinzip** des Umgangs innerhalb der soldatischen Gemeinschaft basiert auf Art. 1 GG, welcher die Würde des Menschen als höchstes, unantastbares Gut definiert.

3. Bei **Verstößen** gegen die Menschenwürde hat der Soldat **das Recht zur Beschwerde** (Garantie des Rechtsschutzes)

4. Befolgt er einen **Befehl** nicht, **der die Menschenwürde verletzt,** liegt **kein Ungehorsam** vor **(§ 11 SG Abs. (1))**

Weißbuch 1970:

»Das Grundgesetz hat die Bundeswehr demokratisch fundiert.
Es hat – ohne es ausdrücklich zu nennen –
das Leitbild des ›Staatsbürgers in Uniform‹ verbindlich gemacht.
Deswegen sind die Grundsätze der Inneren Führung keine Maske,
die man ablegen könnte, sondern ein Wesenskern der Bundeswehr.
Wer sie ablehnt, taugt nicht zum Vorgesetzten unserer Soldaten«.

Quellen: 9, 26

Was kennzeichnet die rechtsstaatliche Stellung des Soldaten?

2.6

---

1. **Garantie der Grundrechte**
   - ➡ Einschränkungen nur unter besonderen Bedingungen und soweit es das Grundgesetz zuläßt **(Art. 17a)**
   - ➡ Die **Menschenwürde** ist grundsätzlich nicht antastbar!

2. **Garantie der staatsbürgerlichen Rechte**
   - ➡ Beibehaltung des aktiven **Wahlrechts** (Teilnahme an der Wahl)
   - ➡ und passiven Wahlrechts (Möglichkeit, sich als Mandatsträger zur Verfügung zu stellen)
   - ➡ Erhaltung der **Möglichkeit politischer Einflußnahme** über Parteien und Verbände, soweit sie die freiheitlich demokratische Grundordnung akzeptieren.

3. **Garantie des Rechtssschutzes**
   - ➡ durch **die Pflicht zur Meldung** bei erkannten Verstößen bzw. Mängeln, die dem Gesetz widersprechen
   - ➡ durch **das Recht zur Beschwerde** bei Verstößen gegen die Grundrechte bzw. staatsbürgerlichen Rechte des Soldaten
   - ➡ durch **die Möglichkeit der Eingabe an den Wehrbeauftragten**
   - ➡ durch die Möglichkeit der **Strafanzeige**/Strafantrag/Anruf von Gerichten
   - ➡ durch Wahrnehmung des **Petitionsrechtes,**
     jedoch nur als Einzelpetition,
     nicht im Sinne einer Gemeinschaftsbeschwerde

Quellen: 23, 25

Welche Rechte hat der Soldat der Bundeswehr?

2.7

1. Der Soldat der Bundeswehr ist **freier Staatsbürger eines freien Landes,** er ist **»Staatsbürger in Uniform«**

2. »Der Soldat hat die **gleichen staatsbürgerlichen Rechte** wie jeder andere Staatsbürger **(§ 6, Satz 1, Soldatengesetz)**

3. Das Grundgesetz bindet staatliches Handeln an die Grundrechte an. Der **Soldat als Teil der exekutiven Gewalt** darf – im Gegensatz zu Rechtsverordnungen vor Gründung der Bundesrepublik Deutschland – seine Rechte nicht verlieren. **(Art. 1 (3) GG)**

4. Da die Art. 1 – 19 GG **jeder Verfassungsänderung entzogen** sind **(Art. 79, Abs. 3 GG),** ist diese Situation auf »Ewigkeit« festgeschrieben.

5. Gemäß Art. **17a GG** sind **einzelne Grundrechte** für die Zeit des Wehrdienstes jedoch **eingeschränkt.**

Quellen: 25, 26

Welchen Reglementierungen muß sich der Soldat unterwerfen?

2.8

1. **Glaubwürdige, schlagkräftige Streitkräfte** müssen durch das Prinzip von **Befehl und Gehorsam** geführt werden.
   Der **§ 11 Soldatengesetz** definiert die Gehorsamspflicht näher und legt Ausnahmen fest.

2. Durch den **Uniformzwang** ist der Soldat nach dem **Humanitären Völkerrecht geschützt** und unterliegt diesem auch nach der Gefangennahme.

3. **Zusammenleben auf engem Raum** erfordert die Festlegung von **Ordnungskriterien,** die dem Einzelnen ein möglichst hohes Maß an **persönlicher Freiheit** gewähren sollen,
   ohne die des Kameraden einzuschränken.

4. Das Herstellen einer möglichst **hohen Einsatzbereitschaft** macht die Beherrschung von Waffen, Gerät und fundamentalen Gefechtsabläufen notwendig.
   Dieses Ziel ist nur durch ständiges Wiederholen – durch **Drill** – zu erreichen. Alle Verhaltensweisen, Reaktionen, die der Soldat durch Drill eingeübt hat, **(Verhaltenssicherheit)** geben ihm die Möglichkeit, sich insbesondere in unerwarteten oder überraschenden Situationen auf dann notwendige, ggf. kurzfristige Entscheidung zu konzentrieren.

Quellen: 24, 26

Warum müssen die Grundrechte für den Soldaten eingeschränkt werden?

1. Die **Grundrechte des Staatsbürgers sind für den Staat Pflichten.**

2. Ein Staat kann aber seinen Pflichten nur nachkommen, wenn Staatsorgane diese **für ihn und in seinem Auftrag** erfüllen.

3. Die **Pflichten,** die der Staat den Soldaten auferlegt, sind deshalb **kein Selbstzweck.**

   ➡ Sie sind **notwendig,**
   um die **Funktionsfähigkeit des Staates und der Streitkräfte** sicherzustellen.

   ➡ Sie sind Voraussetzung für die Erhaltung von
   Recht und Freiheit!

4. Die Grundrechte sind dadurch in ihrem **Wesensgehalt nicht angetastet! (Art. 19 (2))**

Quellen: 25

Welche Grundrechte sind für den Soldaten kraft Verfassung eingeschränkt?

2.10

Einschränkungen	Artikel GG	Begründung	§ SG
1. Körperliche Unversehrtheit	**Art. 2** (2)	Duldung bestimmter ärztlicher Eingriffe	**§ 17** (4)
2. Freiheit der Person	**Art. 2** (2) 2. Satz	Hinnahme von Freiheitsentzug gem. Wehrdisziplinarordnung (WDO) und Wehrstrafgesetz (WStG)	**WDO** **WStG**
3. Freiheit der Meinungsäußerung in Wort, Schrift und Bild	**Art. 5** (1)	→ Eintreten für die demokr. Grundordnung → Zurückhaltung bei Äusserungen als Vorgesetzte → Kameradschaft → Verschwiegenheit → Zurückhaltung bei polit. Betätigung → Disziplin und achtungswürdiges Verhalten	**§ 8** **§ 10** (6) **§ 12** **§ 14** **§ 15** **§ 17** (1 + 2)
4. Versammlungsfreiheit	**Art. 8**	→ Eintreten f. d. demokr. Grundordnung → Zurückhaltung bei polit. Betätigung → Disziplin u. achtungswürdiges Verhalten	**§ 8** **§ 15** **§ 17**
5. Freizügigkeit	**Art. 11** (1)	Wohnen in einer Gemeinschaftsunterkunft	**§ 18**
6. Petitionsrecht	**Art. 17**	Verbot gemeinschaftlicher Beschwerden	**§ 1** (4) **WBO**

Quellen: 23

Was versteht man unter soldatischer Disziplin?

2.11

1. Der Soldat ist im **Ernstfall** vor die Aufgabe gestellt, seinen Auftrag – auch angesichts tödlicher Gefahr – verantwortungsvoll ausführen zu **müssen** und zu **können.**

2. Dieser ungewöhnliche Verantwortungsumfang erfordert eine Fähigkeit, die nur durch einen **systematischen Gewöhnungsprozeß** erreicht werden kann. Das bedeutet, daß Disziplin bereits im **täglichen Dienstablauf** zu einem bestimmenden bzw. wichtigen Faktor werden muß, wenn sichergestellt werden soll, daß in Fällen besonderer Belastung, die Erfüllung des Auftrages nicht unnötig gefährdet wird.

3. Im täglichen Dienstablauf äußert sich Disziplin durch
   - ➡ das Prinzip von **»Befehl und Gehorsam«** (Einschränkungen ergeben sich aus dem Soldatengesetz § 11)
   - ➡ **Gewissenhaftigkeit** und **Verantwortungsbewußtsein** im übertragenen Aufgabenbereich
   - ➡ das allgemeine **Verhalten** und **Auftreten (Selbstdisziplin)**

Grundsatz:

- ➡ Was im Friedensdienstbetrieb nicht gefordert und »eingeübt« wird, kann im Einsatz nicht klappen!!
- ➡ Wer Disziplin fordert, muß sich selbst einbeziehen, um glaubwürdig zu bleiben!!

Quellen: 23

Darf sich der Soldat politisch betätigen?

2.12

Vergleiche

1. Als »**Staatsbürger in Uniform**« nimmt der Soldat an der politischen Meinungs- und Willensbildung teil. — **§ 6 SG**

2. **Verboten** ist es,

   ➞ **im Dienst** und
   ➞ **innerhalb militärischer Unterkünfte**

   für eine bestimmte politische Richtung zu **werben** und gegebenenfalls sogar die **Stellung als Vorgesetzter** im Sinne einer **politischen Manipulation** auszunutzen. — **§ 15** (4) **SG**

3. **Außer** Dienst und **außerhalb** militärischer Unterkünfte unterliegt die politische Betätigung des Soldaten **keinerlei Einschränkung, verbietet** jedoch dabei das Tragen der **Uniform.** — **§ 15 SG**

4. Grundsätzlich muß der Soldat **durch sein gesamtes Verhalten** die **freiheitlich demokratische Grundordnung anerkennen** und für ihre Erhaltung eintreten.
   Damit sind **Meinungsäußerungen zugunsten verfassungsfeindlicher Organisationen verboten!** — **§ 8 SG**

5. Das Recht des Soldaten, **im Gespräch** mit Kameraden seine **eigene Meinung zu äußern,** bleibt unberührt. — **§ 15** (1) Satz 2 **SG**

Warum ist der Soldat zur Verschwiegenheit in dienstlichen Dingen verpflichtet?

1. In dienstlichen Angelegenheiten sind dem **Recht auf freie Meinungsäußerung** verständlicherweise Grenzen gesetzt.
   Dies gilt für

   ➡ Dinge, die der **Geheimhaltung** unterliegen und die bei Kenntnis durch Unbefugte den **Auftrag gefährden** könnten,

   ➡ Maßnahmen im Rahmen der **Personalplanung**

   ➡ **Datenschutz** (Schutz der Person)

2. Einzelheiten regelt **§ 14 Soldatengesetz**

3. Zeitsoldaten und Soldaten, die im Bereich der **Personalführung** eingesetzt sind, verpflichten sich durch persönliche Unterschrift zur Verschwiegenheit.

Wodurch wird die Macht von Vorgesetzten begrenzt?

2.14

1. **Jeder Vorgesetzte** innerhalb eines Rechtsstaates ist an **rechtliche Bestimmungen** gebunden:
   - ➡ Personen, die **Befehlsbefugnis** haben, sind durch Rechtsverordnung festgelegt **(Soldatengesetz, § 1, Abs. 4)**
   - ➡ Die **Grenzen rechtmäßiger Befehlsgewalt** sind eindeutig definiert und **schränken die Macht der Vorgesetzten ein. (Soldatengesetz, § 10, Abs. 4 und § 11).**
   - ➡ Die **Wehrdisziplinarordnung (WDO)** legt Verfahrensweisen bzw. gesetzliche Auflagen fest.
   - ➡ Die WDO wird im vordisziplinaren Bereich durch den **»Erlaß erzieherische Maßnahmen«** bindend ergänzt.

2. Unabhängig der einem Vorgesetzten zugesprochenen Macht ist dieser an die **Fürsorgepflicht** gebunden
   (§ 10, Abs. 3 und § 31 Soldatengesetz).

3. Die **Wehrbeschwerdeordnung** gibt einem Betroffenen die Möglichkeit; durch Beschwerde **»Kontrollorgane«** heranzuziehen:
   - ➡ Kontrolle durch **Dienstaufsicht** eines übergeordneten Vorgesetzten
     (§ 10, Abs. 2 Soldatengesetz und § 42 Abs. 1 WDO)
   - ➡ **Eingabe an den Wehrbeauftragten** unter Umgehung des Dienstweges
     (Art. 45b GG und §2, Abs. 2 Gesetz über den Wehrbeauftragten des Deutschen Bundestages)

4. **Die Macht des Vorgesetzten findet grundsätzlich dort ihre Grenzen, wo die Rechte des Soldaten beginnen!**
   (§ 6 Soldatengesetz)

Quellen: 26

Sind Soldaten lediglich »Befehlsempfänger« oder werden sie an Entscheidungprozessen beteiligt?

2.15

1. Wirksamkeit und **Schlagkraft der Streitkräfte** werden im wesentlichen durch **Flexibilität**, verbunden mit möglichst hoher **Fachkompetenz**, bestimmt.

2. Daraus wird deutlich, daß insbesondere taktische Entschlüsse dort gefällt werden, wo Soldaten mit entsprechendem **Ausbildungsstand** eingesetzt sind.

3. Es gelten die **Grundsätze**:
   - ➡ »Der Vorgesetzte läßt sich – wenn zweckmäßig – **vor Entscheidungen beraten. ... Die Gesamtverantwortung bleibt beim Vorgesetzten**«
   - ➡ »Gehorsam wird umso mehr aus Einsicht geleistet, je mehr die Untergebenen am **Entscheidungsprozeß** beteiligt werden.«
   - ➡ Die **»Auftragstaktik«** stellt sicher, daß das **Ziel einer Handlung** durch den **Vorgesetzten vorgegeben** wird, wobei die **Wahl der Wege**, die zu diesem Ziel hinführen, dem damit **Beauftragten** obliegt.

2.15

4. In allen Bereichen, in denen die Einsatzfähigkeit und Schlagkraft der Streitkräfte nicht beeinträchtigt werden kann, **garantiert** das Soldatengesetz die **Beteiligung an Gestaltungsprozessen** durch:

   ➡ **Vertrauenspersonen (§ 35 Soldatengesetz**/Mannschaften und Unteroffiziere auf Kompanieebene, Offiziere auf Bataillonsebene)
   ➡ **Personalvertretungen (§ 35a Soldatengesetz**)
   ➡ **Heimbewirtschaftungsausschüsse**
   (Festlegung bzw. Abstimmung über Ausgabe von Geldern, die über den Heimbetrieb der Kaserne erwirtschaftet werden)
   ➡ **Küchenausschüsse** (Mitgestaltung und Genehmigung des Speiseplans)

5. Das **Recht auf Beteiligung** ist in den Artikeln **1-19 GG** festgesetzt.
   Es erfordert **Engagement** und **Zivilcourage**.
   Es wird **nur eingeschränkt**, soweit die **Einsatzfähigkeit** und **Schlagkraft der Streitkräfte** dadurch gefährdet werden.

Quellen: 23, 24, 25

Ist der Soldat verpflichtet, mit seinem Leben für die Erhaltung von Recht, Frieden und Freiheit einzutreten?

2.16

1. Der Soldat hat wie jeder andere Staatsbürger in der Bundesrepublik Deutschland festgelegte **Rechte und Pflichten (§ 6 SG).**

2. Dem Soldaten als »**Staatsbürger in Uniform**« werden **zusätzliche Pflichten** auferlegt, die in der Eigenart seines Dienstes begründet und gesetzlich geregelt sind **(§§ 7,8 und 9 SG).**

3. Der Soldat gelobt bzw. schwört: »**... der Bundesrepublik Deutschland treu zu dienen und das Recht und die Freiheit des deutschen Volkes tapfer zu verteidigen!**«

4. Dieses Gelöbnis bzw. dieser Eid verpflichtet ihn, im **Notfalle** für die Erhaltung von Recht und Freiheit und in Wahrnehmung seines Auftrages sein **Leben für die Gemeinschaft** einzusetzen.

Quellen: 23

Braucht der Soldat der Bundeswehr ein Feindbild?

2.17

---

1. Streitkräfte in einem demokratischen Staat dienen der Erhaltung und dem **Schutz von Recht und Freiheit.**
   Sie schaffen **Souveränität** und machen den Staat in seiner **Außenpolitik handlungsfähig.**

2. Sie sind also **»für etwas«** aufgestellt, eines »wogegen« bedarf es dabei nicht.

3. Die Ausbildung von Streitkräften muß sich jedoch flexibel an **Risiken** und Bedrohungen orientieren, die sich aus der **sicherheitspolitischen Bewertung der Gesamtlage** ergeben und damit ständiger Veränderung unterliegen können.

Verteidigt ein Soldat der Bundeswehr auch außerhalb des deutschen Territoriums Recht und Freiheit des Deutschen Volkes?

2.18

1. **Artikel 24 GG** sieht vor, daß sich die Bundesrepublik zur Wahrung des Friedens einem **System gegenseitiger, kollektiver Sicherheit** anschließen kann.

2. Das bedeutet, daß die Bundesrepublik Deutschland damit ihre eigenen **Hoheitsrechte** im Interesse einer **friedlichen** und **dauerhaften Ordnung in Europa** und zwischen den Völkern der Welt freiwillig **einschränkt.**

3. Mit dem **Beitritt zur NATO (09.05.1955)** hat die Bundesrepublik diese Möglichkeit in die Tat umgesetzt, so daß für die Verteidigung von »Recht und Freiheit des Deutschen Volkes« **nicht** nur die **nationalen Grenzen,** sondern das in **Art. 6** des NATO-Vertrages vorgegebene **Territorium der NATO** maßgeblich sind.

4. **Bei Versagen der Abschreckung und einem Angriff auf das Territorium eines NATO-Partners sind zugleich Recht und Freiheit des Deutschen Volkes gefährdet.**

Quellen: 5, 25

Ist Wehrdienst Friedensdienst?

2.19

1. Ein Staat, der die **Freiheit des Einzelnen** in seiner Verfassung festschreibt, muß gleichzeitig die **freie Entwicklung anderer Staaten und Völker akzeptieren.**
   Dies schließt den **Verzicht auf gewaltsame Einmischung in die Interessen anderer Staaten ein.**

2. Staaten, die anderen Staaten das Recht auf freie Entfaltung zugestehen (Nichteinmischung) und gleichzeitig einen **Angriffskrieg verbieten, (Art. 26 Abs. 1 GG)** dienen dem Frieden.

3. Damit leistet jeder Staatsbürger, der als Soldat dieses Grundprinzip des Staates unterstützt, **Friedensdienst.**

Quellen: 25

Warum muß ein sehr großer Teil der Wehrpflichtigen »heimatfern« seinen Dienst verrichten?

2.20

---

1. **Einsatzbereitschaft** der Streitkräfte erfordert Kasernierung der Soldaten.

2. Das Rekrutenaufkommen in **weniger dicht besiedelten Gebieten** ist so gering, daß »Überschüsse« aus den dichter besiedelten Gebieten herangezogen werden müssen.

3. Schließt das Ergebnis der **Musterung** und der **Eignungstest** eine Verwendung in einer Truppengattung, die sich in unmittelbarer Nähe des Wohnorts befindet aus, so muß zwangsläufig auf Standorte bzw Truppengattungen ausgewichen werden, die dem eingeschränkten Eignungsprofil des Rekruten entsprechen (Prinzip: »Der richtige Mann am richtigen Ort«).

4. **Rechtzeitige Einflußnahme** (vor oder während der Musterung) in Fällen »persönlicher Härte« kann jedoch Fehlplanungen verhindern.
   Ist eine Einplanung vorgenommen (Aushändigung des Einberufungsbescheides), sind Änderungen beinahe unmöglich bzw. ihr Entscheidungsgang ist langwierig, da alle Truppenteile ihre Personalplanung im Detail abgeschlossen haben und deshalb immer **gleichwertigen Ersatz** fordern müssen.

Warum können nicht alle Soldaten »berufsnah« eingesetzt werden?

2.21

- Die Bundeswehr bietet einer großen Anzahl von Wehrpflichtigen die **Möglichkeit einer berufsnahen Verwendung** (z.B.: Köche, Bäcker, Kfz-Mechaniker, Kfz-Elektriker, Sanitätsoffiziere usw.)

- zwangsläufig müssen jedoch auch **Funktionen** besetzt werden, die als **bundeswehrspezifisch** einzustufen sind (z.B.: Ladeschützen, Richtschützen, Kanoniere usw.)

- Wenn auch grundsätzlich die Möglichkeit einer berufsnahen Verwendung geprüft wird, ist dennoch die **Aufnahmekapazität** in den Streitkräften **begrenzt,** da in vielen Berufen auch ein **Überangebot** besteht.

- **Rechtzeitige Einflußnahme** (vor oder während der Musterung) kann die individuelle Einplanung positiv beeinflussen.

Warum wird für den Soldaten die Freizeit eingeschränkt?

2.22

1. **Hohe Einsatzbereitschaft erfordert einen hohen Ausbildungsstand.** Dieser ist in der begrenzt zur Verfügung stehenden Zeit nur sehr schwer zu erreichen.

2. Im Interesse der Einsatzbereitschaft muß deshalb zeitweilig von der »normalen Arbeitszeit« abgewichen werden:

   2.1 Streitkräfte müssen die Fähigkeit besitzen, sowohl bei **Tageslicht** als auch bei **Nacht** ihren Auftrag erfüllen zu können. Dies setzt eine umfangreiche Ausbildung während der Nacht voraus.

   2.2 **Truppenübungsplatzaufenthalte** dienen der Durchführung von Schieß- und Ausbildungsprogrammen
   → Da die Soldaten ohnehin nicht am Standort sind, wird die Möglichkeit genutzt, auch über die normale Dienstzeit hinweg, Zeit für die Ausbildung zu gewinnen.
   → Wochenenden werden zur Ausbildung bzw Vorbereitung auf die folgenden Schießprogramme genutzt.

   2.3 Kasernen und sicherheitsempfindliche Einrichtungen der Bundeswehr erfordern durchgehende **Bewachung,** die insbesondere während der Nacht und an Wochenenden verstärkt gefordert ist.

2.22

3. Aber:
   → Das Prinzip der **»kalkulierbaren Freizeit«** erfordert von jedem Vorgesetzten rechtzeitige Planung derartiger Dienst- und Ausbildungsvorhaben und frühzeitige Information an die Betroffenen! (Fürsorgepflicht)
   → Hierzu werden erstellt:

   - **Jahresausbildungspläne** (JAP/Festlegung der Großvorhaben, Übungen, Truppenübungsplatzaufenthalten, Urlaubsperioden u.s.w.,
   - **Quartalsausbildungspläne** (QUAP/Festlegung von Einzelterminen, konkreten Ausbildungsvorhaben, »Freistellung vom Dienst« usw.)
   - **Wach- und Bereitschaftspläne** (mindestens für den Monatszeitraum)

4. Soweit Dienststunden außerhalb einer festgelegten Rahmendienstzeit angesetzt werden, sind sie finanziell oder durch **»Freistellung vom Dienst«** abzugelten.
   Einzelheiten sind durch Erlaß geregelt.
   → Schnellbrief VR I 3-Az 19-02-20/04 v. 30.11.95
   → Schnellbrief FÜS I 1-Az 19-02-20 v. 22.01.96
   »Neuregelung des Dienstausgleiches für Soldaten.«

Warum bekommt ein Wehrpflichtiger kein – mit dem Berufsleben vergleichbares – Gehalt?

2.23

1. Das Grundgesetz sieht eine **Wehr- bzw. Dienstpflicht** aller Männer vom vollendeten 18. Lebensjahr an vor **(Art. 12a Abs. 1)**

2. Die Erfüllung von Pflichten gegenüber der Gemeinschaft ist die **Voraussetzung für den Schutz der Grundrechte.**

3. Da die **finanziellen Mittel** des Staates **eingeschränkt** sind, würde die Zahlung eines mit dem Arbeitsmarkt vergleichbaren Gehaltes an Wehrpflichtige zu einer **unvertretbaren Erhöhung des Verteidigungshaushaltes** führen.

4. Zu seinem Wehrsold erhält der Soldat jedoch **kostenlos:**
   - ➡ Verpflegung
   - ➡ militärische Bekleidung
   - ➡ Unterkunft
   - ➡ Heilfürsorge
   - ➡ Freifahrten mit der Bundesbahn zum Heimatort
   - ➡ Betreuungsmittel
   - ➡ finanzielle Mittel zur Unterhaltssicherung (nur Verheiratete)

5. Demzufolge steht der Wehrsold **im vollen Umfang für Freizeit, Hobby, zivile Bekleidung** und **sonstige private Belange zur Verfügung.**

Quellen: 25

Leistet ein Wehrdienstverweigerer/ Zivildienstleistender Friedensdienst?

2.24

1. **Art. 4 Abs. 3** des Grundgesetzes garantiert jedem Staatsbürger das **Recht auf Kriegsdienstverweigerung**/Wehrdienstverweigerung.

2. Der anstelle des Wehrdienstes zu leistende **Zivildienst** unterstützt
   - ➡ das Zusammenleben innerhalb der Gemeinschaft
   - ➡ nimmt sich unserer kranken, behinderten und älteren Mitbürger an und
   - ➡ schafft somit eine wichtige Voraussetzung für ein friedliches und harmonischen Miteinander **(caritativer Auftrag).**

3. So wichtig diese Aufgabe ist, kann sie dennoch den Frieden zwischen Völkern und Staaten **nicht** sicher machen.
   Zur Bewußtseinsbildung im Interesse eines erstrebenswerten – aber leider derzeitig unrealistischen – Verhältnisses unter den Menschen (Menschenbild) kann sie jedoch beitragen.

4. So wie durch den **Wehrdienst** der Friede **gegen Bedrohungen von außen** geschützt wird, können durch Maßnahmen im Bereich des **Zivildienstes zwischenmenschliche Beziehungen** und Probleme entspannt bzw. gelöst werden
   (»Friedliches Miteinander unter **einzelnen** Menschen«).

5. Der Zivildienst ist **nicht** geeignet, einen möglichen Aggressor von seinem Vorhaben abzubringen. Damit ist er zwar ein nicht wegzudenkender, wichtiger Faktor innerhalb der Gemeinschaft der Bürger, kann jedoch **nicht als Friedensdienst im ursprünglichen Sinne** bezeichnet werden.

Prof. Carl Friedrich von Weizsäcker:

»Wer sich der Norm des Waffentragens unterwirft, trägt, wenn er es gewissenhaft tut, dazu bei, eine Ordnung zu schützen, die wir noch nicht durch eine neue Ordnung zu ersetzen vermocht haben. Wer sich der Norm des Waffenverzichts unterwirft, muß ***hoffen,*** *heute schon ein Beispiel der Ethik zu geben, die eines Tages die allgemeine sein wird.«*

Frieden und Wahrheit, neue Formen für eine Weltordnung ohne Krieg 1967

Quellen: 7, 25

Welche Rolle spielen Ersatzdienstleistende in einem Konflikt?

2.25

---

1. Gemäß **Artikel 4 (3) GG** darf niemand **gegen sein Gewissen zum Kriegsdienst mit der Waffe** gezwungen werden.

2. Ein Wehrdienstverweigerer aus Gewissensgründen
   ➡ **lehnt jegliche Anwendung von Gewalt** kategorisch **ab,**
   ➡ muß aber konsequent und vorurteilsfrei sein Tun auf die **»Liebe zum Menschen«** einstellen.

3. Anerkannte Ersatzdienstleistende werden deshalb vornehmlich in pflegerischen, sozialen oder humanitären Bereichen eingesetzt.

4. Dazu muß zwangläufig die Pflege von **verwundeten Soldaten** gehören, die nach Einlieferung in ein Lazarett unter dem Schutz der **»Genfer Konvention«** stehen. **(Art. 10 Genfer Konvention)**

5. Eine Verweigerung des Dienstes mit der Waffe aus Gewissensgründen kann **nicht** gleichzeitig auch eine Verweigerung der Hilfsleistung gegenüber in Not geratenen bzw verletzten Menschen – **auch Soldaten** – bedeuten.

6. Soweit Ersatzdienstleistende in Krankenhäusern eingesetzt werden, die im Kriegsfall Lazarettfunktionen übernehmen, sind sie **zur Hilfeleistung** gegenüber verwundeten Soldaten **verpflichtet!**

Quellen: 37

Warum werden im Zuge der Gleichberechtigung nicht auch Frauen zum Wehrdienst eingezogen?

2.26

1. Das Grundgesetz der Bundesrepublik Deutschland bestimmt, daß nur **Männer vom vollendeten 18. Lebensjahr** an zum Dienst in den Streitkräften verpflichtet werden können **(Art. 12a, Abs. 1).**

2. Soweit im **Verteidigungsfalle** Frauen vom vollendeten 18. bis zum vollendeten 55. Lebensjahr zu **Dienstleistungen** herangezogen werden können, dürfen sie **auf keinen Fall Dienst mit der Waffe** leisten **(Art. 12a, Abs. 4).**
   Diese Vorgabe des Grundgesetzes ist von der Vorstellung bestimmt, daß
   - ➡ **Wehrdienst** immer auch mit einem **Waffendienst** verbunden ist
   - ➡ der Waffendienst für Frauen – auch als Lehre aus der Vergangenheit – grundsätzlich abzulehnen sei.

3. Für den **Sanitätsdienst** werden bereits seit Jahren **weibliche Truppenärzte** auf freiwilliger Basis verpflichtet.
   Seit Anfang 1992 werden darüber hinaus weibliche Freiwillige im Gesamtbereich des Sanitäts- und auch Musikdienstes eingesetzt.

4. Eine grundsätzliche **Dienstpflicht für Frauen** könnte nur aufgrund einer **Verfassungsänderung** mit der nach dem Grundgesetz dafür vorgesehenen 2/3 Mehrheit im Bundestag und im Bundesrat eingeführt werden.
   Dies steht derzeitig nicht zur Diskussion, beschäftigt jedoch im Hinblick
   - ➡ auf zukünftige **Strukturprobleme** (Wehrpflicht oder Berufsarmee?)
   - ➡ oder **Aufgabenfelder** (Umweltschutz, Pflegenotstand usw.) die Öffentlichkeit zunehmend.

Quellen: 25

Hat der deutsche Soldat ein Widerstandsrecht ?

2.27

1. Die **Erfahrungen des Jahres 1933** mit der willkürlichen, formaljuristisch begründeten Außerkraftsetzung der rechtsstaatlichen Ordnung **(»Weimarer Verfassung«)** nach der Machtübernahme durch Hitler

   und

2. das mißglückte **Attentat auf Hitler** am **20. Juli 1944**, veranlaßte die »Väter des Grundgesetzes«, ein **Widerstandsrecht** in der Verfassung der **neuen Bundesrepublik** festzuschreiben:

> ***Art. 20 (4) GG:***
>
> *»Gegen jeden, der es unternimmt, diese Ordnung zu beseitigen, haben alle Deutschen das **Recht zum Widerstand,** wenn andere Abhilfe nicht möglich ist.«*

3. Der **Soldat** verpflichtet sich, durch **Eid** oder **Gelöbnis** **»das Recht und die Freiheit des Deutschen Volkes tapfer zu verteidigen«**.
   Damit wird die Umsetzung des Widerstandsrechtes für den Soldaten zur **Verpflichtung gegenüber der Verfassung**, für deren Bestand er **tapfer – auch unter Einsatz seines Lebens** – einzutreten hat.

Quellen: 25

Dürfen Soldaten »Mörder« genannt werden?

2.28

1. Am **10. Oktober 1995** hat das **Bundesverfassungsgericht** unter Berufung auf die im Grundgesetz verankerte **Meinungsfreiheit** entschieden, daß
   - ➡ der öffentliche Gebrauch des **Tucholski** Zitats **»Soldaten sind Mörder«** grundsätzlich nicht strafbar ist,
   - ➡ bzw. nicht notwendig zu einer strafgerichtlichen Verurteilung führen muß.

   Dagegen liegt eine strafbare Handlung vor, wenn dieses Zitat als **konkrete, gegen einen einzelnen** Soldaten gerichtete Beleidigung genutzt wird.

2. Soldaten der Bundeswehr
   - ➡ deren Auftrag es ist, zu **schützen,** zu **retten** und zu **helfen,**
   - ➡ sind Teil unserer Verfassung,
   - ➡ haben notfalls unter Einsatz des Lebens für deren Werte – auch die **Unabhängigkeit der Rechtsprechung** – einzutreten,
   - ➡ haben wie alle Staatsbürger Anspruch auf Schutz ihrer **Menschenwürde und Ehre.**

   Die Bezeichnung als »Mörder« stellt die sittliche und demokratisch legitimierte Grundlage des Auftrags des Soldaten der Bundeswehr mit kriminellem Handeln gleich.

3. In der **Praxis** zeigt sich, daß intolerante Minderheiten, die zur Demokratie unfähig sind, weil sie den Andersdenkenden nicht respektieren, sehr oft **Meinungsfreiheit mit Beleidigungsfreiheit** verwechseln.

2.28

4. Auf Initiative des Justizministers **Schmidt-Jorzik** hat die Regierungskoalition einen Vorschlag zur **Ergänzung des Strafgesetzbuches gemacht (109 b StGB):**

   »Wer öffentlich in einer Versammlung oder durch Verbreitung von Schriften Soldaten in Beziehung auf ihren Dienst in einer Weise verunglimpft, die geeignet ist, das Ansehen der Bundeswehr oder ihrer Soldaten in der öffentlichen Meinung herabzuwürdigen, wird mit Freiheitsstrafe bis zu 3 Jahren oder mit Geldstrafe bestraft.«

Problem und Fragen:

➡ Sollen **Soldaten** in der Strafgesetzgebung wirklich eine **Sonderrolle** spielen?
➡ Wäre eine gezieltere **Bewußtseinsbildung** und Auseinandersetzung mit der Thematik in der Öffentlichkeit sinnvoller?
➡ Müßten Polizei und BGS – die sicherlich teilweise ähnlichen Angriffen ausgesetzt sind – nicht in diese Regelung einbezogen werden?!

Klaus Naumann, *(ehemaliger Generalinspekteur der Bundeswehr):*

»Meinungsfreiheit ist ein hohes Gut, ihr aber die Würde der Menschen zu opfern, die als Soldaten bereit sind, für unser Land mit ihrem Leben einzutreten, ist ein zu hoher Preis.«

»Soldaten dürfen nicht Mörder genannt werden«, *Focus 46/1995*

Quellen: 75

Welche Rolle spielen Reservisten in der Bundeswehr und wie werden sie eingesetzt?

2.29

*... Nach wie vor bilden die **Reservisten** zusammen mit den aktiven Soldaten in ihrem Engagement, ihrem persönlichen Einsatz und die Bereitschaft, im Frieden – vor allem aber in Krise und Krieg – zu dienen, den **Kern unserer Verteidigungs- und Bündnisfähigkeit...***

*... Reservisten sind **integraler Bestandteil der Streitkräfte.** Ihre Aufgaben sind im Einsatz denen aktiver Soldaten gleich. ...*

*...Die **volle Einsatzfähigkeit** der Streitkräfte ist auch künftig **nur mit Reservisten sicherzustellen...***

***Konzeption für die Reservisten der Bundeswehr** 1994*
(BMVg – Fü S I vom 02.09.94)

Quellen: 77

2.29

»Gut ausgebildete, qualifizierte und engagierte Reservisten sind ein wesentlicher und ***unverzichtbarer Bestandteil des Heeres.***
Ohne sie ist die Auftragserfüllung in der Krise und im Krieg nicht möglich.

Daher ist schon im Frieden eine enge ***Zusammenarbeit*** *zwischen aktiven Soldaten und Reservisten* ***auf allen Führungsebenen*** *erforderlich.*

Dies ist eine ***Führungsaufgabe,*** *von deren Erfüllung die Einsatzbereitschaft des Heeres besonders im Falle der Landesverteidigung entscheidend abhängt.*
Damit kommt dem Führer präsenter Truppenteile im Frieden eine wichtige und verantwortungsvolle Rolle zu.«

Weisung ***»Reservisten im Heer«****/ BMVg Inspekteur Heer FüH IV 3 Az 16-39-01 vom 13. Juli 1995*

Quellen: 78

Möglichkeiten für den Einsatz von Reservisten

1. **Hauptverteidigungskräfte (HVK):**
   ➡ **Schwerpunkt** (hoher Kaderungsgrad!)
   ➡ Grundlage für die **Durchhaltefähigkeit**

2. **Krisenreaktionskräfte (KRK):**
   ➡ nur aufgrund **freiwilliger Erklärung**
   ➡ auf besonderen V-Dienstposten oder
   ➡ im Personalersatztruppenteil

3. **Militärische Grundorganisation (MGO):**
   ➡ Aufrechterhaltung der Einsatzbereitschaft
   ➡ Verstärkung im Falle der Landesverteidigung
   ➡ Schließen personeller Lücken

4. Besonderheiten bei **Auslandseinsätzen:**
   ➡ Teilnahme nur aufgrund **freiwilliger Erklärung**
   ➡ normale Wehrübung bis max **7 Monate** (§ 6a WpflG)
   ➡ **Pflichtwehrübung** zur Aufrechterhaltung der Einsatzbereitschaft **in Deutschland,** wenn
   eigene Kräfte ohne Mobilmachung im Ausland
   eingesetzt werden.

Einsatz von Reservisten bei Auslandseinsätzen der Streitkräfte nach Artikel **80a GG (mit Mobilmachung)** derzeit nicht möglich: Voraussetzung ist die Erklärung des
Spannungs- oder Verteidigungsfalls (Artikel 115a GG)

Wie hat sich die Reservistenkonzeption der veränderten Lage angepaßt?

2.30

Reservistenkonzeption gestern – heute		
	Konzeption Reservisten 1988	**Konzeption Reservisten 1994**
Friedensumfang	**495.000**	**340.000** (bis 370.000)
Verteidigungsumfang	**1.340.000**	**680.000**
Im V-Umfang beorderte Reservisten	ca. **845.000**	ca. **340.000**
Beorderungsreserve außerhalb V-Umfang	–	ca. **32.000 Offz/Uffz** (seit Ende 1993)
Wehrübungsplätze	**10.000** (ab 1995)	**3.000** (ab 1998)
Wehrübende pro Jahr	bis zu **300.000**	etwa **100.000**
Wehrübungskonzept	Regelfall: **Truppenwehrübungen**	→ Entwicklung von **Krisenausbprogrammen** → Schwerpunkt Offz / Uffz in **Einzel-und Rahmenwehrübungen** (Frieden) → Aufbau einer **Einsatzreserve (10.000** / Kern d. **Alarmres** ab 1996)
Beorderungsdauer	**mind. 6 Jahre** für alle Laufbahngruppen	→ **Offz:** 10 Jahre → **Uffz:** 7 Jahre → **Msch:** 4 Jahre
Inanspruchnahme zu Wehrübungen	→ **Offz:** 84 Tage → **Uffz:** 45 Tage → **Msch:** 30 Tage	→ **Offz:** 84 Tage → **Uffz:** 45 Tage → **Msch:** 24 Tage
Finanzielle Leistungen	**Leistungszuschlag** für Führungs- und Funktionspersonal ab **31.** WÜ-Tag	→ RUA-Prämie → Leistungszuschlag ab **13./25.** WÜ-Tag → Leistungszuschlag für Einsatzreserve

Welche Ziele verfolgt die Reservistenarbeit?

2.31

---

1. **Allgemeine Reservistenarbeit** (AllgResArb)
   - ➡ Integration der Reservisten in die soldatische Gemeinschaft
   - ➡ **beorderte und nicht beorderte** Reservisten
   - ➡ Information, Betreuung, abgestimmte Planung
2. **Freiwillige Reservistenarbeit** (FrwResArb)
   - ➡ militärische Förderung der Reservisten zur **Erhaltung ihrer Fähigkeiten und Fertigkeiten**
   - ➡ **Informationen** über aktuelle, sicherheits- und verteidigungspolitische Zusammenhänge
   - ➡ verwendungsbezogen und verwendungsunabhängig
   - ➡ in aktiven und teilaktiven Truppenteilen

   2a. **Verwendungsbezogene** freiwillige Reservistenarbeit
   - Förderung **beorderter** Reservisten
   - Verbesserung der Qualifikation als Fhr, Ausb, Funktioner
   - dienstliche Veranstaltungen und freiwillige Wehrübungen

   2b. **Verwendungsunabhängige** freiwillige Reservistenarbeit
   - allgem. mil. Qualifikation und verteidigungspolitische Info
   - überwiegend für **nicht beorderte** Reservisten
   - Planung, Koordinierung und Durchführung in Verantwortung der **Territorialen Wehrorganisation** (VBK/ Fw für Res Arb) in Zusammenarbeit mit dem VdR Bw e.V.
3. **Freiwillige Reservistenarbeit des »Verbandes der Reservisten der Deutschen Bundeswehr e.V.«** (VdR Bw)
   - ➡ außerhalb der Bundeswehr
   - ➡ auf internationaler Ebene
   - ➡ Bindeglied zwischen Bundeswehr und Gesellschaft
   - ➡ Gliederung in:
     - Landes-/ Bezirks-/ Kreisgruppen
     - örtliche Reservistenkameradschaften
     - Arbeitskreise für ResOffz oder -Uffz
     - Hochschulgruppen

Was versteht man unter dem »Verband der Reservisten der Deutschen Bw« (VdR Bw)?

2.32

→ **Freiwilliger Zusammenschluß** ehemaliger Soldaten,
die ihr geistiges und körperliches Können in den Dienst für Frieden und Freiheit stellen,

→ **Organisation, Gliederung:**
- 16 Landes-, 26 Bezirks- und 123 Kreisgruppen
- fast 2.500 Reservistenkameradschaften
- in ganz Deutschland,
- quer durch alle Dienstgradgruppen

→ **Vereinigung,**
die freiwillig von der Bundesregierung Aufgaben übernommen hat, um die Bundeswehr zu unterstützen,

→ **Verband,**
- der in speziellen Arbeitskreisen Unteroffiziere und Offiziere der Reserve militärisch besonders fördert,
und veteidigungspolitisch informiert
- der auch dienstgradübergreifende Ausbildungsmöglichkeiten anbietet,
- der eine große Zahl Studenten als Mitglieder hat,
die sich i. d. Bundesarbeitsgemeinschaft studierender Reservisten (BSR) zusammengeschlossen haben, um an unseren Hochschulen mit ihren Kommillitonen Verteidigungspolitik zu diskutieren,
- dessen Organisationsleiter durch einen Erlaß des Verteidigungsministers Ansprechpartner aller Reservisten der Bundeswehr sind,
- der zur Bundeswehr, ihren Alliierten und weiteren befreundeten Streitkräften und Reservisten ein partnerschaftliches Verhältnis pflegt,
- der auf politischer Ebene, in der Arbeitswelt und
auf allen Führungsebenen der Bundeswehr großes Ansehen genießt.

→ **Verein bürgerlichen Rechts,**
der 120 Geschäftsstellen im gesamten, vereinigten Deutschland hat, um die Reservisten in ihrem freien Engagement sachgerecht zu unterstützen.
Er ist Sprachrohr für alle Reservisten.

→ **»Freiwillige Reservistenarbeit«** heißt, interessierte Reservisten engagieren sich in ihrer Freizeit für die Streikräfte und Sicherheitspolitik.
Innerhalb der Bundeswehr geschieht dies durch freiwillige Wehrübungen oder »Dienstliche Veranstaltungen«.
Außerhalb der Bundeswehr organisiert der VdR Bw die »Freiwillige Reservistenarbeit«. Diese Arbeit leistet der Verband im Auftrag von Parlament und Regierung.

→ Ziel der **»Freiwillige Reservistenarbeit«** ist es,
- den Reservisten durch **»Verteidigungspolitische Arbeit«** als Mittler zwischen den Streikräften und der zivilen Öffentlichkeit zu gewinnen und durch
- **»Militärische Förderung«** als Soldat weiterzubilden.

→ **Verteidigungspolitische Arbeit**
- interessante Diskussionen und Veranstaltungen zu aktuellen verteidigungspolitischen Themen,
- sicherheitspolitische Kolloquien,
- Seminare im In- und Ausland

→ **Militärische Förderung**
- Inübunghaltung und Vorbereitung auf Aufgaben im Rahmen der Landesverteidigung
- Teilnahme an militärischen Wettkämpfen im In- und Ausland
- Vermittlung von Lehrgängen
- Taktische Weiterbildung

Quellen: 77, 78

Verband der Reservisten der Deutschen Bundeswehr e.V.

Generalsekretariat
Provinzialstraße 91
53127 Bonn
Tel.: (0228) 25 90 915

Landesgruppe Schleswig-Holstein
Feldstraße 213
24106 **Kiel**
Tel.: (0431) 30 17 910

Landesgruppe Hamburg
Sophienterrasse 14
20149 **Hamburg**
Tel.: (040) 45 29 90

Landesgruppe Niedersachsen
Hans-Böckler-Allee 18
30173 **Hannover**
Tel.: (0511) 81 53 30

Landesgruppe Bremen
An der Kaserne 41
28790 **Schwanewede**
Tel.: (04209) 22 71

Landesgruppe Nordrhein-Westfalen
Lenaustraße 29
Reitzenstein-Kaserne
40470 **Düsseldorf**
Tel.: (0211) 61 20 69

Landesgruppe Rheinland-Pfalz
Generaloberst-Beck-Straße 1F
Kurmainz-Kaserne
55129 **Mainz**
Tel.: (06131) 5 30 57

Landesgruppe Hessen
An der Kaserne 8
Bergkaserne
35394 **Gießen**
Tel.: (0641) 49 14 82

Landesgruppe Saarland
Saarpfalz-Kaserne, Geb. 10
Kasernenstraße
66450 **Bexbach**
Tel.: (06826) 5 14 42

Landesgruppe Baden-Württemberg
Nürnberger Straße 184
Theodor-Heuss-Kaserne
70374 **Stuttgart**
Tel.: (0711) 52 52 70

Landesgruppe Bayern
Dachauer Straße 128
80632 **München**
Tel.: (089) 15 93 160

Landesgruppe Berlin
Julius-Leber-Kaserne/VBK 100
Kurt-Schumacher-Damm 41
13405 **Berlin**
Tel.: (030) 41 31 455

Landesgruppe Mecklenburg-Vorpommern:
c/o Div.- und WBK VIII
Am Hang 35
17033 **Neubrandenburg**
Tel.: (0395) 36 83 105

Landesgruppe Brandenburg:
Berliner Straße 27
14467 **Potsdam**
Tel.: (0331) 27 02 235

Landesgruppe Sachsen-Anhalt:
Sternstraße 18
39104 **Magdeburg**
Tel.: (0391) 54 37 201

Landesgruppe Sachsen:
Wodanstraße 19
04347 **Leipzig**
Tel.: (0341) 92 14 291

Landesgruppe Thüringen:
Blosenburgstraße 19
99096 **Erfurt**
Tel.: (0361) 37 31 314

☞

BEITRITTS-ERKLÄRUNG

Hiermit erkläre ich meinen Beitritt zum
Verband der Reservisten der Deutschen Bundeswehr e.V.,
Provinzialstraße 91, 53127 Bonn.

Geburtsdatum						Buch-stabe	Folgenummer					

Personenkennziffer ↑

Name, Vorname ↑

Straße, Hausnummer ↑

Postleitzahl,Wohnort ↑

Beruf ↑ Dienstgrad d.R. ↑

Status Bw (SaZ oder Wehrpflichtiger) ↑ Teilstreitkraft ↑

Kreiswehrersatzamt ↑

Telefon / Telefax ↑

Bitte hier abtrennen!

gewünschte Reservistenkameradschaft ↑

Einzugsermächtigung

Hiermit bevollmächtige ich Sie, den Jahresbeitrag von derzeit DM 42, zu Lasten meines Kontos einzuziehen. Weist mein Konto die erforderliche Deckung nicht auf, besteht seitens der Bank keine Verpflichtung zur Einlösung. Diese Ermächtigung ist jederzeit schriftlich widerrufbar.

Kontonummer Bankleitzahl

Geldinstitut

Datum Unterschrift

Meine Mitgliedschaft soll beginnen am: ____________

Die Daten werden mittels EDV gespeichert und verarbeitet. Mit der Überprüfung der militärischen Angaben durch die Bundeswehr bin ich einverstanden.

Name ....

Straße ....

PLZ .... Ort ....

Bitte freimachen!

Ja, ich möchte Mitglied werden im
Verband der Reservisten der Deutschen Bundeswehr!

☐ Bitte schicken Sie mir je ein Exemplar Ihrer tollen Aufkleber.

Welche Ziele verfolgt der Bundeswehrverband (DBwV) e.V.?

2.33

1. Gründung am **14. Juli 1956** in Munster-Lager
   (55 Soldaten aller Dienstgrade)

2. **Rechtliche Grundlage:**

   ➡ **Artikel 9 GG /**
   Grundrecht der **Koalitionsfreiheit**

   ➡ Das **Beteiligungsrecht** des Deutschen Bundeswehrverbandes an der Vorbereitung aller gesetzlichen Regelungen, welche die Interessen der aktiven und ehemaligen Soldaten, ihrer Familienangehörigen und ihrer Hinterbliebenen berührt, ist im **Soldatengesetz (§ 6, 35, 35a)** verankert.

3. **Struktur:**

   ➡ **Demokratisch legitimierte Interessenorganisation,** in der Stimme und Argumentation des Delegierten, nicht aber der Dienstgrad oder die Dienststellung zählen.

   ➡ **organisatorischer Unterbau** für die gleichberechtigte, aktive Beteiligung aller Soldaten am politischen Leben als mündige Staatsbürger in Uniform.

   ➡ Finanziell, materiell und politisch **unabhängige Organisation** aller aktiven und ehemaligen Soldaten, ihrer Familienangehörigen und Hinterbliebenen.

4. **Ziel:**

   ➡ Umsetzung der gem. GG festgelegten Rechte und Pflichten der Bürger auf den militärischen Bereich

   ➡ Realisierung des Leitbildes des **»Staatsbürgers in Uniform«**

5. Als **Spitzenorganisation der Soldaten** zählt der Deutsche Bundeswehrverband heute eine Viertelmillion Mitglieder

6. **Internationale Aktivitäten:**

Gründungsmitglied der **Europäischen Organisation der Militärverbände (EuroMil**/Sep. 1972) mit dem Ziel

➡ die Grundrechte und Grundfreiheiten der europäischen Soldaten zu fördern (insbes. Vereinigungs -und Koalitionsrecht)

➡ zum beruflichen internationalen Erfahrungsaustausch beizutragen

➡ die europaweite Vertrauensbildung im Rahmen des OSZE-Prozesses zu unterstützen

Mitglieder:

1. Belgien
2. Bulgarien
3. Deutschland
4. Dänemark
5. Frankreich
6. Irland
7. Italien
8. Niederlande
9. Österreich
10. Rußland
11. Ungarn
12. Tschechien
13. Slowakei
14. Spanien (Beobachterstatus)

7. **Anschrift:**

Deutscher Bundeswehrverband e.V.,
Südstraße 123,
53175 Bonn
Telefon: 02 28/38 23-0
Telefax: 02 28/38 23-2 20

Einer ist stark –
Viele sind stärker
Zusammen sind wir unschlagbar!

DBwV

Darum ! DBwV

Monat	Jahr

Mitglied mit Wirkung vom 1.

Mitglieds-Nr.- wird vom Verband ausgefüllt

Dienstgrad

Hiermit gebe ich meine Einwilligung gem. Bundesdatenschutzgesetz zur Verarbeitung meiner personenbezogenen, geschützten Daten.

Bitte nur die weißen Felder ausfüllen

Name, Vorname

Straße, Hausnummer

Postleitzahl | Wohnort

Einheit/Truppenteil

Postleitzahl | Dienstort

Tag	Monat	Jahr

Geburtsdatum

Ich bin: ❑ Zeitsoldat ❑ Berufssoldat
❑ Grundwehrdienstleistender * ❑ Ich beabsichtige SaZ zu werden

*Die Mitgliedschaft gilt nur für die Dauer des Grundwehrdienstes

Bitte ankreuzen

Heer	Luftwaffe	Marine	Ehepartner	Stud.	Hinterblieb.	a.D.	d.R.	STI	STII	DG	AO-Schlüssel

▼ **Bitte ausfüllen wenn Abbuchung erwünscht:** Ich bin einverstanden, daß mein Mitgliedsbeitrag [1/4] [1/2] [1/1] - jährlich (Zahlungsweise bitte ankreuzen) - bis auf Widerruf - von meinem Konto abgebucht wird.

Bankleitzahl | Kontonummer

Kontoinhaber (Nur ausfüllen, wenn der Kontoinhaber nicht identisch mit dem Antragsteller ist)

Kurzbezeichnung und Ort des Geldinstitutes

Ort	Datum	Unterschrift

DBwV

Sie für uns !

Ihr Deutscher Bundeswehr-Verband

Welche Aufgabe hat das Bundeswehr-Sozialwerk (BwSW e.V.) im Rahmen der Fürsorge übernommen?

2.34

---

1. Das Bundeswehrsozialwerk hat sich die Aufgabe gestellt,
   ➡ die **gesundheitliche, soziale** und **kulturelle** Betreuung
   ➡ aller Angehörigen der Bundeswehr sowie deren Familien und Hinterbliebenen sicherzustellen.

   Sie finanziert ihre Maßnahmen im wesentlichen durch den Mitgliedsbeitrag
   ➡ monatlich 3,50DM
   ➡ Auszubildende und Beamtenanwärter monatlich 1,00 DM
   ➡ Grundwehrdienstleistende während der Dauer des Grundwehrdienstes beitragsfrei
   und Spendenmittel.

2. Im Rahmen der **Familienerholung** können Mitglieder und ihre Familienangehörigen überwiegend in Erholungseinrichtungen des Bundeswehrsozialwerks in ganz Europa unbeschwerte Ferien verleben. Dabei erhalten Mitglieder mit geringerem Einkommen auf Antrag Zuschüsse.

3. **Müttern,** die durch die Versetzungshäufigkeit ihrer Ehemänner besonders betroffen sind und die Sorgen des Alltags oft allein zu tragen haben, wird in Zusammenarbeit mit dem Müttergenesungswerk, dem Deutschen Paritätischen Wohlfahrtsverband und durch Zuschüsse des Bundes eine preislich günstige Möglichkeit zur Entspannung geboten.

4. Bei Bedarf kann in **Mütter- und Kind-Kuren** die Betreuung der Kinder durch fachgeschulte Mitarbeiter in den Erholungseinrichtungen übernommen werden.

5. Unter internationaler Beteiligung werden **Kinder- und Jugenderholungsmaßnahmen** in ganz Europa durchgeführt.
In umfangreichen Austauschprogrammen mit Belgiern, Holländern, Engländern, Franzosen, Italienern und Spaniern in international organisierten Zeltlagern oder Erholungsstätten wird durch direkten Kontakt und regen Informationsaustausch die europaweite Annäherung bereits im jugendlichen Alter gefördert.

6. Das Bundeswehrsozialwerk bietet
   - → sowohl **»Freizeit für junge Leute«** beim Skilaufen in den Bergen oder Surfen am Meer
   - → als auch **Seniorenerholung** als Mittel der Fürsorge für ältere Mitglieder

   in ausgesuchten Erholungseinrichtungen an.

7. In der Aktion **»Sorgenkinder in Bundeswehrfamilien«** werden mit sozialen Problemen besonders belastete Familien mit behinderten Kindern in der behinderungsgerechten Urlaubsplanung organisatorisch beraten, aber auch finanziell unterstützt.

   Sie wurde 1975 unter Schirrmherrschaft von Frau Barbara Naumann, der Gattin des ehemaligen Generalinspekteurs der Bundeswehr, ins Leben gerufen und wird überwiegend aus Spendenmitteln finanziert.

8. **Adresse:**

   Bundeswehrsozialwerk e.V.,
   Mönkemöller Straße 37,
   53129 Bonn
   Telefon: 02 28/91 77 40
   Telefax: 23 76 09

   Spendenkonto:
   Sparkasse Bonn,
   BLZ: 380 500 00,
   Kto-Nr.: 63347

Ausfertigung für
Bundeswehr-Sozialwerk e.V.

Beitrittserklärung zum Bundeswehr-Sozialwerk e.V. (BwSW) für Angestellte, Arbeiter, Azubi

☐ Angestellte/r
☐ Arbeiter/in

☐ Angestellte/r
☐ Arbeiter/in
} Ruhestand/ausgeschieden — Selbstzahler —

☐ Auszubildende
☐ Sonstige

01 Familienname

02 Vorname

03 AmtsBez. DGrad

04 Gru Stat | Personenkennziffer

05 Straße, HausNr.

06 PLZ, Wohnort

07 Familienstand

08 Geburtsdatum

09 Dienststelle

Dienstort

10 Zuständiges WBGA

11 BK

12 OSK

nicht v. Mitglied ausfüllen

13

Hiermit erkläre ich zum ________ (Datum) meinen Eintritt zum BwSW. Ich bin einverstanden, daß für die Zeit meiner Zugehörigkeit zum BwSW der Mitgliedsbeitrag in Höhe von monatlich ________ DM von meinen Bezügen durch das Wehrbereichsgebührnisamt einbehalten und an das BwSW abgeführt wird. Der Widerruf ist nur über das BwSW möglich.

Zusatz: Die Beitragsermäßigung für Auszubildende erlischt mit Ende der Ausbildung. Das WBGA wird ermächtigt, ab diesem Zeitpunkt den Mindestbeitrag zu erheben

Ort ________ Datum ________ Unterschrift ________

Sichtvermerk Bereich

Persönliche Notizen

Kapitel 3: Verteidigung – Gesamtaufgabe von Staat und Gesellschaft – »Primat der Politik«

3.1 Wie ist das Verhältnis der **Bundeswehr zu Staat und Gesellschaft** zu beschreiben?

3.2 Was kennzeichnet eine **Armee in einem demokratischen Staat**?

3.3 Kann die Bundeswehr zu einem **unkalkulierbaren Machtfaktor** innerhalb des Staates werden?

3.4 Welche Rolle spielen die **Streitkräfte** bei der **Wahrung der Grundrechte**?

3.5 Unter welchen Voraussetzungen kann die **Bundeswehr nach innen** eingesetzt werden?

3.6 Welche **Vorteile** hat eine **Wehrpflichtarmee**?

3.7 Welche **Nachteile** hat eine **Wehrpflichtarmee**?

Wie ist das Verhältnis der Bundeswehr zu Staat und Gesellschaft zu beschreiben?

3.1

1. **Grundlage aller Abläufe und Zusammenhänge** innerhalb der BundesrepublikDeutschland ist das **Grundgesetz**!

2. Durch das Prinzip der allgemeinen **Wehrpflicht (Artikel 12 a GG)** wird der Staatsbürger
   → nach Vollendung seines **18. Lebensjahres**
   → mit **der Einberufung**
   zum **»Staatsbürger in Uniform«**

3. **Nach Beendigung seiner Wehrpflicht** wird der »Staatsbürger in Uniform«
   → zum Reservisten
   → und damit wieder zum **»Staatsbürger in Zivil«**.

4. Zwischen der Gemeinschaft der Staatsbürger und den »Staatsbürgern in Uniform« findet eine **ständiger Informationsaustausch** statt:
   → durch **Wehrpflicht**
   → durch **Transparenz, Öffentlichkeitsarbeit** und das **»Prinzip der Offenen Tür«** seitens der Bundeswehr,
   → durch **öffentliches Interesse** (Presse, Medien usw.) seitens der Öffentlichkeit.

5. Das **Verhältnis Bundeswehr – Staat und Gesellschaft** ist zu bezeichnen
   → als ein **kritischer Verständigungsprozeß**,
   → der eine **Abschottung der Bundeswehr** (Bildung eines »Staates im Staate« nach dem Beispiel der Reichswehr 1919-1933) **verhindert** und
   → gleichzeitig die Bundeswehr zum **»Spiegelbild der Gesellschaft«** werden läßt.

Quellen: 9, 25, 38, 74

3.1

Volker Rühe :

*»Deutsche Streitkräfte dürfen keine Fremdkörper im Volk sein.
Im Gegenteil: Eine Armee der Bürger ist ohne Verankerung
im gesellschaftlichen Bewußtsein nicht denkbar.
Wehrpflicht und Innere Führung machen den Inhalt dieser Verankerung
aus.
Innere Führung heißt nichts anderes, als daß der Soldat dem Recht und
dem Ethos unseres Verfassungsbildes verpflichtet ist.
Sein Dienst ist allein darauf ausgerichtet, die Ziele unserer Verfassung und
das Völkerrecht zu schützen.
Das sind Ziele, die ihren einzigen Sinn im Menschen selbst haben.«*

Betr: ***Bundeswehr, Sicherheitspolitik und Streitkräfte im Wandel***
*Schriftenreihe OFFENE WORTE seit 1789 Verlag E.S. Mittler & Sohn,
Berlin ·Bonn · Herford*

◆ ◆ ◆

Wolf Graf von Baudissin:

*»Wenn die Jugend – und sicher auch ein Teil der Berufssoldaten –
die Kasernen nicht als Staatsbürger betreten werden, so müssen sie Staatsbürger werden, um ihre soldatische Aufgabe recht erfüllen zu können.
Ohne eine staatsbürgerliche Bildung werden sie keine Soldaten sein, sondern Landsknechte, d. h. Werkzeuge jeden Regimes oder Techniker der
Gewalt ohne Gewissen.
Sie verlieren ihre Glaubwürdigkeit gegenüber der staatlichen Gemeinschaft, die sie schützen sollen.«*

Soldat für den Frieden, *München 1969*

Was kennzeichnet eine Armee in einem demokratischen Staat?

3.2

1. Sie ist **Organ der vollziehenden Gewalt (EXEKUTIVE)**

2. Sie schützt ihr Land gegen **Angriffe von außen** und kann im Inneren nur in genau festgelegten Grenzen zum Einsatz kommen. (Art. 87a GG)

3. Zur Erfüllung ihrer Aufgabe benötigt sie **Macht,** die jedoch durch Gesetze **begrenzt** ist und **kontrolliert** wird.

4. Sie unterliegt dem »**Primat der Politik**« durch politische Leitung und parlamentarische Kontrolle.

5. Die Bundeswehr ist kein selbständiger Teil, innerhalb der Gesellschaft sondern verwirklicht mit der Konzeption der **Inneren Führung** und mit dem Leitbild des »**Staatsbürgers in Uniform**« die Einbettung in diese.

6. Sie unterliegt und stellt sich der **öffentlichen Kritik.**

7. Sie gewährleistet die rechtsstaatliche Stellung jedes Soldaten und **schließt Machtmißbrauch aus.**

Quellen: 25

Kann die Bundeswehr zu einem unkalkulierbaren Machtfaktor innerhalb des Staates werden?

3.3

1. Die Bundeswehr wird
   - ➡ sowohl im **Frieden** (Verteidigungsminister/Staatssekretäre), **(Art. 65 a GG)**
   - ➡ als auch im **Verteidigungsfall** (Bundeskanzler) **(Art. 115 b)**

   politisch geführt. **(Primat der Politik)**

2. Sie unterliegt **parlamentarischer Kontrolle**
   - ➡ durch Gesetze **(GG, SG, WDO, WBO usw.)**
   - ➡ durch den **Haushaltsausschuss** (Zuweisung und Festlegung von Finanzen für Verteidigungsausgaben) **(Art. 110 b GG)**
   - ➡ durch den **Verteidigungsausschuß** (Verteilung der gem. Haushaltsplan zugestandenen Mittel, Festlegung des Bedarfs, Entscheidung über Waffensysteme usw.) **(Art. 45 a Abs. 1 GG)**
   - ➡ durch den **Wehrbeauftragten** (ansprechbar durch alle Soldaten unter Umgehung des normalen Dienstweges) **(Art. 45 b GG)**

3. Die **allgemeine Wehrpflicht**
   - ➡ fördert die Integration der Streitkräfte in die Gesellschaft
   - ➡ macht die Bundeswehr zum **»Spiegelbild der Gesellschaft«**

4. **Meinungsfreiheit, Pressefreiheit** und öffentliche Kritik machen die Bundeswehr für die Öffentlichkeit transparent und **beugen Machtwillkür** und **Machtausdehnung** vor.

Quellen: 25, 26

"PRIMAT der POLITIK"

Führung

- **im Frieden:** Vtdg-minister (Art.65a GG)
- **im Vtdg-fall:** Bundeskanzler (Art.115b GG)

Kontrolle

- Gesetze (GG,SG,WDO,WBO..)
- Haushaltsausschuß (Art. 110 GG)
- Vtdg-ausschuß (Art.45a Abs 1 GG)
- Wehrbeauftragter (Art. 45b GG)

Welche Rolle spielen die Streitkräfte bei der Wahrung der Grundrechte?

3.4

1. Durch die Streitkräfte, als Organ staatlicher Gewalt, wird der **Schutz der Grundrechte nach außen** garantiert.
   (Art. 1 Abs. 1 GG)

2. Damit ist sichergestellt, daß die Bundesrepublik Deutschland sich im Rahmen ihrer Verfassung frei entwickeln und sich vor ungewollten Einflüssen von außen schützen kann.
   ➡ **»Handlungsfreiheit für Politiker«**
   ➡ **»Schutz vor politischer Erpreßbarkeit«**

3. Streitkräfte dienen somit
   ➡ dem **Schutz der »freiheitlich demokratischen Grundordnung«**
   ➡ der **Wahrung der Souveränität** der Bundesrepublik Deutschland
   ➡ der **Friedenssicherung,** da
   - eine **»wehrhafte Demokratie«** ihre Entschlossenheit zur Verteidigung deutlich macht, **(Art. 87 a GG)**
   - die Gefahr von Aggression bzw. Einflüssen von außen reduziert wird.

4. **Art. 12 a GG** legt die **Verpflichtung zur Wahrung der Grundrechte** durch die Wehrpflicht in die Verantwortung **aller** Bürger.

Quellen: 25, 26

Unter welchen Voraussetzungen kann die Bundeswehr nach innen eingesetzt werden?

3.5

---

1. Die Bundesregierung kann gem. **Art. 87 a (4) GG** Streitkräfte nach innen einsetzen
   - ➞ zum **Schutz von zivilen Objekten**
   - ➞ bei der **Bekämpfung organisierter und militärisch bewaffneter Aufständischer, wenn**
     - die Voraussetzungen des **Artikel 91 Abs. 2** vorliegen **(Innerer Notstand)**
     - **Gefahr** für den **Bestand** oder die **freiheitlich demokratische Grundordnung** des Bundes oder eines Landes besteht
     - die **Polizeikräfte** sowie die Kräfte **des Bundesgrenzschutzes nicht ausreichen.**

2. **Der Einsatz von Streitkräften ist einzustellen, wenn der Bundestag oder der Bundesrat es verlangen.**

Quellen: 25

Welche Vorteile hat eine Wehrpflichtarmee?

3.6

1. Nach dem Prinzip der **»Wehrhaften Demokratie«** erfüllt jeder Bürger während seiner Wehrpflichtzeit als **»Staatsbürger in Uniform«** seine Pflicht.
   Damit wird **Verteidigung zur Sache eines gesamten Volkes.**

   »Wehrpflicht ist das legitime Kind der Demokratie.«
   *(Bundespräsident **Theodor Heuss**)*

2. Eine Wehrpflichtarmee schafft durch den **»Kreislauf der Wehrpflichtigen«** ein großes Reservistenpotential, welches in einem Ernstfall als Reserve zur Verfügung steht.

3. Die ständige Einberufung junger Wehrpflichtiger
   → erhöht das **öffentliche Interesse** an den Streitkräften,
   → führt zu einem **ständigen Austausch** von Meinungen und Lebensformen zwischen Gesellschaft und Streitkräften. (»kritischer Verständigungsprozess«)

4. Eine Wehrpflichtarmee umfaßt alle **Bevökerungsschichten** und gibt ihnen zugleich auch Zugang zu den Streitkräften. Damit wird eine **Isolierung** der Streitkräfte und die Vertretung **spezifischer Gruppeninteressen** verhindert.
   (Bundeswehr als **»Spiegelbild der Gesellschaft«.**)

5. Wehrpflicht bildet gleichzeitig auch die **Grundlage** für den **Ersatzdienst,** der insbesondere im caritativen Bereich eine entscheidende Rolle spielt.

Verzicht auf Wehrpflicht würde zwangsläufig auch Verzicht auf Ersatzdienst beinhalten!

☞

Bundeskanzler Konrad Adenauer:

»Das Deutsche Volk sieht in Ihnen die lebendige Verkörperung seines Willens, seinen Teil beizutragen zur Verteidigung der Gemeinschaft freier Völker, der wir heute wieder mit gleichen Rechten und Pflichten wie die anderen angehören.
Dieser unser Beitrag und die enge Zusammenarbeit mit unseren Verbündeten bedeuten für uns mehr als eine vertragliche Verpflichtung; sie sind uns eine Herzenssache.«

Aufstellungsappell der Bundeswehr *am 20.01.1956 in Andernach*

◆ ◆ ◆

Bundeskanzler Helmut Kohl:

»Die Wehrpflicht ist und bleibt Ausdruck der Bürgerverantwortung in unserer freiheitlich-demokratischen Grundordnung.
Der Wehrdienst ist die vom Grundgesetz vorgesehene Normalität; die Verweigerung des Wehrdienstes aus Gewissensgründen ist die Ausnahme.
Ich sage das so bewußt, weil es ja manche in unserem Lande gibt, die dies genau andersherum haben möchten. Wer Rechte hat, hat auch Pflichten!«

Regierungserklärung – ***»40 Jahre Bundeswehr – 5 Jahre Armee der Einheit«****- 27.10.1995*

◆ ◆ ◆

Hartmut Bagger, Generalinspekteur der Bundeswehr:

»Wehrpflicht macht den Schutz unseres Staates und die Verteidigung von Recht und Freiheit zur Sache aller Bürger und beugt der Tendenz vor, Streitkräfte als bezahlte ›Dienstleistungsagentur für Verteidigung‹ mißzuverstehen. Sie ist die beste Garantie für die von allen gewollte Verklammerung unserer Bevölkerung mit den Streitkräften...«

»Wehrpflicht muß das Zukunftsmodell bleiben« *FOCUS Nr 28 / 08.07.96*

☞

Chronologie der Wehrpflicht	
07.07.1956:	Der **Deutsche Bundestag** beschließt das Wehrpflichtgesetz.
24.07.1956:	Das Wehrpflichtgesetz **tritt in Kraft.**
05.10.1956:	Die **Bundesregierung** beschließt die Einberufung der ersten Wehrpflichtigen des **Jahrganges 1937** zum 01.04.1957.
21.01.1957:	Die ersten **100.000 Wehrpflichtigen** werden gemustert.
01.04.1957:	Die ersten 10.000 Wehrpflichtigen (Jahrgang 1937) rücken zu Einheiten des Heeres ein. Dauer des Grundwehrdienstes **12 Monate.**
16.01.1958:	7.300 Wehrpflichtige werden – erstmals auch zu Einheiten von **Marine** und **Luftwaffe** – einberufen.
01.07.1962:	Verlängerung des Grundwehrdienstes auf **18 Monate.**
01.01.1973:	Verkürzung des Grundwehrdienstes auf **15 Monate.**
01.10.1990:	Verkürzung des Grundwehrdienstes auf **12 Monate.**
01.01.1996:	Verkürzung des Grundwehrdienstes auf **10 Monate.** Einführung des an den Grundwehrdienst anschließenden **freiwilligen, zusätzlichen Wehrdienstes** von mindestens 2 und höchstens 13 Monaten Dauer.
07.07.1996:	**40 Jahre** Wehrpflichtgesetz.
Ergebnis:	**8 Millionen** Wehrpflichtige (Reservisten)
aktuelles Stärkeverhältnis:	Bw Gesamt: **340.000** Soldaten davon: **135.000** Wehrpflichtige **3.000** Wehrübende

Welche Nachteile hat eine Wehrpflichtarmee?

1. Wehrpflichtige sind in der Regel weniger gut motiviert als Freiwillige, da sie
   - → aus ihrem **Arbeitsverhältnis** und
   - → aus ihrem **privaten, familiären Umfeld** herausgerissen werden
   - → und darüber hinaus mit **geringeren, finanziellen Mitteln** auskommen müssen.

2. Der ständige **Personalaustausch** zwingt dazu, mit der Ausbildung immer wieder neu zu beginnen. Häufiger Personalaustausch und geringere Ausbildungszeit führen dazu, daß der **Ausbildungsstand** insgesamt **niedriger** eingestuft werden muß.

3. Eine Wehrpflichtarmee stützt sich zum großen Teil auf ihre **Reservisten.** Diese müssen jedoch in Form einer Mobilmachung einberufen werden, so daß insgesamt von einer **längeren Reaktionszeit** ausgegangen werden muß.

4. Die Erfahrungen der Vergangenheit zeigen, daß Wehrpflicht immer auch **Ungerechtigkeiten** erzeugt, die vielfach auf Unverständnis stoßen. Dies reduziert die Motivation zusätzlich.

5. In einer offenen und pluralistischen Gesellschaft ist die **Wehrpflichtarmee** besonders abhängig von Meinungen und Strömungen in der **Gesellschaft, aus der sie sich rekrutiert.** Das kann in politisch brisanten Zeiten auch die Einsatzmöglichkeiten und -fähigkeiten von Streitkräften stark beeinflussen.

Persönliche Notizen

Kapitel 4:
Auftrag der Streitkräfte im Rahmen deutscher Sicherheitspolitik

Bundeswehr

4.1. Wie stellen sich die vitalen **Sicherheitsinteressen Deutschlands** derzeitig dar?

4.2. Was sind die **Ziele deutscher Sicherheitspolitik**?

4.3. Was **erwartet** die **Staatengemeinschaft** zukünftig von Deutschland?

4.4. Haben sich die **militärischen Risiken für Deutschland** verändert?

4.5. Wie ist der **neue Auftrag der Bundeswehr** definiert?

4.6. Wie **setzt** die Bundeswehr **den neuen, politischen Auftrag um**?

4.7. Über welche **Kräfte** wird die Bundeswehr **in Zukunft** verfügen?

4.8. Braucht die Bundeswehr auch **zukünftig neue Waffensysteme**?

4.9. Kann die Bundeswehr ihren **Verteidigungsauftrag alleine** erfüllen?

4.10. Ist die Bundeswehr aufgrund ihrer **Ausrüstung überall** einsetzbar?

4.11. Wie gestaltete sich der »Weg der Bundeswehr nach **SOMALIA**«?

4.12. Was versteht man unter **Krisenreaktionskräften**? **(KRK)**

4.13. Bezieht die **Eid**- und **Gelöbnisformel** die »Neuen Aufgaben« der Bundeswehr ein?

4.14. Ist im Rahmen des neuen Aufgabenspektrums der Bundeswehr eine **Grundgesetzänderung** notwendig?

4.15. Wie sind **Soldaten** bzw. **Hinterbliebene** beim Einsatz in Krisengebieten **abgesichert**?

4.16. Vom **»Staatsbürger in Uniform«** zum **»Weltbürger in Uniform«**?

4.17. Wie wird sich das **Heer** zukünftig **gliedern**, wie wird es **geführt**?

4.18. Wie wird sich die **Marine** zukünftig **gliedern**, wie wird sie **geführt**?

4.19. Wie wird sich die **Luftwaffe** zukünftig **gliedern**, wie wird sie **geführt**?

4.20. Wie ist **Deutschland territorial** gegliedert?

4.21. Welchen **Auftrag** haben die **Friedenstruppen** in Bosnien? **(Dayton-Abkommen)**

4.22. In welchem **Umfang** und mit welchem **Aufwand** beteiligten sich Kräfte der Bundeswehr **(GECONIFOR)** am **Einsatz** in Bosnien?

4.23. Wie entwickelte sich der **Krieg** im ehemaligen **Jugoslawien?**

Wie stellen sich die vitalen Sicherheitsinteressen Deutschlands derzeitig dar?

Bundeswehr

4.1

1. **Schutz Deutschlands** und seiner Staatsbürger vor äußerer Gefahr und politischer Erpressung.

2. **Vorbeugung,** Eindämmung und Beendigung **von Krisen** und **Konflikten,** die Deutschlands Unversehrtheit und Stabilität beeinträchtigen können.

3. **Bündnisbindung** an die Nuklear- und Seemächte in der NATO, da sich Deutschland als **Nicht-Nuklearmacht** und **kontinentale Mittelmacht** mit weltweiten Interessen nicht allein behaupten kann.

4. Vertiefung und Erweiterung der **europäischen Integration** einschließlich der Entwicklung einer europäischen Verteidigungsidentität.

5. **»Partnerschaft unter Gleichen«** zwischen Europa und Nordamerika, ausgedrückt in der Teilhabe Nordamerikas an den europäischen Prozessen und in der signifikanten militärischen Präsenz der USA in Europa.

6. **Festigung und Ausbau** einer global und regional wirksamen **Sicherheitsstruktur** komplementärer Organisationen.

7. Förderung der **Demokratisierung** und des wirtschaftlichen sozialen Fortschritts in Europa und weltweit.

8. **Aufrechterhaltung des freien Welthandels** und des ungehinderten Zugangs zu Märkten und Rohstoffen in aller Welt im Rahmen einer gerechten Weltwirtschaftsordnung.

☞

9. Fortsetzung eines **stabilitätsorientierten, rüstungskontrollpolitischen Prozesses** in und für Europa.

10. **Einflußnahme** auf internationale Institutionen und Prozesse im Sinne eigener Interessen gegründet auf
    - ➡ die **Wirtschaftskraft,**
    - ➡ den **militärischen Beitrag,**
    - ➡ die **Glaubwürdigkeit** als stabile handlungsfähige Demokratie.

Volker Rühe:

»Das deutsche Sicherheitsdilemma der Nachkriegszeit – der Widerspruch zwischen schützender nuklearer Abschreckung und der Gefahr, nukleares Schlachtfeld zu werden – hat sich aufgelöst.
Deutschland ist nicht länger Frontstaat und auch nicht mehr in der geschichtlich belasteten geopolitischen Mittellage.
Zentraleuropa ist zur strategischen Ruhezone geworden.
Deutschland – das Land mit den meisten Grenzen in Europa – ist heute umgeben von Verbündeten und befreundeten Partnern; im Osten unseres Kontinentes sind neue Staaten und Demokratien entstanden...
Die Sicherheitspolitik darf daher nicht ausschließlich auf die Abschreckung militärischer Aggressionen fixiert sein.
Sie muß bemüht sein, die Ursachen gefährlicher Spannungen in anderen Bereichen abzubauen. Oder, um es anders auszudrücken:
Sicherheitspolitik ist heute zu einer gesamtpolitischen Aufgabe geworden.«

Betr: ***Bundeswehr, Sicherheitspolitik und Streitkräfte im Wandel***
Schriftenreihe OFFENE WORTE Verlag E.S. Mittler & Sohn,
Berlin · Bonn · Herford

Quellen: 53, 74

Was sind die Ziele deutscher Sicherheitspolitik?

Bundeswehr

4.2

Deutsche Sicherheitspolitik in Gegenwart und Zukunft umfaßt in enger Abstimmung mit den Bündnispartnern folgende Ziele:

1. Sicherung und Erhaltung von **Frieden** und **Freiheit** in und für **Europa.**

2. Mitwirkung an der **europäischen Einigung** und deren Gestaltung.

3. Stärkung des **Europäischen Pfeilers** der **NATO.**

4. Erhaltung der **Bindung zu Nordamerika** (USA/Kanada).

5. Mitwirken an der **Vorbeugung, Eindämmung** und **Beendigung von Konflikten** im Rahmen der NATO und UNO.

6. Förderung des **Demokratisierungsprozesses** und des Wirtschaftsumbaus in **Osteuropa.**

7. Unterstützung und Absicherung weltweiter **Stabilität.**

8. Verhinderung der **Weiterverbreitung** von gefährlicher **Technologie** (Atomwaffen/Chemiewaffen).

9. Fortsetzung der **Rüstungskontrolle** und **Abrüstungsbemühungen.**

Frieden schaffen mit immer weniger Waffen!

Quellen: 53

Zentrale Interessen deutscher Außen- und Sicherheitspolitik

1. **Bewahrung von Freiheit, Sicherheit und Wohlfahrt der Bürger Deutschlands und der Unversehrtheit des deutschen Staatsgebietes.**

2. **Integration mit den europäischen Demokratien in der Europäischen Union.**
   (Demokratie, Rechtsstaatlichkeit und Wohlstand in Europa bedeuten Frieden und Sicherheit auch für Deutschland.)

3. **Festigung des Transatlantischen Bündnisses (NATO) das sich als Wertegemeinschaft auf gleichgerichtete Interessen begründet.**
   (Die Vereinigten Staaten sind als Weltmacht mit ihrem Kräftepotential für die internationale Stabilität unverzichtbar.)

4. **Gestaltung einer neuen, kooperativen Sicherheitsordnung die auf Ausgleich und Partnerschaft mit allen Staaten Europas beruht und unsere östlichen Nachbarstaaten einbezieht.**

5. **Achtung des Völkerrechts und der Menschenrechte in einer auf markt-wirtschaftlichen Regeln basierenden, gerechten Weltwirtschaftsordnung.**
   (Die Sicherheit einzelner Staaten ist nur in einem System globaler Sicherheit mit Frieden, Recht und Wohlergehen für alle gewährleistet.)

Quellen: 69

Bundeskanzler Helmut Kohl:

»Die Bundeswehr bleibt sichtbarer Ausdruck der Souveränität unseres Landes und der Bereitschaft unserer Demokratie, ihre Feinde zu erwehren.
Unser Land braucht auch in Zukunft Streitkräfte, die den neuen Anforderungen gerecht werden und dementsprechend ausgerüstet sind.
Die allgemeine Wehrpflicht ist und bleibt dabei Ausdruck der persönlichen Mitverantwortung des Bürgers für ein Leben in Frieden und Freiheit.«

Weißbuch 1994 *zur Sicherheit der Bundesrepublik Deutschland und zur Lage und Zukunft der Bundeswehr (April 94)*

◆ ◆ ◆

Verteidigungsminister Volker Rühe:

»Die deutschen Streitkräfte bleiben eingebettet in die militärische Integration der nordatlantischen Allianz, die umfassend reformiert wird und damit Grundlage für Sicherheit und Stabilität in Europa bleibt.
Das klare Signal, für neue Mitglieder offen zu sein, ist ein wichtiger Beitrag der NATO zur Stabilisierung des östlichen Europa.
Integration und Kooperation sind die tragenden Elemente eines vernünftigen Gesamtkonzeptes für die europäische Stabilität.«

Weißbuch 1994 *zur Sicherheit der Bundesrepublik Deutschland und zur Lage und Zukunft der Bundeswehr (April 94)*

Quellen: 69

Bundespräsident Richard von Weizäcker am 29. April 1991 in Potsdam:

»Zum Begriff der internationalen Sicherheit und Stabilität gehört die Fähigkeit, sich zu verteidigen; aber nicht nur sie allein, sondern ebenso die Vorsorge und die Mitverantwortung für regionale und globale Freiheit von Not und Freiheit von sozialem Unrecht. ...
Daneben gilt es Wege zu finden, um unserer gewachsenen Verantwortung im Rahmen der Vereinten Nationen und Europas zu entsprechen. Deutschland hat seinen angemessenen Beitrag zu Schutz und Stabilität der internationalen Ordnung zu leisten.
Unsere Bundeswehr wird also auch in Zukunft auf demokratisch legitimierte Weise den Schutz von Freiheit und Recht gewährleisten und unsere Bündnisfähigkeit und unsere außenpolitische Gestaltungskraft sichern. In dieser Aufgabe haben unsere Soldaten Anspruch auf Solidarität und Unterstützung aller Bürger.«

Was erwartet die Staatengemeinschaft zukünftig von Deutschland?

Bundeswehr

4.3

---

1. Angesichts der mit der **Wiedervereinigung Deutschlands** aufgetretenen Probleme – verbunden mit dem **Versuch einer neuen Standortbestimmung** – haben die UNO-Partner, soweit es den Einsatz von Truppen im GOLF-Krieg betraf, **viel Verständnis** für die **zurückhaltende Reaktion** Deutschlands aufgebracht.
2. **Nach Erlangung der Souveränität** erwartet die Internationale Staatengemeinschaft jetzt von Deutschland eine **angemessene Reaktion** auf die Veränderungen im Internationalen System:
   »Wer ernsthaft einen deutschen Sitz im Weltsicherheitsrat diskutiert oder eine Beendigung des Krieges im ehemaligen JUGOSLAWIEN fordert, gleichzeitig aber den Einsatz der Bundeswehr zur Durchsetzung von Beschlüssen der Vereinten Nationen ablehnt, läuft Gefahr, sich sowohl außen – als auch innenpolitisch unglaubwürdig zu machen.«

3. Spätestens nach **Auflösung** des **traditionellen Ost-West-Konfliktes** ist die **Sonderrolle Deutschlands** als Schnittstelle zwischen zwei konkurierenden Bündnissystemen **beendet.**
4. Angesichts des **weltweiten Drangs zum Nationalismus** und der damit meistens verbundenen politischen, wirtschaftlichen und teilweise auch militärischen **Instabilitäten** (Beispiel Osteuropa) erwachsen **militärische Risiken,** die u.a. auch den zukünftigen **Auftrag der Bundeswehr mitbestimmen** müssen:
   - ➞ Insbesondere unter dem Gesichtspunkt, daß die **USA** ihr **Engagement in Europa erheblich reduziert** haben, muß der Auftrag der Bundeswehr dazu beitragen, die **militärische Stabilität und Integrität Europas** zu fördern,
   - ➞ Die **Praxis** zeigt, daß der **Grundsatz** des **uneingeschränkten Gewaltverzichts als höchste Priorität** im außenpolitischen Handeln den heutigen **Realitäten nicht mehr gerecht wird.**

☞

Bundeswehr

4.3

Volker Rühe:

*»Ob es uns gefällt oder nicht:
Als Land in der Mitte Europas und mit seinem politischen und wirtschaftlichen Gewicht, kommt Deutschland dabei eine Schlüsselrolle zu. Das vereinte und souveräne Deutschland muß seiner gewachsenen außenpolitischen Verantwortung gerecht werden, wenn wir die Chancen zur Friedensgestaltung nutzen wollen. ...«*

*»Dabei ist von zentraler Bedeutung, daß wir bereit zur Risikoteilung sind. Ein junger wehrpflichtiger Franzose oder Italiener muß in der Gefahr seines soldatischen Dienstes wissen: Mein deutscher Kamerad tritt nicht beiseite, wenn es gefährlich wird.
Internationale Solidarität für Frieden, Freiheit und Recht verlangt viel und gibt viel.
Wir Deutschen müssen lernen, daß wir uns nicht in eine Nische der Weltgeschichte zurückziehen können, sondern in unserer Verantwortung für Europa und die Welt gefordert sind«.*

Betr: ***Bundeswehr, Sicherheitspolitik und Streitkräfte im Wandel***
Schriftenreihe OFFENE WORTE seit 1789 Verlag E.S. Mittler & Sohn, Berlin · Bonn · Herford

Quellen: 52, 74

Haben sich die militärischen Risiken für Deutschland verändert?

Bundeswehr

4.4

---

1. Deutschland ist mit der **Wiedervereinigung** und der Auflösung des Warschauer Paktes in seiner **Existenz nicht mehr unmittelbar bedroht.**

2. Der **Frieden in Europa** ist im Gegensatz zur Vergangenheit durch viele, kleinere **Konfliktherde gefährdet.** Die derzeitige Lage in Ost- und Südosteuropa macht deutlich, daß diese **Konflikte** bestenfalls zu beherrschen bzw. einzudämmen, nicht aber **zu vermeiden sind.**

3. Angesichts der **weltweiten, wirtschaftlichen Verflechtungen** können Krisen außerhalb Europas **jederzeit** und **überraschend** die Interessen Europas berühren und damit die europäischen Staaten in Krisen einbeziehen. Aktuelles Beispiel dafür war der Golf-Krieg, der sich sehr schnell zu einer Angelegenheit aller Staaten dieser Welt entwickelte.

4. **Bedrohungen** und **Risiken** sind zwar grundsätzlich vorhanden, lassen sich jedoch nach Art. und Umfang **nur eingeschränkt vorhersagen** und kalkulieren.

5. Bewaffneten Konflikten jeglicher Art. kann nur durch **Vorsorge** begegnet werden. Wer erst mit Ausbrechen eines Konfliktes mit Maßnahmen zu dessen Verhütung bzw. Eindämmung beginnen muß, vergibt wertvolle Zeit und wird im Zweifelsfall der Verlierer sein, bevor er die Chance zur Gegenwehr nutzen konnte.
   Aus diesem Grunde kann auch in Zukunft auf die Aufstellung von **Streitkräften – im Umfang bedrohungsgerecht** und **in der Reaktion flexibel** – nicht verzichtet werden.

Quellen: 53

Bundeswehr

Wie ist der neue Auftrag der Bundeswehr definiert?

4.5

Er wurde am **19.02.92 durch das Kabinett gebilligt** und hat folgenden Wortlaut: »Die Bundeswehr hat den Auftrag:

(1) Die Bundesrepublik Deutschland und ihre Staatsbürger **gemeinsam mit den Streitkräften der Verbündeten** gegen militärische Einschüchterung oder Gewaltanwendung von außen zu **schützen;**

(2) hoheitliche Aufgaben als Teil der Staatsgewalt wahrzunehmen;

(3) ihren Beitrag im Rahmen der **Bündnisverpflichtungen** zu leisten;

(4) durch angemessene militärische Instrumente die Politik und **Bündnisfähigkeit** Deutschlands zu **festigen** und zu **fördern;**

(5) durch vertiefte Zusammenarbeit mit den Verbündeten, enge **Kooperation** mit allen europäischen Partnern und Wahrung sicherheitspolitischen Gleichgewichts an der Gestaltung gesamteuropäischer **Stabilität** mitzuwirken;

(6) nach klarstellender **Ergänzung des Grundgesetzes** (vgl. 4.6) an kollektiven Einsätzen über die NATO hinaus im Rahmen der Vereinten Nationen teilzunehmen.

Damit dient die Bundeswehr der Verteidigung des Rechts und der Freiheit des Deutschen Volkes.«

Quellen: 53, 69, 74, 81

Der Auftrag der Bundeswehr
auf der Grundlage
der neuen Verteidigungspolitischen Richtlinien

1. **Schutz** des eigenen Territoriums und der eigenen Bevölkerung

2. Förderung der **militärischen Stabilität** und der Integration **Europas**

3. **Verteidigung** Deutschlands und seiner Verbündeten

4. **Dienst** für den Weltfrieden und der internationalen Sicherheit (Charta der UN)

5. **Hilfe** bei Katastrophen, **Rettung** aus Notlagen und **Unterstützung** humanitärer Aktionen

schützen – helfen – retten

Bundespräsident Roman Herzog:

»Wir brauchen Sie, um gegenüber Völkermord, Aggressionen und Erpressungen gewappnet zu sein.
Wir müssen in solchen Fällen auch bereit sein, militärische Macht einzusetzen, wenn alle anderen Mittel versagt haben.
Ebenso wahr ist aber auch, daß militärische Einsätze kein Allheilmittel sind und daß sie auch nicht im Vordergrund unseres Denkens stehen dürfen.«

13. März 1995 ***»Die Globalisierung der deutschen Außenpolitik ist unvermeidlich«,*** *(40. Jahrestag der Gründung der Deutschen Gesellschaft für auswärtige Politik – Bonn)*

◆ ◆ ◆

Volker Rühe:

»Unsere Soldaten brauchen ein neues Selbstverständnis.
Der nukleare Abschreckungsfriede und die Zeit der Ost-West-Konfrontation verlangten anderes Militär, als die Herausforderungen der Zukunft.
Die Mission des Soldaten im 21. Jahrhundert heißt:
Schützen – helfen – retten

Betr: ***Bundeswehr, Sicherheitspolitik und Streitkräfte im Wandel***
Schriftenreihe OFFENE WORTE seit 1789 Verlag E.S. Mittler & Sohn, Berlin · Bonn · Herford

Wie setzt die Bundeswehr den neuen, politischen Auftrag um?

Bundeswehr

4.6

1. Sie **schützt** unverändert durch ihre
Präsenz und Einsatzfähigkeit die Bürger unseres Staates
und unsere Bündnispartner.

2. Sie **gestaltet** durch
➞ **Kontrolle der Abrüstung** und des Truppenabbaus (Verifikation),
➞ **vertrauensbildende Maßnahmen**,
➞ **militärische Zusammenarbeit auch mit Osteuropa**
den Frieden und die Stabilität in Europa mit.

3. Sie **unterstützt** und **hilft** im In- und Ausland im Rahmen von **Nothilfeprogrammen**, Katastrophenhilfe und humanitäre Unterstützung, soweit das Grundgesetz ihren Einsatz zuläßt bzw. die Streitkräfte dafür geeignet sind (Art. 35 GG).

4. Sie wirkt im Rahmen der Aufgabenverteilung
in **kollektiven Sicherheitssystemen**
(NATO, UNO, WEU, OSZE) mit.

   (Dieser zunächst politisch strittige Bereich wurde nach Anrufung des **Bundesverfassungsgerichtes** durch **SPD** und **FDP** am **12.07.94** durch dieses als **verfassungskonform** entschieden, jedoch in Einzelentscheidungen an den **einfachen Mehrheitsbeschluß des Bundestages** gebunden).

Quellen 53, 71, 74, 79

☞

Auftrag der Streitkräfte

Bundeswehr

Auftrag der Streitkräfte

- Schutz der Bundesrepublik Deutschland und ihrer Staatsbürger vor politischer Erpressung und Gefahr von außen,
- Verteidigung der Bundesrepublik Deutschland,
- Verteidigung verbündeter Staaten aufgrund und im Rahmen entsprechender Verträge,
- Teilnahme an Friedenserhaltenden und Friedenserzwingenden (=Friedensunterstützenden) Maßnahmen im Rahmen und nach den Regeln der UNO und anderer regionaler kollektiver Sicherheits - systeme oder regionaler Abmachungen,
- Hilfeleistungen bei Katastrophen im Inland und im Ausland sowie bei humanitären Aktionen ,
- Bereitstellen technischer Hilfeleistungen und Mitwirkung an Beobachtermissionen im Einklang mit völkerrechtlichen Verträgen und im Rahmen kollektiver Sicherheitssysteme,
- Unterstützung von Kontrollmaßnahmen zur Abrüstung,
- Teilnahme an der militärischen Zusammenarbeit in Europa,
- Unterstützung der Polizei und des Bundesgrenzschutzes bei einem Inneren Notstand nach Artikel 87a Abs 4 Grundgesetz
- Amtshilfe

Auftrag des Heeres

Das Heer hat den Auftrag

- in <u>erster</u> Priorität Deutschland und das Bündnisgebiet gegen Angriffe von außen zu verteidigen
- Beiträge zur internationalen Krisenbewältigung und Konfliktbeendigung zu leisten (*FRIEDENSUNTERSTÜTZENDE EINSÄTZE* ——→)
- Hilfs- und Sonderaufgaben durchzuführen,
- Pilotfunktionen für die Streitkräfte wahrzunehmen.

Friedensunterstützende Einsätze
Peace Support Operations

1. **Konfliktverhütende Einsätze** (Conflict Prevention), ➞ Beobachter- und Erkundungsmissionen, ➞ Konsultationen, ➞ Ankündigung oder Androhung von Maßnahmen, ➞ Inspektionen, ➞ Überwachungsmaßnahmen	
2. **Friedenserhaltende Einsätze** (Peacekeeping) ➞ Einsatz von Militärbeobachtern, ➞ Überwachung von Demarkationslinien, ➞ Überwachung d. Einhaltung v. Waffenstillstandsvereinbarungen, ➞ Einrichten und Kontrolle von Pufferzonen, ➞ Entwaffnung und Demobilisierung der kriegführenden Parteien, ➞ Überwachung von Grenzen, ➞ Schutz und Versorgung der Zivilbevölkerung, ➞ Schutz von Humanitären Hilfeleistungen ➞ Maßnahmen im Rahmen der Flüchtlingshilfe.	**FRIEDENS MISSIONEN**
3. **Friedenskonsolidierende Einsätze** (Peace Building), ➞ Vertrauensbildende Maßnahmen, ➞ Förderung staatlicher Funktionen, ➞ Aufbau oder Wiederherstellung lebenswichtiger Infrastrukturen, ➞ medizinische Versorgung, ➞ Unterstützung des wirtschaftlichen Wiederaufbaus.	
4. **Friedenserzwingende Einsätze** (Peace Enforcement), Ziel: ➞ Unterstützung oder Verstärkung der Kräfte im Einsatzgebiet, ➞ militärische Stabilisierung der Lage ➞ Abschreckung vor weiterer Eskalation oder Ausdehnung des Konflikts Mögliche Aufträge: ➞ gewaltsame Trennung der Konfliktparteien, ➞ Schutz eigener Bewegungen, ➞ Durchsetzen von Flugverboten, ➞ gewaltsame Durchsetzung von Sanktionen, ➞ Befreiung eines besetzten Territoriums.	
5. **Friedensschaffende Maßnahmen** (Peacemaking) ➞ Vermittlung ➞ Schlichtung ➞ Diplomatische Isolierung ➞ Verhängung von Sanktionen (z.B. Embargo)	**in erster Linie diplomatische Aktivitäten**

Bundeswehr

4.6

Volker Rühe:

»Der Hauptauftrag der Bundeswehr ist und bleibt die Landesverteidigung. Unsere Soldaten haben ihren Eid geleistet auf unsere Verfassung, haben geschworen, Recht und Freiheit Deutschlands zu verteidigen. Dieser Auftrag hat nichts an Aktualität verloren. Auch wenn es dank der Bundeswehr, der erfolgreichen Friedenspolitik der Bundesregierung und der historischen Veränderungen in Europa die existentielle Bedrohung unseres Vaterlandes nicht mehr gibt, so sind doch neue Risiken und Gefährdungen sichtbar geworden.«

Betr.: ***Bundeswehr, Sicherheitspolitik und Streitkräfte im Wandel***
Schriftenreihe OFFENE WORTE Verlag E.S. Mittler & Sohn,
Berlin · Bonn · Herford

◆ ◆ ◆

General Klaus Naumann:

»Es geht auch keineswegs um Militarisierung der Außenpolitik und ich betone ausdrücklich: Militärischer Einsatz muß die Ultima ratio bleiben. Das heißt allerdings nicht das letzte, sondern das äußerste Mittel der Politik...

Generalinspekteur der Bundeswehr anläßlich des 7. Forums ***»Bundeswehr und Gesellschaft«*** *der Welt am Sonntag/*
22. März 1994 Berlin

☞

General Klaus Naumann:

»...Es geht darum, daß wir für unsere Partner berechenbar bleiben und zeigen, daß wir bereit sind, das Grundverständnis von Bündnissen zu leben, nämlich Risiken mit den Bündnispartnern zu teilen.
Wir dürfen nicht vergessen, daß wir es auch der Bereitschaft unserer Verbündeten, in den letzten 40 Jahren Risiken in unserem Land gemeinsam mit uns zu tragen, zu verdanken haben, daß wir beispiellosen Wohlstand erreichten...
...Folglich werden Teile unserer Bundeswehr eingesetzt werden, wenn es politisch so entschieden wird, weil es nötig ist,
um unser Land und unser Bündnisgebiet zu schützen,
oder wenn es darum geht, dem Frieden auf der Welt zu dienen
oder bedrohtes Leben zu schützen.
Es geht dabei keineswegs darum, daß wir Soldaten einen solchen Einsatz bräuchten, um uns selbst zu bestätigen.
Im Gegenteil, wir Soldaten werden äußerst zurückhaltend bleiben,
der Politik militärischen Einsatz anzuraten«

Generalinspekteur der Bundeswehr anläßlich des 7. Forums
***»Bundeswehr und Gesellschaft«** der Welt am Sonntag/*
22. März 1994 Berlin

Bundeswehr

Über welche Kräfte wird die Bundeswehr in Zukunft verfügen?

4.7

Die Bundeswehr wird zukünftig aus **drei Elementen** bestehen:

1. **Grundorganisation (MGO)**
   Sie umfaßt alle Stäbe, Ämter, Führungseinrichtungen, Schulen, Akademien, Flugplätze, Häfen, Fernmeldeeinrichtungen, logistische Einrichtungen,
   Einrichtungen zur Luftraum- und Küstenüberwachung, die die Grundlage für das Funktionieren von Streitkräften darstellen.

2. **Hauptverteidigungskräfte (HVK)**
   Sie bestehen aus Verbänden und Großverbänden, die im Krisen- oder Spannungsfall nach **langer Vorbereitungszeit** (4-6 Monate) aus ihrem gekaderten oder teilaktiven Zustand durch Mobilmachung einsatzbereit gemacht werden.
   Schwerpunktauftrag:
   ➞ **Landesverteidigung/-Kollektive Verteidigung** im Rahmen des NATO Bündnisses

3. **Krisenreaktionskräfte (KRK/ 50 000 Soldaten)**
   Krisenreaktionskräfte der Bundeswehr werden (ggf. innerhalb **internationaler Großverbände**) für Einsätze im Bündnisgebiet der **NATO** und im Auftrag der **UNO** aufgestellt und bereitgehalten. Sie haben
   ➞ einen **hohen Präsenzgrad,**
   ➞ einen **hohen Einsatzbereitschaftsstand** (überwiegend Zeit- und Berufssoldaten),
   ➞ benötigen eine **kurze Vorbereitungszeit, Verlegebereitschaft:**
   - nach 3-5 (NATO-forderung)
   - bzw 15-30 Tagen

   ➞ müssen in der Lage sein, sich allen Krisensituationen durch hohe **Mobilität** und **Flexibilität** anzupassen.

☞

Schwerpunktauftrag: → **Konfliktverhinderung** durch »Abschreckung« (Abhaltung eines Angreifers)
→ **Krisenbewältigung** und **Verteidigung** im Rahmen der **NATO** und **WEU**
→ Durchführung von **Einsätzen im Rahmen der UNO** (gem. UN-Charta humanitär/→ militärisch)

Volker Rühe:

»Es ist von entscheidender Bedeutung, daß wir unsere Streitkräfte so umstrukturieren, daß sie ihre neuen Aufträge bei der Friedenssicherung und Friedensdurchsetzung, beim Krisen- und Konfliktmanagement unter den grundlegend veränderten Bedingungen erfüllen können.
Die Bundeswehr hat einen klar umrissenen neuen Auftrag, der für die deutschen Streitkräfte einen Prozeß dramatischer Veränderung bedeutet und der zu einer neuen Struktur, einer neuen strategischen Ausrichtung und zu einem neuen Selbstverständnis führen wird.«

Betr: ***Bundeswehr, Sicherheitspolitik und Streitkräfte im Wandel***
Schriftenreihe OFFENE WORTE seit 1789 Verlag E.S. Mittler & Sohn, Berlin · Bonn · Herford

Quellen: 53, 60, 70, 74

Bundeswehr

Braucht die Bundeswehr auch zukünftig neue Waffensysteme?

4.8

1. Aufgrund der veränderten militärpolitischen Lage mit dem Wegfall der direkten Ost-West-Konfrontation, aber dennoch **weiterbestehenden Risiken,** werden Streitkräfte in Europa zukünftig zwar vom **Umfang kleiner,** aber

   → **flexibel in der Reaktion** sowie
   → **schlagkräftig** für einen evtl. Einsatz

   sein müssen.

2. Die Ausrüstung von Streitkräften muß sich dabei immer am Entwicklungsstand und den **Fähigkeiten eines möglichen Gegners** orientieren.
   Dies erfordert allein schon die Verantwortung für das Leben der eigenen Soldaten.

3. Die Schlagkraft von Streitkräften wird heute nicht ausschließlich an ihrem **Personal- und Materialumfang** gemessen, sondern ist wesentlich abhängig von **der Qualität der Waffensysteme.**
   Die Erfahrungen des Golf-Krieges haben eindeutig gezeigt, daß durch den Einsatz von **High-Tech-Waffen** Menschenleben geschont werden können.

Kann die Bundeswehr ihren Verteidigungsauftrag alleine erfüllen?

Bundeswehr

4.9

---

1. Kein Staat Mitteleuropas ist in der Lage, seine Sicherheitsinteressen **allein** zu wahren. (Dabei spielen finanzielle Gründe eine sehr wichtige Rolle!)

2. Die **NATO** ist der Garant einer erfolgreichen Sicherheitspolitik. Sie ist bestrebt, die unterschiedlichen Aufgaben unter sich aufzuteilen und dadurch sowohl das **Risiko** als auch die **Kosten** zu reduzieren bzw. zu teilen.

Bundeswehr

Ist die Bundeswehr aufgrund ihrer Ausrüstung überall einsetzbar?

4.10

1. Die gegenwärtige Ausrüstung der Bundeswehr orientiert sich am verfassungsmäßigen **Verteidigungsauftrag,** der über viele Jahre hinweg alleine durch den **Ost-West-Konflikt** bestimmt war.

2. Bewaffnung und Ausrüstung hatten sich demzufolge in Art und Beschaffenheit an den zu **erwartenden bzw. kalkulierbaren Kriegsschauplätzen** zu orientieren.

3. Unabhängig davon ist die gesamte Ausrüstung unter **unterschiedlichsten Witterungs**- und **Klimaverhältnissen** getestet worden.

4. Bei Einsätzen im Rahmen von **UNO-Friedensmissionen** wird auch die **Ausrüstung dem neuen Auftrag angepaßt** werden müssen.

5. Dies ist unter Berücksichtigung der vielfältigen Möglichkeiten und Ausstattungsvarianten eines Bündnisses ein **organisatorisches – aber auch finanzielles – Problem,** welches
   - ➡ **kurzfristig** und
   - ➡ auf den **konkreten Einsatzort** und -**auftrag** bezogen gelöst werden kann und muß.

Quellen: 74

☞

Volker Rühe:

»Die Ausrüstung muß insgesamt so ausgelegt sein, daß sie trotz unspezifischer Bedrohungsszenarien später an den jeweils konkreten Bedarf angepaßt werden kann. Vorrang haben daher Lösungen mit flexiblem Anpassungs- und Entwicklungspotential. Das Ausrüstungsspektrum wird insgesamt nicht schmaler, sondern eher noch breiter...

...Von besonderer Dringlichkeit sind die Aufstellung und Ausstattung der Teile, die für humanitäre Aufgaben und Blauhelm-Missionen vorgesehen werden. Daraus ergibt sich der größte Umsteuerungsbedarf beim Heer. Dort muß das konzeptionelle Schwergewicht von schweren, mechanisierten Kräften auf leichte, mobile Verbände verlagert werden. Die Ausrüstung unserer Heeressoldaten in den leichten Verbänden, die künftig im internationalen Verbund ihre Aufgaben zu erfüllen haben, muß dem neuen Anforderungsprofil entsprechen und zugleich qualitativ einem internationalen Vergleich standhalten.«

*Betr: **Bundeswehr, Sicherheitspolitik und Streitkräfte im Wandel***
Schriftenreihe OFFENE WORTE seit 1789 Verlag E.S. Mittler & Sohn, Berlin · Bonn · Herford

Bundeswehr

Wie gestaltete sich der »Weg der Bundeswehr nach SOMALIA«?

4.11

---

1. Am **26.03.1993** hat der **Sicherheitsrat der UNO** im Rahmen der **Resolution 814** ein **humanitäres Hilfsprogramm** zum Wiederaufbau von SOMALIA verabschiedet.

2. Am **21.04.1993** hat die **Bundesregierung** beschlossen, sich an der UN-Operation in SOMALIA **(UNOSOM II)** im Rahmen eines humanitären Einsatzes zu beteiligen.

3. Diese Entscheidung der Bundesregierung hat zur **Anrufung des Bundesverfassungsgerichtes durch die SPD** geführt, die eine Unvereinbarkeit mit dem Grundgesetz erkannt zu haben glaubte.

4. Das **Bundesverfassungsgericht wies die Bundesregierung an,** im Vorgriff auf eine abschließende Bewertung zunächst die entsprechenden **Mehrheiten im Bundestag** für diesen Einsatz zu gewinnen.

5. Am **02.07.1993** hat der **Bundestag** die Entscheidung der Bundesregierung mit

   ➡ **337 Ja-Stimmen,**
   ➡ 186 Nein-Stimmen,
   ➡ 13 Enthaltungen

   bestätigt.

6. Ab **Mitte 1993** war die Bundeswehr mit ca. **1.640 Soldaten** im Rahmen humanitärer Einsätze in SOMALIA präsent **(UNOSOM II).**
   Mit **Vorbereitung und Durchführung** des Auftrages war das **III. Korps** (Koblenz) beauftragt, die Verbände und Einheiten wurden überwiegend aus den Krisenreaktionskräften (KRK) gebildet.

☞

7. Ihr **Auftrag** war:

- ➡ Einrichtung und Betrieb einer **logistischen Basis** (Aufnahme, Lagerung, Umschlag und Transport von Versorgungsgütern aller Art) zur Unterstützung einer **indischen Brigade.**
- ➡ **Selbstschutz** der Basis und der Transporte,
- ➡ **Behelfsinstandsetzung** von Straßen und Brücken zur Sicherstellung der Transporte,
- ➡ **Mitarbeit** in den zuständigen **Führungsgremien der UNO.**

8. Das Bundeswehrkontingent wurde vornehmlich in **Belet Uen** (ca. 300 km nordostwärts Mogadischu) eingesetzt, mußte jedoch seinen Einsatzraum im Rahmen seines Transportauftrages auch in gefährdete Bereiche (z.B. Mogadischu) ausdehnen.
Dies setzte **Selbstschutz** bzw. **Schutzmaßnahmen** voraus, die mit großen Anteilen durch **Streitkräfte anderer UN-Verbündeter** wahrgenommen wurden.

9. Bis **März 1994** wurde die Mission **UNOSOM II** für die Bundeswehrkontingente **abgeschlossen,** da die Entwicklung im Somalia **die ursprüngliche Zielsetzung** aus politischer Sicht **unerfüllbar** machte.

   Die Tatsache, daß die Voraussetzungen für die 100 %ige Durchführung des Auftrages (der Versorgungsauftrag für die indische Brigade konnte wegen deren Ausbleibens nicht umgesetzt werden) **nicht gegeben waren, darf nicht darüber hinwegtäuschen, daß Deutschland erstmals aktiv im Rahmen der Völkergemeinschaft (UNO) Verantwortung übernahm und damit deutlich machte, daß es die Lösung zukünftiger Probleme im »gemeinsamen Anpacken« aller Völker und nicht aus dem »Abseits« heraus sieht.**
   Wer Erfolg oder Mißerfolg dieser Mission lediglich am finanziellen Einsatz mißt, hat das Problem weder angedacht noch verstanden!

Quellen: 55

Bundeswehr

Was versteht man unter Krisenreaktionskräften?

4.12

---

1. Krisenreaktionskräfte **(KRK)** sind ein **Instrument politischen Krisenmanagements.**

2. Sie müssen **sofort verfügbar, flexibel** und **weiträumig in ihren Einsatzmöglichkeiten** sein.

3. Ihre **Einsatzfähigkeit** muß sich im Hinblick auf **Ausrüstung** und **Ausbildung** sowohl an **humanitären** als auch **friedenserhaltenden bzw. -schaffenden Einsatzarten** orientieren.

4. Grundsätzlich gilt, daß KRK und HVK in der neuen Struktur eng miteinander verzahnt werden, so daß es Truppenteile gibt, die **sowohl** KRK **als auch** HVK führen.
   Dies schafft die Voraussetzung für:
   - ➡ eine **breite Verteilung** der KRK-Verbände in Deutschland
   - ➡ bessere **Ausschöpfung des Aufkommens an Freiwilligen** und deren heimatnahe Verwendung
   - ➡ routinemäßigen **Wechsel der KRK- bzw. HVK-Rolle** von Truppenteilen, um langfristig einen gleichhohen Ausbildungs- bzw. Ausrüstungsstand zu erreichen.

5. Einzelheiten über Umfang und aktuelle Zuordnung sind den **Planungshandbüchern** der Teilstreitkräfte zu entnehmen.
   Z.B. Heer: »**Neues Heer für neue Aufgaben**« BMVG/InspH

☞

6. **Krisenreaktionskräfte Heer**

lfd.Nr.	Verband/Großverband	Bemerkungen
1		
2		
3		
4		
5		
6		
7		
8		
9		
10		

7. **Krisenreaktionskräfte Luftwaffe**

lfd.Nr.	Verband/Großverband	Bemerkungen
1		
2		
3		
4		
5		
6		
7		
8		
9		
10		

8. **Krisenreaktionskräfte Marine**

lfd.Nr.	Verband/Großverband	Bemerkungen
1		
2		
3		
4		
5		
6		
7		
8		
9		
10		

Bundeswehr

Bezieht die Eid- und Gelöbnisformel die »Neuen Aufgaben« der Bundeswehr ein?

4.13

1. Der Soldat gelobt/schwört
   »Recht und Freiheit des Deutschen Volkes tapfer zu verteidigen«.

2. Damit wird er zur **Treue** innerhalb der **Normen des Grundgesetzes** verpflichtet und hat ihm durch das Grundgesetz auferlegte **Pflichten** zu erfüllen.

3. Das Grundgesetz sieht in **Artikel 24** vor, daß sich »... der Bund zur Wahrung des Friedens einem System gegenseitiger kollektiver Sicherheit anschließen kann und dabei in die Beschränkungen seiner Hoheitsrechte einwilligt«.

4. Gemäß **Artikel 25 GG** sind **Regeln des Völkerrechts Bestandteil des Bundesrechts.** Sie gehen den Gesetzen vor und erzeugen Rechte und Pflichten unmittelbar für die Bewohner des Bundesgebietes.

   Dies schließt den **Staatsbürger in Uniform** nicht aus!

Quellen: 23, 25

Ist im Rahmen des neuen Aufgabenspektrums der Bundeswehr eine Grundgesetzänderung notwendig?

Bundeswehr

4.14

1. In dieser Frage sind Juristen, Politiker und Öffentlichkeit gespalten.

2. Als Argumentationskette **kann** gelten:
   a. Gemäß **Artikel 87 GG** stellt der Bund **Streitkräfte zur Verteidigung** auf.

   b. **Artikel 24 GG** sieht die Möglichkeit vor, zur Wahrung des Friedens einem **System gegenseitiger kollektiver Sicherheit** beizutreten.

      Dies hat die Bundesrepublik Deutschland

      → am **9. Mai 1955** durch Beitritt zur **NATO** und
      → am **18. September 1973** durch Beitritt zur **UNO**

      unter **Verzicht auf jegliches Sonderabkommen vorbehaltslos** getan.

   c. Gemäß **Artikel 25 GG** sind die allgemeinen **Regeln des Völkerrechtes Bestandteil des Bundesrechtes.** Sie gehen den Gesetzen **vor** und erzeugen Rechte und Pflichten unmittelbar für die Bewohner des Bundesgebietes.

   d. Aus formal-juristischen Gründen wäre demzufolge eine **Grundgesetzänderung nicht erforderlich.**

      Diese Auffassung hat das **Bundesverfassungsgericht** am **12.07.94** bestätigt.

Quellen: 25

Bundeswehr

Wie sind Soldaten bzw. Hinterbliebene beim Einsatz in Krisengebieten abgesichert?

4.15

---

1. Die Versorgung der **Wehrpflichtigen** und der **Zeitsoldaten** basiert grundsätzlich auf der **gesetzlichen Rentenversicherung** (ca. 1800,- DM).
   Im Falle eines **Dienstunfalls/Wehrdienstbeschädigung** kommen hinzu:
   ➡ Rentenleistungen nach dem Bundesversorgungsgesetz
   ➡ Grundrente
   ➡ Ausgleichsrente
   ➡ Berufsschadensausgleich
   ➡ **kostenlose Heilbehandlung** f. d. Beschädigten bzw. seine Familie **(§ 10 BVG)**

2. Alle **dienstlichen Einsätze** sind durch den **Leistungskatalog des Soldatenversorgungsgesetztes (SVG)** abgedeckt.
   Dieser umfaßt:
   ➡ **Beschädigtenversorgung** bei Wehrdienstbeschädigung (WDB),
   ➡ **Rentenleistungen bei Körperschäden,**
   ➡ **Berufsschadenausgleich,**
   ➡ **Entschädigungsbeiträge** bei besonders gefährlichen Dienstverrichtungen (bis zu **150.000 DM**/Witwen **50 %.**)

   Darüber hinaus:
   ➡ für **Berufssoldaten:**
   - **Unfallruhegehalt** (bis zu **80 %** der Dienstbezüge der nächsthöheren Besoldungsgruppe, abhängig vom Grad der Gefährdung, / Witwen 60 % / Waisen 30 %).

   ➡ für **Soldaten auf Zeit:**
   - **Übergangsbeihilfe**/Übergangsgebührnisse,
   - **Rente** aus der gesetzlichen Rentenversicherung (Witwen-/bzw. Waisenrente),
   - **Grundrente** nach SVG/BVG.

☞

→ für **Grundwehrdienstleistende:**
- **Entlassungsgeld,**
- **Rente** aus der gesetzlichen Rentenversicherung (Witwen- und Waisenrente)
- **Grundrente** nach SVG/BVG.

3. **1993** hat der Bundestag dem **Auslandsverwendungsgesetz, 1995** der ergänzenden **Novelle** zugestimmt.

   Leistungen:
   → **Auslandsverwendungszuschlag** von **80,00** bis **180,00 DM pro Tag** (abhängig von Art. und Umfang der Gefährdung),
   → **Erhöhung der Unfallentschädigung** auf **150.000** DM (Erwerbsminderung min. 80 %).
   In der **Novelle von 1995** wurde der Versorgungsschutz auch für **Gefangene oder Verschleppte** (auch über das Ende der Dienstzeit hinaus!), sowie **Opfer einer Straftat im Ausland** erweitert.

4. Da gemäß **§ 1a des Soldatenversorgungsgesetzes** zusätzliche Versicherungsverträge für Soldaten der Bundeswehr nicht abgeschlossen werden dürfen, obliegt es dem Einzelnen, **Lebensversicherung bzw. Unfallversicherung zusätzlich** abzuschließen:

   Dabei ist folgendes zu **beachten:**
   4.1. **Lebensversicherung:**
   → **Eingeschränkte Leistungspflicht** bei Tod im Zusammenhang mit kriegerischen Ereignissen **(Kriegsklausel),**
   → **Uneingeschränkte Leistungspflicht**
   - bei humanitären Einsätzen der Bundeswehr,
   - bei Tod ohne Kriegseinwirkung im Ausland,
   - bei Nichtbeteiligung an kriegerischen Einsätzen.

☞

4.2. **Unfallversicherungen:**
- Leistungsverweigerung **möglich** (Berufung auf Kriegsklausel).

4.3. Da die Gefahr einer **individuellen Auslegung der Kriegsklausel** durch die Versicherer besteht, wird **empfohlen:**

- **Abschluß einer privaten Lebens- oder Unfallversicherung im Rahmen eines Bw-rahmenvertrages,** der das passive Kriegsrisiko bei Unfall und Dienstunfähigkeit künftig mit einschließt.

4.4. Die vorgenannten Grundsätze gelten auch für zusammen mit den Soldaten eingesetztes **Zivilpersonal.**

Beratungsstellen:

Verband der Lebensversicherungsunternehmen e.V.
Eduard-Pflüger-Straße 55
Postfach 12 04 05, 53003 Bonn

Bundesminister der Verteidigung
Referat S I 1,
Postfach 13 28,
53003 Bonn

Versorgungsbeispiele (Anhalt)

(Todesfall)

Beispiel	Versorgungsumfang (**monatlich**)	Ges. ca	Ausgleichszahlungen (**einmalig**)	Bemerkung
A. **Wehrpflichtiger** - **ledig** - in häuslicher Gem. m.d. **Eltern**	**Elternrente** (BVG) ein Elternpaar: **834,00 DM**/Monat ein Elternteil: **581,00 DM**/Monat		1. **Sterbegeld** (§ 41 SVG): **3.000 DM** 2. **Unfallentschädigung** (§ 63a SVG): **75.000 DM** Elternanteil 50 % von 150.000 DM	
B. **Stabsunteroffizier** - **A6** **(SaZ 8)** - verheiratet - **1** Kind - Bruttoeinkommen **3.587,00 DM**	1. **Witwe:** a. **Grundrente** (BVG): **615,00 DM** b. **Ausgleichsrente: 680,00 DM** 2. **Waise:** a. **Waisenrente: 173,00 DM** b. **Ausgleichsrente: 303,00 DM**	**1.8oo DM** Brutto	1. **Sterbegeld** (§18 BeamtVG): **2x** letztes Bruttogeh. 2. **Unfallentschädigung** (§ 63a SVG): **75.000,00 DM** 3. **Übergangsbeihilfe** (SVG): **6x** letztes Bruttogeh. (steuerfrei)	Hinter-bliebenen-anteil der **Unfallent-schädigung** (§ 63a SVG) max. **50 %**
C. **Oberleutnant (BS)** - **A10** - verh - **2** Kinder - Bruttoeinkommen **5.186,00 DM**	1. **Unfallruhegehalt: 5.014,00 DM (80 % aus A12)** 2. Witwenanteil 60 %) gesamt 3. Waisenanteil (2x) 60 %) 120 % 4. Berechnung **maximal 100 %**	**5.000 DM** Brutto	1. **Sterbegeld** (§ 18 BeamtVG): **2x** letztes Bruttogeh. 2. **Unfallentschädigung** (§ 63a SVG): **75.000 DM**	
D. **Major (BS)** - **A13** - verh - **2** Kinder - Bruttoeinnkommen 5800 **DM**	1. **Unfallruhegehalt :7200 DM (80 % aus A16)** 2. Witwenanteil 60 % 3. Waisenanteil 2x 60 %) 4. Berechnung **maximal 100 %**	**7200DM** Brutto	1. **Sterbegeld** (§ 18 BeamtVG): **2x** letztes Bruttogeh. 2. **Unfallentschädigung** (§ 63a SVG): **75.000 DM**	

1. Renten nach rentenrechtlichen Vorschriften (gesetzliche Rentenversicherung) sind nicht einbezogen, da diese nur indiividuell berechnet werden können.
2. Kosten für Überführung, Bestattung, Beschaffung der Grabstelle, erste Pflege werden im vollen Umfang übernommen. (Verantwortung Standortverwaltung)

Versorgungsbeispiele (Anhalt)

(Verwundung)

Beispiel	Erwerbsminderung 60 %	Erwerbsminderung 80 %	Grundrente SVG/BVG	Übergangs-gebührnisse	Übergangsbeihilfe (steuerfrei)	Unfallruhegehalt	Entlassungs-geld
A. **Wehrpflichtiger** - 20 Jahre - 10 Dienstmonate - **Verlust d. Beines**	–	**150.000 DM** (einmalig)	**762 DM/** Mon	–	–	–	**1.500 DM** (einmalig)
B. **Stabsunteroffizier (SaZ)** - **ledig** - 24 Jahre - 4 Dienstjahre - **Verlust d. Beines**	–	**150.000 DM** (einmalig)	**762 DM/** Mon	**1.977 DM** (6 Monate, steuerpflichtig)	**10.547 DM** (einmalig)	–	–
C. **Oberfeldwebel (BS)** - A7mZ - **verh** - ohne Kind - **Verlust d. Unter-armes**	x	–	**455 DM/** Mon	–	–	**3.410 DM**/ Mon (80 % / A9)	–
D. **Hauptmann (BS)** - A11 - **verh** - 30 Jahre - 10 Dienstjahre - **Verlust d. Unter-armes**	x	–	**455 DM/** Mon	–	–	**4.658 DM**/ Mon (80 % / A12)	–

1. Einmalige Entschädigung nur bei Erwerbsminderung um mindestens 80 %.
2. Leistungen aus der gesetzlichen Rentenversicherung sind nicht einbezogen, da nur individuell berechenbar.

Vom »Staatsbürger in Uniform« zum »Weltbürger in Uniform«?

Bundeswehr

4.16

1. Mit Beginn der »**Out-of-Area**«-Debatte (Einsatz der Bundeswehr im Rahmen von UN-Friedensmissionen) stellt sich die Frage nach dem **Selbstverständnis des deutschen Soldaten** bzw. nach dem Soldatentypus der Zukunft.

2. Der **»Staatsbürger in Uniform«** war auf deutsche und bestenfalls noch atlantische Verhältnisse zugeschnitten und damit Teil eines fest umrissenen gesellschaftlichen als auch politischen Bereiches.

3. Im Rahmen eines **»Out-of-Area«**-Einsatzes bewegt sich der »Staatsbürger in Uniform« über seinen **traditionsgemäß zugeordneten Bereich** hinaus und muß demzufolge neu bzw. ergänzend definiert werden.

4. Der in **UN-Mission** eingesetzte Soldat der Bundeswehr

   ➡ steht – zumindest bis zum Abschluß der »Gewöhnungsphase« – in ungewohnter Weise im **Blickpunkt der Weltöffentlichkeit,**
   ➡ hat sich **seelisch** und **geistig** mit den **kulturellen, religiösen, wirtschaftlichen** und **sozialen Bedingungen** seines Einsatzraumes auseinanderzusetzen,
   ➡ muß sich darüber im klaren sein, daß er überwiegend in besonders **armen Regionen dieser Erde** eingesetzt wird,
   ➡ muß unter dem Gesichtspunkt der **»Multinationalität«** im Rahmen von UN-Friedenstruppen **Fingerspitzengefühl** bzw. **psychologisches Einführungsvermögen** beweisen,
   ➡ muß insbesondere in der Rolle als **Führer** durch **Vorbildfunktion** überzeugen,
   ➡ muß erkennen, daß **Disziplin** bzw. **Selbstdisziplin** als wesentliche Grundlage für den Erfolg eines Einsatzes einzustufen sind,

☞

→ muß in der Lage sein, unter erheblichen **persönlichen** (auch hygienischen) **Einschränkungen** und **ungewohnter körperlicher** als auch **psychischer Belastung** über mehrere Monate seinen Auftrag zu erfüllen.

5. Damit ergeben sich für den **»Weltbürger in Uniform«** zwangsläufig **Kriterien,** die besonderer Ausprägung bedürfen:

→ **Flexibilität** in Denken und Handeln,
→ **Diplomatisches Geschick** im Umgang mit Vertretern anderer UNO-Staaten bzw. insbesondere der Bevölkerung des betroffenen Landes,
→ **Sensibilität** und **Verständnis** für andere Lebensformen und Ideologien,
→ **Toleranz** und **Bescheidenheit,**
→ besonders ausgeprägte **körperliche** und **psychische Belastbarkeit,**
→ besonders ausgeprägte **Eignung zur Menschenführung,** insbesondere in der **Vorbildfunktion** und in **Grenzsituationen.**

Wie wird sich das Heer zukünftig gliedern, wie wird es geführt?

Bundeswehr

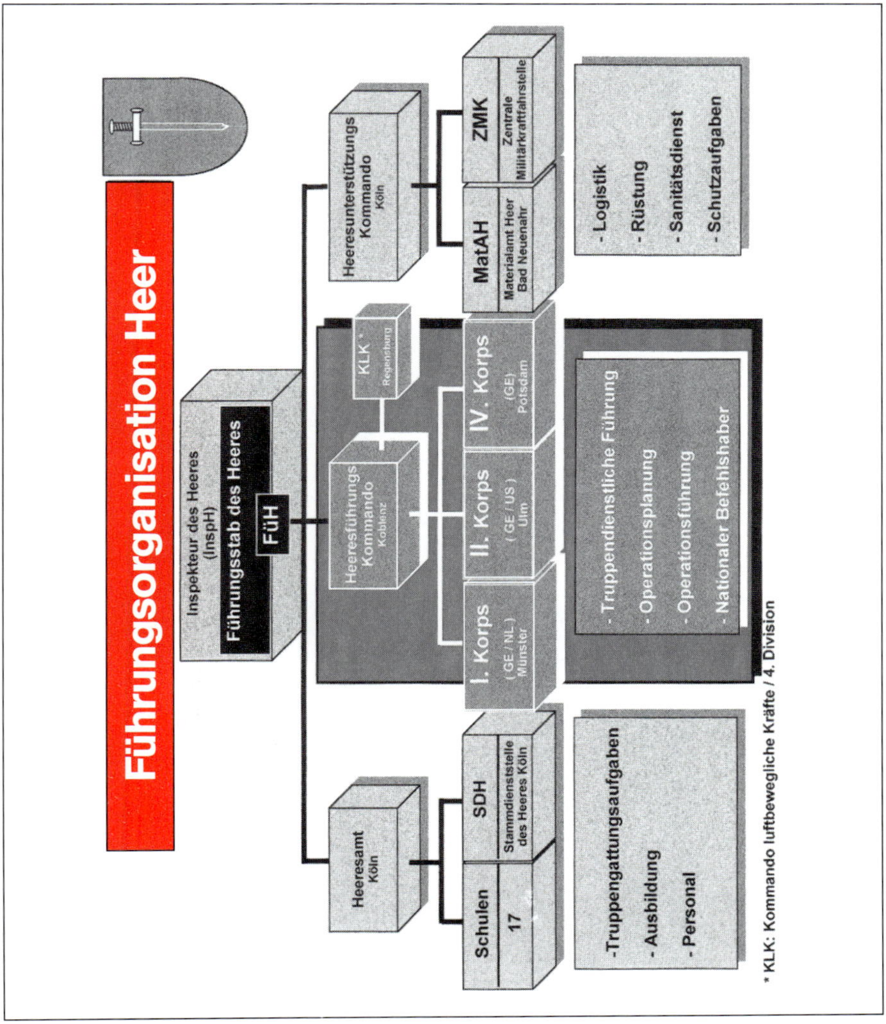

Quellen: 69

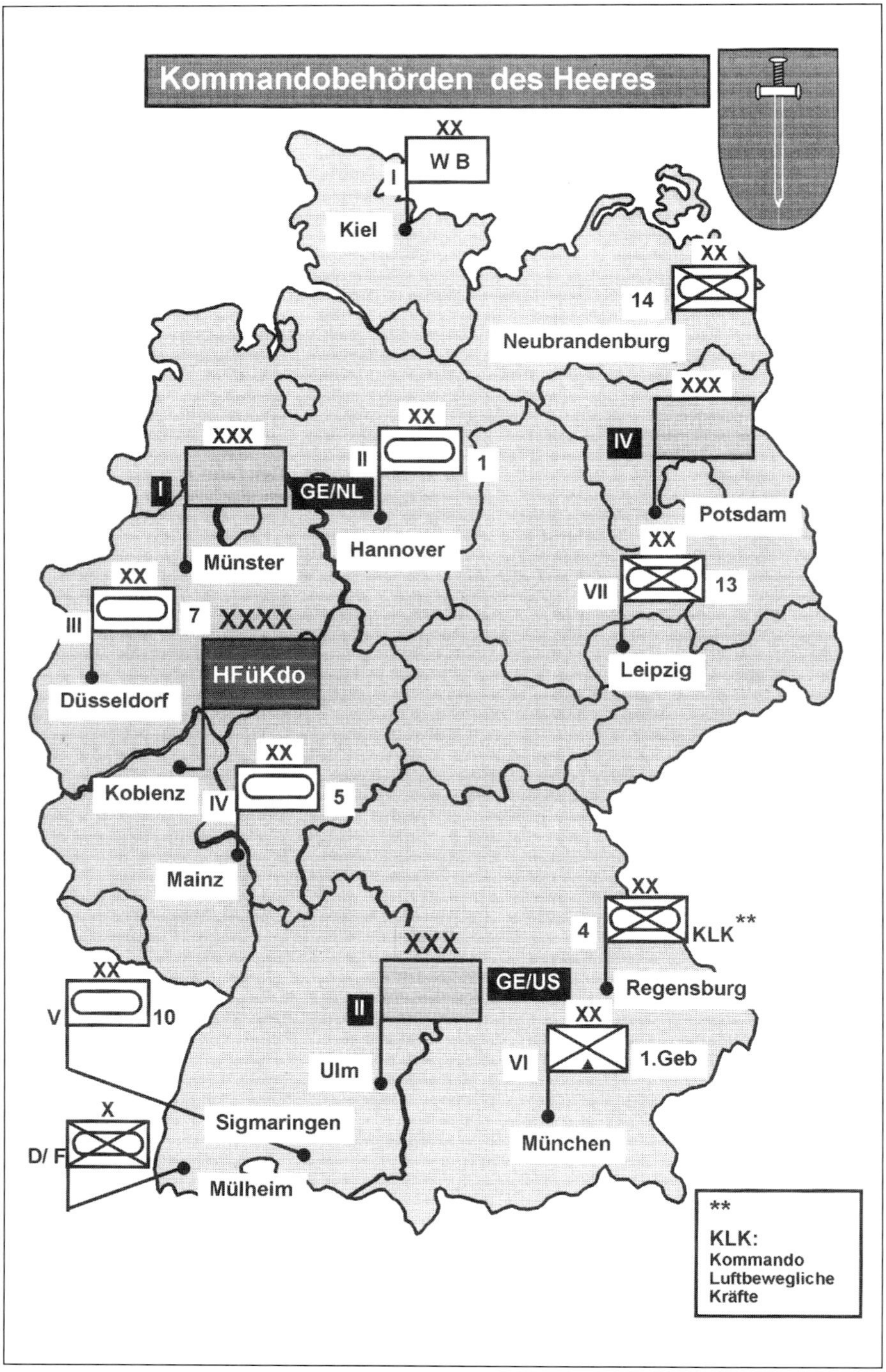
Kommandobehörden des Heeres
XX
W B
I
Kiel
XX
14
Neubrandenburg
XXX
IV
Potsdam
XX
II
1
Hannover
XXX
I
GE/NL
Münster
XX
VII
13
Leipzig
XX
III
7
XXXX
HFüKdo
Düsseldorf
Koblenz
XX
IV
5
Mainz
XX
4
KLK**
Regensburg
XXX
II
GE/US
Ulm
XX
VI
1.Geb
München
XX
V
10
Sigmaringen
X
D/ F
Mülheim
**
KLK:
Kommando
Luftbewegliche
Kräfte

Wie wird sich die Marine zukünftig gliedern, wie wird sie geführt?

Bundeswehr

4.18

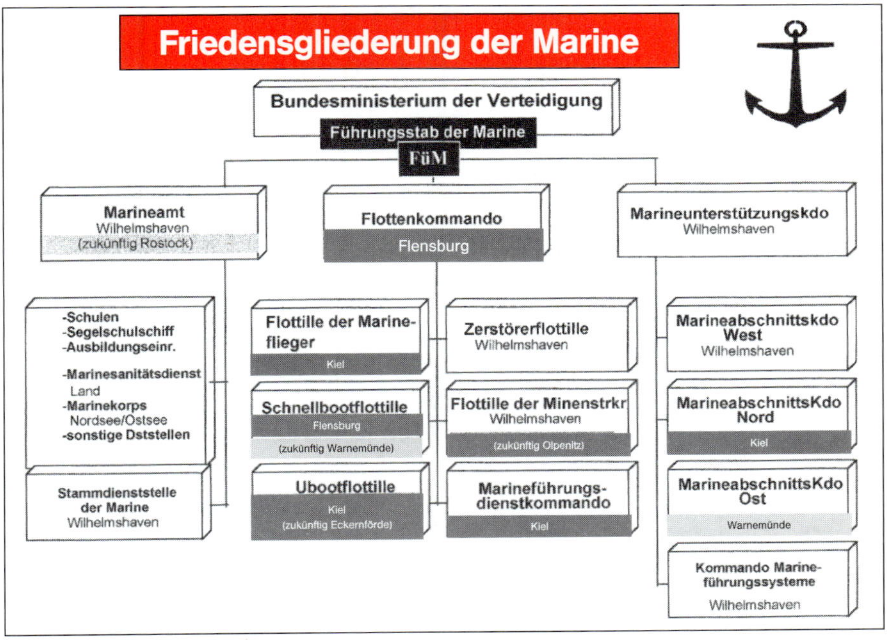

Volker Rühe:

»Die Seestreitkräfte werden den Schwerpunkt auf die Beteiligung an multinationalen Einsatzgruppen legen.
Dazu werden sie neue Fregatten, modernste U-Boote und die dazugehörenden Versorger erhalten.«

Betr: ***Bundeswehr, Sicherheitspolitik und Streitkräfte im Wandel***
Schriftenreihe OFFENE WORTE seit 1789 Verlag E.S. Mittler & Sohn, Berlin · Bonn · Herford

Quellen: 69, 74

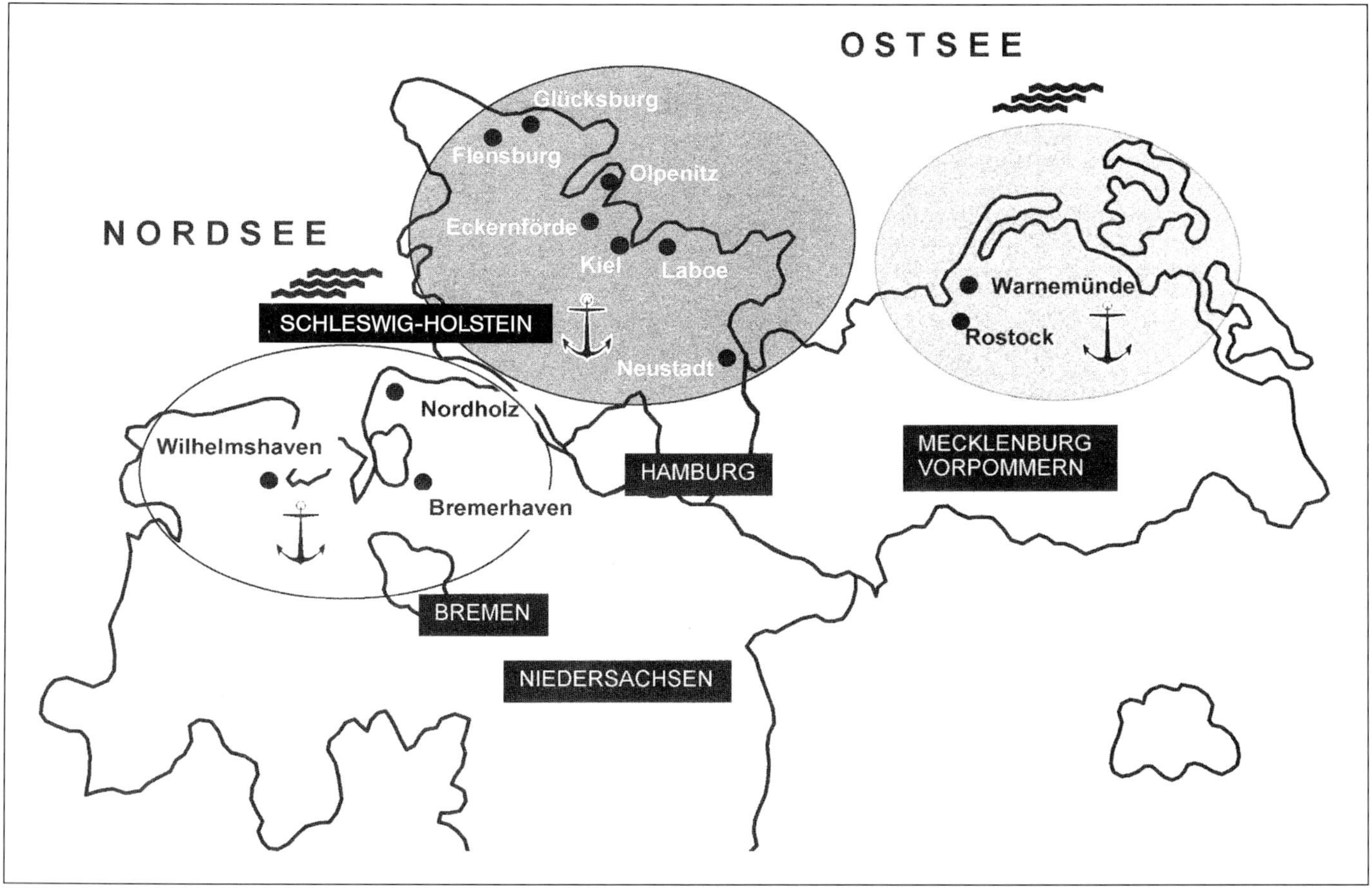
OSTSEE
NORDSEE
Glücksburg
Flensburg
Olpenitz
Eckernförde
Kiel
Laboe
SCHLESWIG-HOLSTEIN
Neustadt
Warnemünde
Rostock
Nordholz
Wilhelmshaven
Bremerhaven
HAMBURG
MECKLENBURG
VORPOMMERN
BREMEN
NIEDERSACHSEN

Bundeswehr

Wie wird die Luftwaffe zukünftig gegliedert, wie wird sie geführt?

4.19

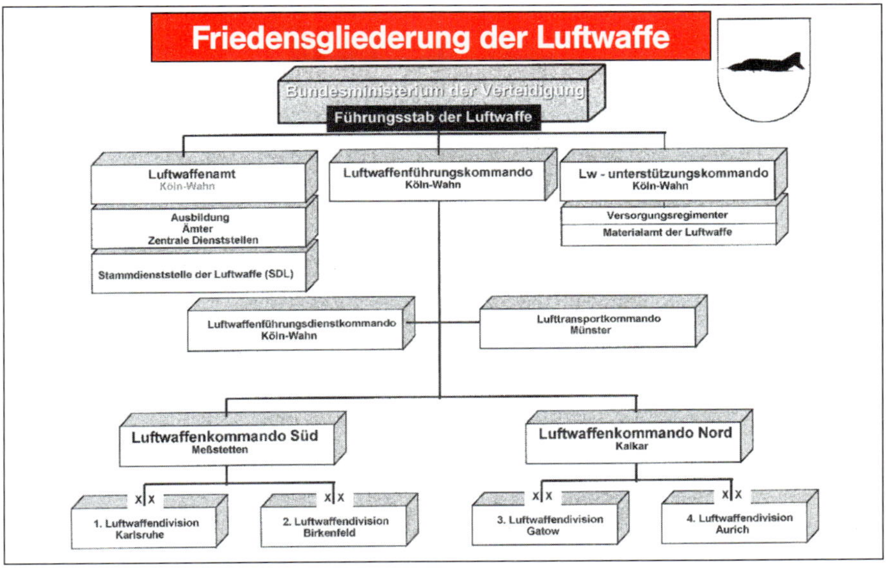

Volker Rühe:

»Die künftige Ausrüstung der Luftwaffe reflektiert ihre Aufgaben und Rolle in den bündnisgemeinsamen Krisenreaktionskräften.
Der Schwerpunkt liegt in den Feldern Luftverteidigung und Lufttransport.
Dabei kommt nach der Jahrtausendwende dem neuen Jagdflugzeug sowie dem neuen, bodengestützten Luftverteidigungssystem hohe Bedeutung zu«.

Betr: ***Bundeswehr, Sicherheitspolitik und Streitkräfte im Wandel***
Schriftenreihe OFFENE WORTE seit 1789 Verlag E.S. Mittler & Sohn, Berlin · Bonn · Herford

---

Quellen: 69, 74

Bundeswehr

4.19

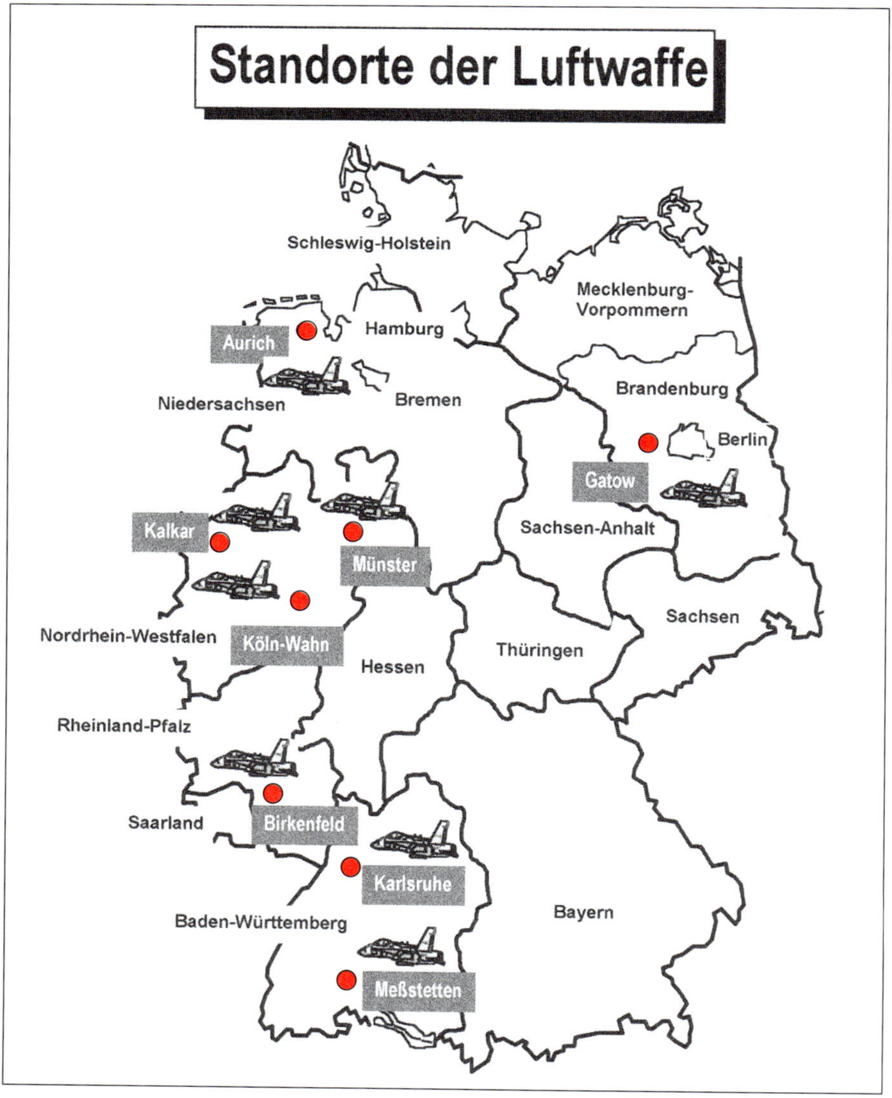

Wie ist Deutschland territorial gegliedert?

Bundeswehr

4.20

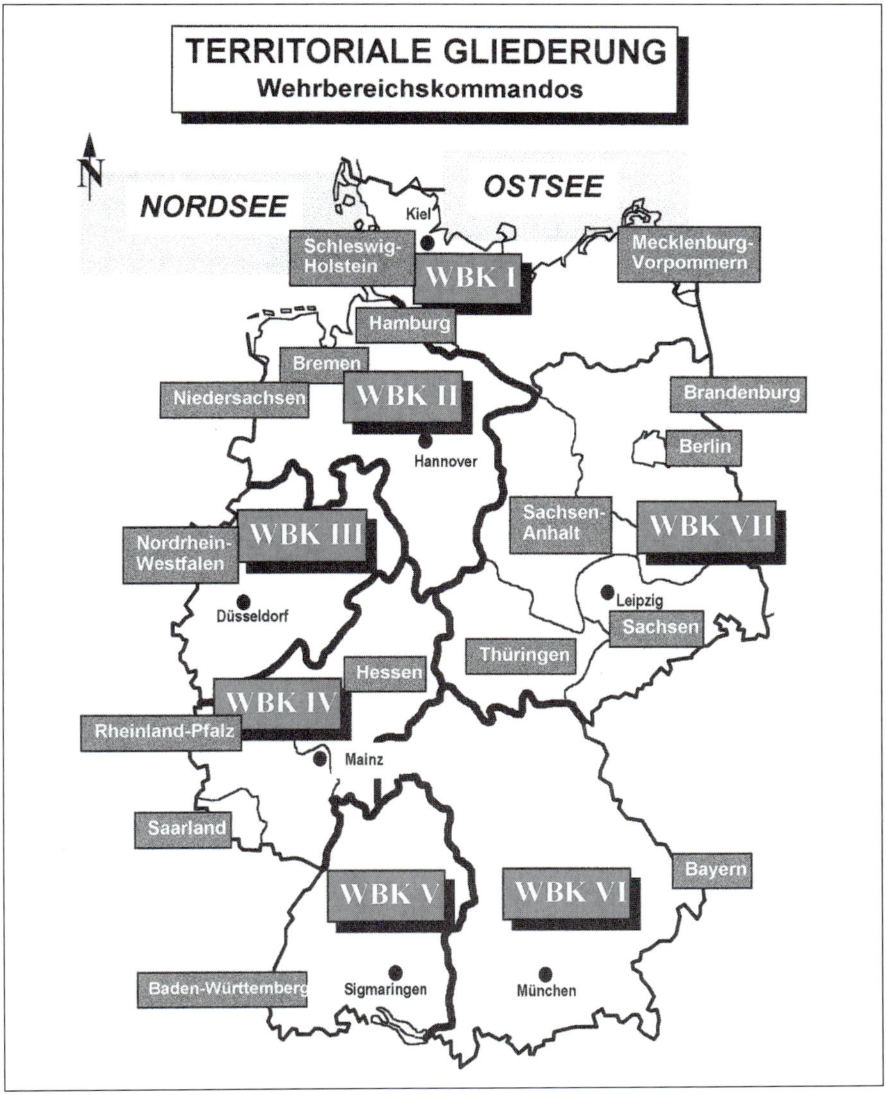

Bundeswehr

Welchen Auftrag haben die Friedenstruppen in Bosnien? (Dayton-Abkommen)

4.21

---

1. Die **internationale Friedenstruppe (IFOR)**[1] hat den Auftrag, die Friedensvereinbarungen für das frühere Jugoslawien zu unterstützen und ggf. durchzusetzen.

2. Das umkämpfte Gebiet wurde dazu in **3 Sektoren** aufgeteilt, die im wesentlichen durch
   ➞ **USA** (ca. 20.000 Soldaten)
   ➞ **Großbritannien** (ca. 13.000 Soldaten)
   ➞ **Frankreich** (ca. 10.000 Soldaten)
   überwacht werden.

3. Im Rahmen der Aufgabenteilung beteiligen sich insgesamt **16 NATO-Staaten** und **12 Nicht-NATO-Staaten,** dabei auch **Rußland.**
   Insgesamt besteht das Kontingent aus **60.000** Soldaten.

4. Das **Konzept:**

   ➞ **Phase 1:**
   - Vorbereitung der Operation
   - Entsendung von Hauptquartieren und Vorraustruppen

   ➞ **Phase 2:**
   - Verlegung der Hauptkräfte unmittelbar nach Unterzeichnung des Friedensabkommens **(14.12.1995 Paris)**
   - Übertragung der Kommandogewalt von UN PROFOR[2] auf IFOR **(20.12.1995)**

☞

→ **Phase 3:**
- Vollständiger Kräfteaufwuchs

→ **Phase 4:**
- Durchsetzung des Friedensabkommens von **Dayton** und Übergang zu gesichertem Frieden unter gleichzeitiger Verringerung der militärischen Präsenz

→ **Phase 5:**
- Rückverlegung der NATO-Kräfte unter gleichzeitiger Übergabe der Verantwortung an zivile Organisationen

5. Nach ursprünglicher Planung soll der Einsatz **Ende 1996** beendet sein. Eine **Verlängerung** des Mandats wird jedoch bereits ab Mitte 1996 nach Art und Umfang geprüft.

[1] **I**mplementation **For**ce
[2] **UN Pro**tection **For**ce

☞

Das Bosnien Friedensabkommen

Dayton
(Ohio/USA)
20.11.95

Paris
14.12.95

Eine **internationale Friedenstruppe (IFOR*)**

-unter **NATO**-Kommando und

-unter Führung eines **US**-Generals

wird in Bosnien stationiert;

- ersetzt die UN-Schutztruppen **(UNPROFOR*)**;
- überwacht die Einhaltung des **Waffenstillstands** und die **Truppenentflechtung;**
- darf sich bei Angriffen **verteidigen;**
- hat völlige **Bewegungsfreiheit** auf dem gesamten bosnischen Gebiet;

Die **Konfliktparteien**

- ziehen sich innerhalb von **30 Tagen** hinter die im Waffenstillstandsabkommen vereinbarten Fronten zurück,
- ziehen innerhalb von **vier Monaten** ihre **schweren Waffen** ab und stationieren ihre Soldaten wieder in den **Kasernen**;
- dürfen in einem Zeitraum von **90 Tagen** **keine** **Waffen,** für **180 Tage keine schweren Waffen** (Flugzeuge/Hubschrauber) einführen;

★ ★ ★

- Zwischen den **Waffenstillstandslinien** wird eine ca. zwei Kilometer breite **entmilitarisierte Zone** eingerichtet;
- Alle **Kriegsgefangenen** werden sofort freigelassen;

Innerhalb von **6 Monaten:**
begrenzte Zahl von Panzern.
Kampfhubschraubern,
gep. Fahrzeugen
im **gesamten Krisengebiet.**

*Implementation Force
*UN-Protection Force

In welchem Umfang und mit welchem Auftrag beteiligen sich Kräfte der Bundeswehr (GECONIFOR) am Einsatz in Bosnien?*

Bundeswehr

4.22

---

1. Am **28. November 1995** hat die **Bundesregierung** beschlossen, einen Beitrag zur Sicherung des Friedens im ehemaligen Jugoslawien zu leisten.

2. Der **Deutsche Bundestag** hat am **06. Dezember 1995** diesen Beschluß bestätigt:
   - ➡ **543 Ja-Stimmen**
   - ➡ 107 Nein-Stimmen
   - ➡ 6 Enthaltungen
   - ➡ 16 Abwesenheiten

   Dies entspricht einer Befürwortung von **81%.**

3. **Personalumfang GECONIFOR:**
   - ➡ **2.600** Heeressoldaten
   - ➡ **600** Luftwaffensoldaten
   - ➡ **500** Marinesoldaten
   - ➡ **230** Angehörige aller Dienstgradgruppen und Truppengattungen (Mitarbeiter in den verschiedenen Stäben)

4. Nach Ablauf des ersten Mandats wird sich Deutschland auch an einem **Folge-Mandat** (12 Monate?) beteiligen. (Entscheidung Bundestag im Dezember 96)
   - ➡ Umfang: ca. 2500-3000 Soldaten
   - ➡ Auftrag:
     - ▪ Sicherung und Überwachung
     - ▪ Feldlazarett
   - ➡ Einsatzort: Französischer Sektor
   - ➡ Besonderheiten: Deutsch-französischer Verband unter deutscher Führung

***) Ge**rman **Con**tingent **I**mplementation **For**ce

☞

Bundeswehr

4.22

Volker Rühe:

»Wenn Völkermord geschieht, wenn Freiheit und Humanität mit Füßen getreten werden, dann muß gehandelt werden.
Das ist politisch und moralisch geboten.
Wer nur reden, aber nicht handeln würde, machte sich schuldig.
Wir müssen zumindest die Möglichkeit erhalten,
in jedem Einzelfall zu entscheiden.
Ein Kampfeinsatz bliebe immer die Ultima ratio der Politik.«

Betr: ***Bundeswehr, Sicherheitspolitik und Streitkräfte im Wandel***
Schriftenreihe OFFENE WORTE seit 1789 Verlag E.S. Mittler & Sohn, Berlin · Bonn · Herford

Quellen: 74

BW-Verbände in BOSNIEN-HERZEGOWINA

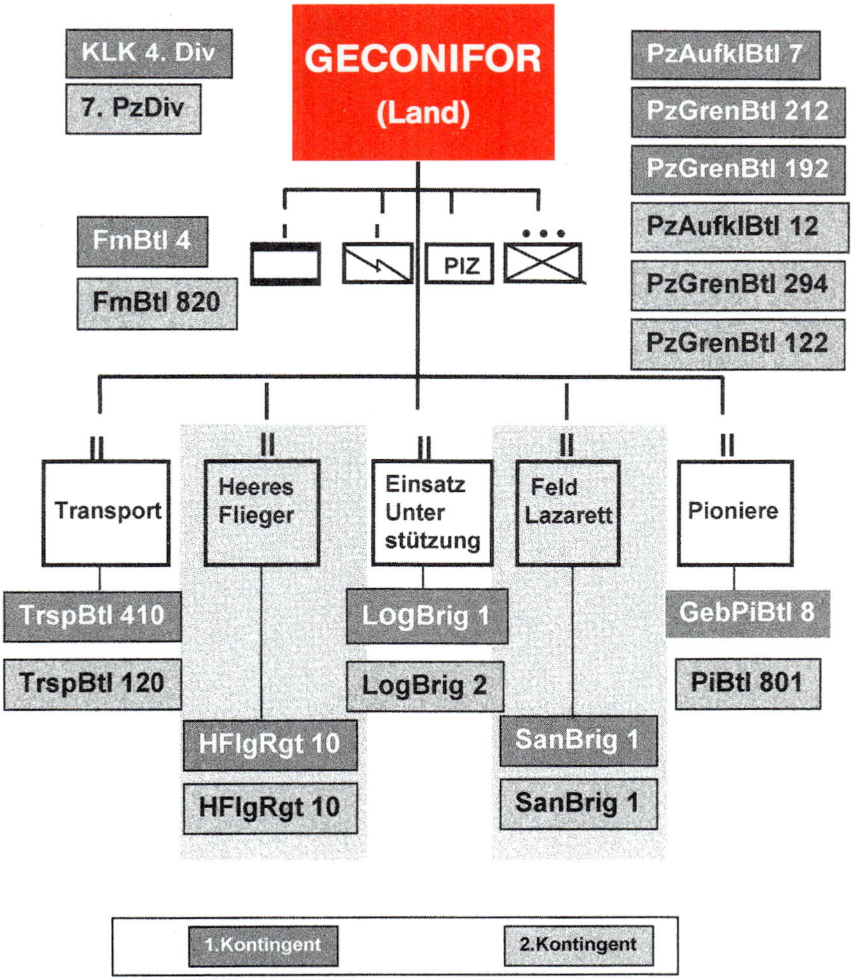

Auftrag und Ausrüstung des Bundeswehrkontingents (GECONIFOR)

Kern des Einsatzauftrages :
Unterstützung und Versorgung der Friedenstruppe (IFOR)

Heer:

- **Feldhospital** (100 Betten)
- **Pionierverband** (Straßeninst, Brückenbau, Kpfmittelbeseitigung)
- **Transportkräfte** (Kapazität von **1080 Tonnen**, Schwerlast-transporter)
- **Heeresflieger** (**15** leichte/ **15** mittlere Tranporthubschrauber)

Luftwaffe:

- **12 Transall**, (**LANDSBERG**)
- **8 ECR**- und **6 RECCE-Tornados**, (**PIACENZA/ ITALIEN**)

Marine:

- **1 Fregatte** oder Zerstörer
- **3 Breguet Atlantic** (**ITALIEN**) 3 Flüge / Woche

TSK-übergreifend:

- Anteile des **Hauptquartiers der" Schnellen Eingreiftruppe"** und anderer Befehlszentren.

Stationierungsorte GECONIFOR

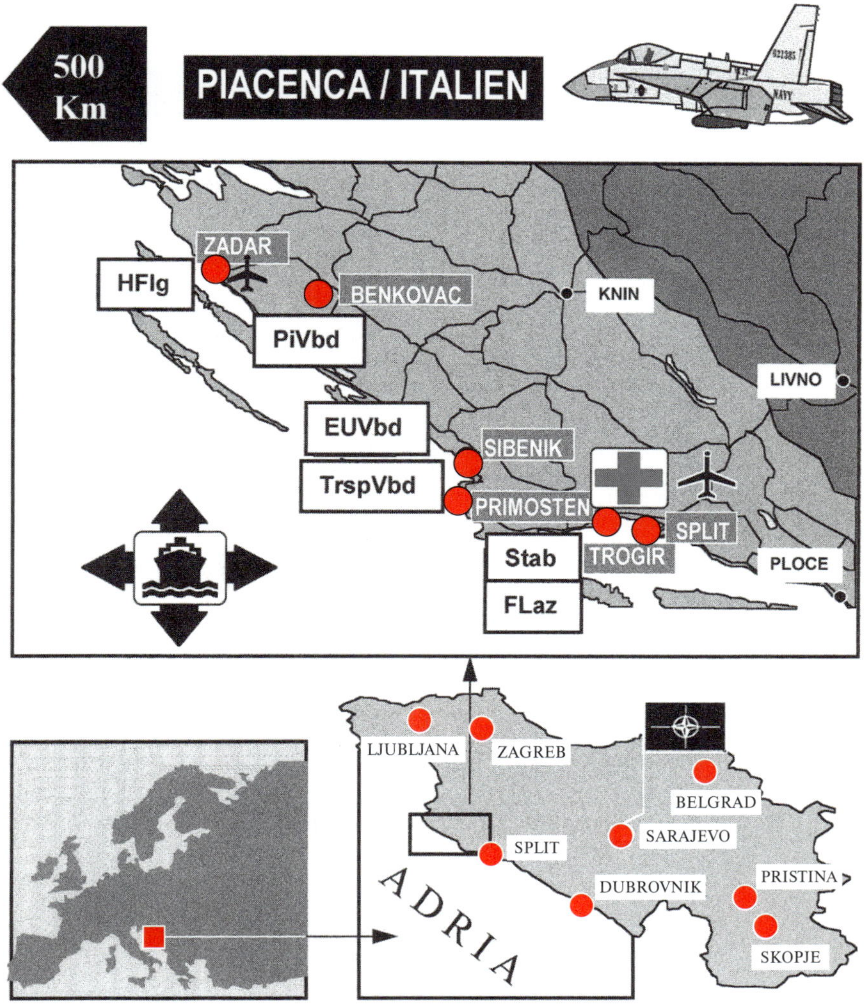

Bundeswehr

Wie entwickelte sich der Krieg im ehemaligen Jugoslawien?

4.23

1944	**Bosnien-Herzegowina** wird kraft Entscheidung **Titos** Teil der Volksrepublik Jugoslawien.
1980	Der **Tod Titos** führt zu Renationalisierungsbestrebungen.
1985	Das Memorandum zur Wiedererlangung **"Großserbiens"** wird veröffentlicht.
1989	Der Serbenführer **Milosevic** erklärt: **"Serbien ist wieder im Krieg!"**
1990	Bei den **Wahlen** in Slowenien, Kroatien und Bosnien erleiden die proserbischen Kommunisten eine empfindliche Niederlage
1991	
09. Jan	Der Führer der bosnischen Serben, **Karadzic,** proklamiert das serbische Parlament in **BOSNIEN -HERZEGOWINA.**
28. Feb	Die serbisch-autonome Provinz wird proklamiert.
25. Jun	**KROATIEN** und **SLOVENIEN** erklären sich **unabhängig**.
Juli	**Krieg in KROATIEN**
25. Sept	**UNO-Embargo** gegen das ehemalige **JUGOSLAWIEN.**
04. Okt	**1. Friedenskonferenz in DEN HAAG**.
18. Nov	Kroaten werden bei **VUKOVAR** zerschlagen. Es kommt zu den ersten **etnischen Säuberungen**.
19. Dez	**Krajina-Serben** proklamieren ihre **Unabhängigkeit.**
23. Dez	**Anerkennung** **SLOVENIENS** und **KROATIENS** durch **DEUTSCHLAND.**
1992	
02. Jan	**Vance-Plan** (Waffenruhe zwischen Kroaten und kroatischen Serben).
15. Jan	**Anerkennung** **SLOVENIENS** und **KROATIENS** durch **EU.**
22. Feb	**Erster Blauhelmeinsatz** in KROATIEN **(14.000)**
01. Mar	Kroaten und Moslems entscheiden sich für ihre **Unabhängigkeit** und rufen eigene Staaten in B-H aus.
06. Apr	**Anerkennung** **BOSNIEN-HERZEGOWINAS** durch die **EU.** Beginn der serbischen **Belagerung von SARAJEVO**.
16. Apr	Ausruf der Bundesrepublik **JUGOSLAWIEN** (SERBIEN/MONTENEGRO).
05. Jun	**Flughafen SARAJEWO** unter **UN-Kontrolle.**
18. Sept	Beginn der permanenten **Friedenskonferenz in GENF**.
1993	
04. Jan	**Vance-Owen-Plan** (10 Kantone +SARAJEVO).
06. Jan	**Kampfbeginn** zwischen **Kroaten** und **Moslems** in B-H.
04. Apr	**Ablehnung** des Vance-Owen-Plans durch das serbische Parlament
06. Mai	Eirichtung von **UNO-Schutzzonen**
09. Mai	**Offener Krieg** zwischen **KROATIEN** und dem **serbischen Teil von B-H.**
02. Aug	Erste **NATO-Androhung** von **Luftangriffen** gegen bosnische Serben.
28. Aug	Proklamation der **KROATISCHEN REPUBLIK** in B-H.
17. Sept	**EU-Verwaltung** von **MOSTAR**
02. Okt	**ABDIC** erklärt **BIHAC** als unabhängig; **Moslems gegen Moslems !**
23. Dez	**Waffenruhe** hält nur einen Tag !

1994	
06. Feb	**Mörserangriff** auf den Marktplatz von **SARAJEVO - 68 Tote**.
09. Feb	Nach **NATO-Drohung** beginnt die **Waffenruhe in SARAJEVO**.
28. Feb	Die **NATO schießt vier serbische Flugzeuge ab.**
18. Mar	**Moslemisch-Kroatische Föderation** (WASHINGTON-Abkommen).
10. Apr	NATO-Luftnahunterstützung bei **GORAZDE.**
28. Jul	Ablehnung des Plans der **"Contact-Group"** durch die bosnischen Serben.
03. Aug	**Milosevic-Präsident Jugoslawiens-** bricht mit den bosnischen Serben.
Nov	Kampf um **BIHAC / NATO-Luftangriff** auf den Flughafen **OBDINA.**
31. Dez	Beginn einer **viermonatigen Waffenruhe.**

1995	
20. Mar	**Offensive bosnischer Serben.**
25. Mai	**350 Blauhelmsoldaten** werden von bosnischen Serben als **Geiseln** genommen.
03. Jun	**NATO** und **EU** stellen eine **"Rapid-Reaction-Force"** auf.
11. Jul	Bosnische Serben erobern **SREBRENICA**
04. Aug	**Kroatische KRAJINA-Offensive.**
28. Aug	Erneuter **Artillerieangriff** auf den **Marktplatz von SARAJEVO (33 Tote).** Beginn der **NATO-Luftangriffe** bis zum **14. September**.
12. Okt	Beginn einer **60-tägigen Waffenruhe**.
28.Nov	**"DAYTON-ABKOMMEN" (OHIO)**
12.Dez	**FRIEDENSVERTRAG (PARIS)**

Persönliche Notizen

Kapitel 5: Streitkräfte als Teil der Exekutive

5.1. Welchen **Auftrag** hat die Bundeswehr **laut Grundgesetz**?

5.2. Was ist der Unterschied zwischen **»Spannungsfall«** und **»Verteidigungsfall«**?

5.3. Was ist ein **Spannungsfall** und wer stellt ihn fest?

5.4. Was versteht man unter **Verteidigungsfall** (V-Fall) und welche **Folgerungen** ergeben sich aus seiner Feststellung?

5.5. Was passiert, wenn der Bundestag in einer Krisensituation **nicht rechtzeitig** zusammentreten kann?

5.6. Was ist der **»Gemeinsame Ausschuß«**, wie setzt er sich zusammen und welchen Auftrag hat er?

5.7. Was ist ein **Verteidigungsausschuß** und welchen **Auftrag** hat er?

5.8. Ist das **Grundgesetz die alleinige Grundlage für den Einsatz der Streitkräfte**?

5.9. Kann die Bundeswehr auch im **Katastrophenfall** eingesetzt werden?

5.10. Welche **Rechts**- und **Vertragsgrundlagen** sind für den Einsatz von Streitkräften bindend?

Welchen Auftrag hat die Bundeswehr laut Grundgesetz?

5.1

1. Der Auftrag der Bundeswehr ist im Grundgesetz **Art. 87a (1)** festgelegt:
   Der Bund stellt **Streitkräfte zur Verteidigung** auf ... (Abs. 1).

2. Befugnisse im Verteidigungs- und Spannungsfall: (3)
   ➞ **Schutz ziviler Objekte**
   (Unterstützung polizeilicher Maßnahmen)
   ➞ Wahrnehmung von **Aufgaben der Verkehrsregelung,** soweit zur Erfüllung des Verteidigungsauftrages erforderlich.

3. Die Bundesregierung kann Streitkräfte (4)
   ➞ zum Schutz von zivilen Objekten
   ➞ bei der **Bekämpfung organisierter und militärisch bewaffneter Aufständischer** einsetzen, wenn
   - die Voraussetzungen des **Art. 91 Abs. 2 GG** vorliegen **(Innerer Notstand)**
   - **Gefahr** für den Bestand oder die freiheitlich demokratische Grundordnung des Bundes oder eines Landes besteht
   - die Polizeikräfte sowie die Kräfte des Bundesgrenzschutzes **nicht** ausreichen.

4. Der Einsatz von Streitkräften ist einzustellen, wenn der Bundestag oder der Bundesrat es verlangen.

5. Das Führen bzw. **Vorbereiten eines Angriffskrieges** sowie Handlungen, die geeignet sind, das friedliche Zusammenleben der Völker zu stören, sind **verboten (Art. 26 Abs. 1 GG).**

Quellen: 25

Was ist der Unterschied zwischen »Spannungsfall« und »Verteidigungsfall«?

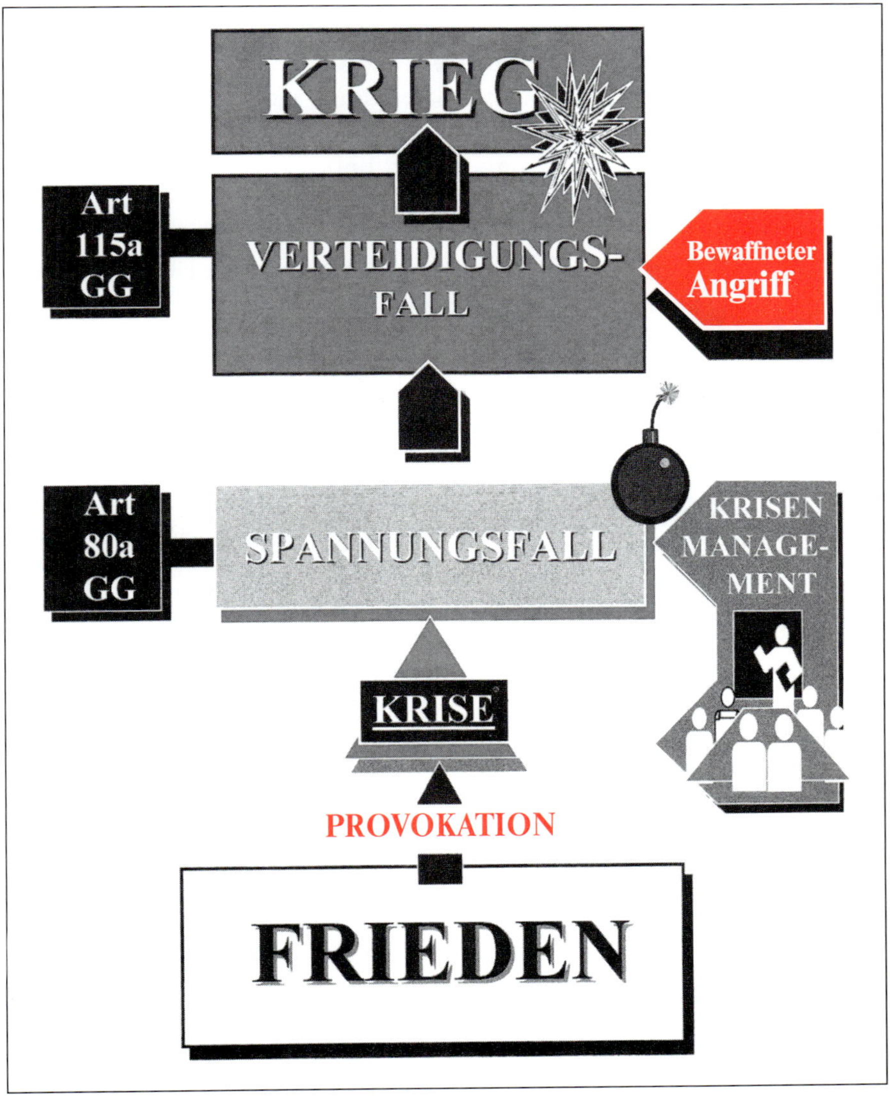

Was ist ein Spannungsfall und wer stellt ihn fest?

5.3

1. Spannungsfall bezeichnet
   → den **Zustand der Bedrohung**
   → bzw. **Provokation** eines Staates durch einen anderen Staat, welcher
   → zu politischen Spannungen führt und
   → die **Gefahr eines militärischen Konfliktes** beinhalten kann.

2. Das Grundgesetz fordert nach **Art. 80a** für die Feststellung des Spannungsfalles eine **Mehrheit von 2/3** der Mitglieder des Deutschen Bundestages.

3. Die Feststellung des Spannungsfalles ist Voraussetzung für die Anwendung verschiedener Gesetze:
   z.B. **Art. 12a GG** (Einzelausführungen zur Wehr- und Dienstpflicht)

Quellen: 25

Was versteht man unter Verteidigungsfall (V-Fall), und welche Folgerungen ergeben sich aus seiner Feststellung?

5.4

1. Der V-Fall ist gegeben, wenn
   → das **Bundesgebiet mit Waffengewalt angegriffen wird**
   → oder ein solcher Angriff **unmittelbar bevorsteht.**

2. Gemäß **Artikel 115a GG** wird er
   → auf **Antrag der Bundesregierung**
   → vom Bundestag **mit Zustimmung des Bundesrates** (im Hinderungsfall vom »Gemeinsamen Ausschuß«)
   → mit **2/3 Mehrheit** der abgegebenen Stimmen, aber mindestens der Mehrheit der Mitglieder des Bundestages festgestellt.

3. Die Feststellung ist durch den Bundespräsidenten zu verkünden.

4. Gemäß **Artikel 115b GG** geht mit Verkündung des V-Falles die **Befehls- und Kommandogewalt** über die Streitkräfte auf den **Bundeskanzler** über.

Quellen: 25

Was passiert, wenn der Bundestag in einer Krisensituation nicht rechtzeitig zusammentreten kann?

5.5

1. Der »**Gemeinsame Ausschuß**« trifft

   → mit einer Mehrheit von **2/3 der abgegebenen Stimmen**
   → **mindestens der Mehrheit** seiner Mitglieder

   die **Entscheidungen über einen Verteidigungsfall (Art. 115a (2) GG).**

2. Die Feststellung des Verteidigungsfalles ist vom **Bundespräsidenten zu verkünden (Art. 115a Abs. 3 GG).**

Quellen: 25

Was ist der »Gemeinsame Ausschuß«, wie setzt er sich zusammen und welchen Auftrag hat er?

5.6

1. Gemäß **Art. 115a Abs. 2** in Verb. mit **Art. 53a GG** ist der Gemeinsame Ausschuß ein sogenanntes »**Notparlament**«.

   → Er besteht aus insgesamt **33 Mitgliedern (22 Bundestag/11 Bundesrat).**

   → Die Zusammensetzung orientiert sich am **Stärkeverhältnis der Fraktionen.**

   → Die Mitglieder des Gemeinsamen Ausschusses dürfen **nicht der Bundesregierung** angehören.

2. Der Gemeinsame Ausschuß kann nur **auf Antrag der Bundesregierung** tätig werden.

3. **Voraussetzung** für ein Zusammentreten im **Verteidigungsfall:**
   → Das **rechtzeitige Zusammentreten des Bundestages** ist **unmöglich**,
   → oder der Bundestag ist **nicht beschlußfähig**.
   → Die Lage erfordert **sofortiges** Handeln.

4. Damit ist der **Gemeinsame Ausschuß** ein Verfassungsorgan, welches im **Verteidigungsfall** die **Aufgaben von Bundestag und Bundesrat** im oben genannten **Sonderfall** wahrnimmt.

Quellen: 25

Was ist ein Verteidigungsausschuß, und welchen Auftrag hat er?

5.7

1. Vom **Bundestag bestellter Ausschuß (Art. 45 a Abs. 1 GG)** für alle Fragen, die mit der Verteidigung im Zusammenhang stehen.

2. Gemäß **Art. 85a (2) GG** hat dieser auch die **Rechte eines Untersuchungsausschusses.** Auf Antrag **eines Viertels seiner Mitglieder** hat er die **Pflicht,** eine Angelegenheit zum Gegenstand einer **Untersuchung** zu machen.

3. Der Verteidigungsausschuß ist neben dem Wehrbeauftragten ein weiteres wichtiges **Kontrollorgan des Parlamentes über die Streitkräfte.**

Quellen: 25

Ist das Grundgesetz die alleinige Grundlage für den Einsatz der Streitkräfte?

5.8

1. In der **Präambel** des Grundgesetzes bekennt sich Deutschland zu der Verpflichtung, »als gleichberechtigtes Glied in einem vereinten Europa dem Frieden der Welt zu dienen«.
   Hierzu kann sie sich auch gemäß **Art. 24 GG** einem
   »System gegenseitiger kollektiver Sicherheit« anschließen.

2. **Artikel 25 GG** legt fest:

   ➡ »Die allgemeinen **Regeln des Völkerrechtes sind Bestandteil des Bundesrechtes**
   ➡ Sie gehen den Gesetzen vor und erzeugen Rechte und Pflichten unmittelbar für die Bewohner des Bundesgebietes«.

3. Die Bundesrepublik Deutschland ist am **19.09.1973 der UNO** beigetreten.

4. Die **UN-Charta** verpflichtet gemäß **Art. 43** alle Mitglieder
   ➡ zur **Wahrung des Weltfriedens** und der internationalen Sicherheit
   ➡ **Streitkräfte** nach Maßgabe eines oder mehrerer Sonderabkommen auf Ersuchen des Sicherheitsrates zur Verfügung zu stellen
   ➡ **Beistand** zu leisten und Durchmarschrecht zu gewähren, soweit dies zur Wahrung des Weltfriedens und der internationalen Sicherheit erforderlich ist.

5. Diese Beistandsverpflichtung hat die Bundesrepublik Deutschland **vorbehaltlos anerkannt!**

Quellen: 5, 6, 25

Darf die Bundeswehr auch im Katastrophenfall eingesetzt werden?

5.9

1. Das Grundgesetz läßt gemäß **Art. 35 GG** ausdrücklich zu, daß die Bundeswehr
   - ➡ durch eine Landesregierung (sofern nur ein Bundesland betroffen ist)
   - ➡ durch die Bundesregierung (sofern mehrere Bundesländer betroffen sind)
   - ➡ bei einer **Naturkatastrophe** oder einem besonders schweren **Unglücksfall**

   zur Unterstützung angefordert bzw. eingesetzt werden kann (Art. 35 Abs. 2 u. 3 GG).

   Auf Verlangen des Bundesrates oder nach Beseitigung der Gefahr sind diese Unterstützungsmaßnahmen unverzüglich aufzuheben.

2. Darüber hinaus unterstützt die Bundeswehr seit Jahren in aller Welt im Rahmen von Nothilfeprogrammen und bei Katastrophen in Form von Arbeits-, Transport- und Sanitätsleistungen.

Quellen: 25

Welche Rechts- und Vertragsgrundlagen sind für den Einsatz von Streitkräften bindend?

5.10

Rechts- und Vertragsgrundlagen		
Grundlagen	**Stichwort**	**Artikel/Inhalt**
Grundgesetz (GG)	**Menschenwürde, Schutz des Menschen**	**1** / Die Streitkräfte sind als Teil der staatlichen Gewalt verpflichtet, die Würde des Menschen zu achten und zu schützen.
	Aufgaben der Streitkräfte	**87a(1**) / Landesverteidigung **87a(1) / 24(2)** Bündnisvtdg außerhalb GE **24(2)** / Einsätze a. d.Grundlage d.Charta d.UN **87a(4)** / Unterstützung der Polizei und des Bundesgrenzschutzes bei Innerem Notstand **87a(3)** / Verkehrsregelung, Schutz ziviler Objekte im Rahmen des Verteidigungsauftrages und zur Unterstützung polizeilicher Maßnahmen **35(2,3)** / Hilfe bei Naturkatastrophen oder besonders schweren Unglücksfällen **35(1)** / Amtshilfe gegenüber allen Behörden des Bundes und der Länder
	Wehrpflicht	**12a**
	Einschränkung v. Grundrechten für Angehörige der Streitkräfte	**17a**
	Feststellen des Spannungs-/o. Vtdg-falles	**80a/115a**
	Befehls- und Kdo-gewalt i. Vtdg-fall	**65a/115b**
	Einrichtung Wehrstrafgerichte	**96**
	Aufgaben der Bw-verwaltung	**87b**
	Zusammenarbeit Bund/Länder mit Strkräften und Bw-verwaltung	**36(2)**
	Einsatz BGS im Inneren Notstand oder Vtdg-fall	**91/115f**
	.Verbot d. Vorber. v. Angriffskriegen	**26(1)**

Wehrpflichtgesetz		- Wehrpflicht und Wehrersatzwesen - Herstellen und Erhalten der personellen Einsatzbereitschaft der Streitkräfte
Soldatengesetz WBO WDO Wehrstrafgesetz	**Rechtsstellung des Soldaten**	
Soldatenversorgungsgesetz Auslandsverw. Gesetz	**Materielle Absicherung im In-/Ausland**	
Gesetz über die Anwendung des Unmittelbaren Zwanges durch die Bundeswehr (UZwGBw)	**Durchsetzung von Maßnahmen**	Festlegung streitkräftepolizeilicher Befugnisse für die Soldaten in Wach- und Sicherheitsaufgaben
Bundesleistungsgesetz (BLG)		Festlegung der Sach-, Werkleistungen und Manöverrechte für Einsätze eigener und verbündeter Streitkräfte (Übungen/. Landes- und Bündnisverteidigung)
Energie- Ernährungs- Verkehrs- Wasser- Wirtschafts- sicherstellungs- gesetz	**Sicherstellungsgesetze**	Bestimmungen zur Deckung des zusätzlichen Bedarfs an zivilem Personal sowie des materiellen Bedarfs der Streitkräfte
Gesetz über die Erweiterung des Katastrophenschutzes	**Katastrophenschutz**	- Festlegung der Aufgabe u.Verantwortlichkeiten der Einheiten und Einrichtungen der zivilen Hilfsorganisationen sowie deren Organisation auf Kreisebene. - Regelung des Aufenthalts der Bevölkerung zu ihrem Schutz vor Gefahren und Schäden
Bundesimissionsschutz- Abfall- Wasserhaushalts- Sprengstoff- Chemikalien- Atom- Arbeits- Gerätesicherheitsgesetz	**Umwelt- Betriebs- Strahlenschutz**	- Grundsätzliche u. umfassende Bestimmungen - Ausnahmeregelungen für den Einsatz der Streitkräfte in besonderen Lagen
Gesetz über die Beförderung gefährl. Güter	**Gefahrguttransport**	
Jugendschutz- Mutterschutz- Bundespersonalvertretungsgesetz	**Einsatz von Zivilpersonal**	Grundsätze und Auflagen für die Integration von Zivilpersonal in die Streitkräfte

Streitkräfteaufenthaltsgesetz	**Ausländische Strkr in GE**	Ermächtigung der Bundesregierung zu Vereinbarungen mit ausländischen Staaten über Einreise und vorübergehenden Aufenthalt in Deutschland für Übungen und Ausbildung. (Nur für Staaten, für die keine Regelung in einem NATO-Truppenstatut festgelegt ist)
Nordatlantikvertrag	**Verteidigung im Bündnis**	
MC-36/2	**Führungsverantwortung im Bündnis**	Regelung der Zuständigkeiten von NATO-Befehlshabern und Territorialen Befehlshabern im Krieg
SACEUR-Abkommen	**Regelung der Verantwortlichkeit BMVg - NATO**	-Unterstützung von NATO-Befehlshabern durch zivile Dienststellen - Unterstellung von zusätzlichen Truppenteilen in besonderen Notlagen im Krieg (Emergency in War) - Aufrechterhaltung der Operationsfreiheit durch Verstärkung der NATO-Streitkräfte d.Trtle unter nationalem Kommando
Einzelabkommen	**Weitere Zuständigkeiten, Ergänzungen BMVg - NATO**	Festlegung von Prioritäten Grenzänderungen
MC-319	**Einsatzunterstützung**	Festlegung der logistischen und sanitätsdienstlichen Grundsätze und Richtlinien für multinationale Einsätze der NATO
MC-334	**Verpflichtungen des Aufnahmestaates**	Festlegung der Grundlagen und Grundsätze für Unterstützungsleistungen i. R. HNS z.B. - Ein- und Ausladen - Aufnahme - Verlegen in Sammelräume - Marsch/Transport - Nschb-, Inst-, San- und Fm-unterstützung - Unterbringung und Versorgung Verwundet
MC 336	**Verkehrs- und Transportführung**	Grundsätze der Verkehrs- und Transportunterstützung zur Sicherstellung von NATO-Operationen
MC 327	**Friedensunterstützende Einsätze**	Voraussetzungen und Grundlage für die militärische Unterstützung bei Friedensunterstützenden Einsätzen durch die NATO
NATO - Truppenstatut	**Rechtsstellung verbündeter Streitkräfte in Deutschland**	- Festlegung der Grundlagen für das Verlegen bzw. Die Ausübung des Dienstes ausländischer Streitkräfte in Deutschland - Festlegung der Rechte und Pflichten der Entsende- und Aufnahmestaaten

WEU-Vertrag		- Verteidigungskomponente der Europäischen Union (EU) - Grundlage für Beschlüsse durch den Rat der WEU ist die Charta der VN - Einsatzbereiche: + humanitäre Hilfe, + Katastrophenhilfe, + Friedenserhaltende- und + Friedenserzwingende Einsätze.
Charta der VN	**Einsätze im Rahmen der VN**	Festlegung der Grundsätze für die Behandlung von internationalen Streitigkeiten bis zu Angriffshandlungen Voraussetzung f. d. Erteilung eines Mandats Darstellung der Friedensunterstützenden Einsätze Voraussetzung für die Erteilung von Mandaten an andere Regionale Abmachungen (OSZE usw.)
Charta von Paris (1990) Helsinkidokument (1992)	**Organisation für Sicherheit und Zusammenarbeit in Europa (OSZE)**	Festlegung der OSZE als Regionale Abmachung im Sinne von Kapitel VIII der UN-Charta - Beitrag zur Konfliktverhütung und Kriesenbewältigung durch + Erkundungs- und Berichterstattermissionen, + Friedenserhaltende Einsätze und + Humanitäre Hilfe.
Humanitäres Völkerrecht	**Humitätsgebot im Krieg / Schutz des Menschen**	- Festlegung der Verpflichtung zur Einhaltung des Humanitären Völkerrechts durch alle an internationalen, bewaffneten Konflikten Beteiligte. - Einzelfragen der Kriegsführung - Verbot zum Einsatz bestimmter Munitionsarten sowie B-und C-Waffen - Einschränkung beim Einsatz von Minen und Übereinkommen zum Schutz von Kulturgut und Umwelt. - Verpflichtung zur völkerrechtl. Unterrichtung der Soldaten - Verfahren b. Ahndung v.Völkerrechtsverstößen
Stationierungs-abkommen (SOFA)	**Recht im Einsatzland**	Grundlage und rechtliche Einschränkungen für den Aufenthalt und die Befugnisse deutscher und verbündeter Streitkräfte im Aufnahmestaat (Vor Einsatzbeginn festzulegen)
Richtlinien für den Einsatz / Rules of Engagement/ (ROE)	**Bestimmungen f. d. Verhalten der Soldaten im Einsatz**	-Möglichkeiten u. Grenzen des Waffengebrauchs - Befugnisse bei Überwachungs- und Kontrollaufgaben - Verhalten außerhalb militärischer Bereiche und gegenüber der Zivilbevölkerung

Für Deutsche Streitkräfte im Ausland behalten grundsätzlich alle Rechtsgrundlagen, die auch den Friedensdienstbetrieb in Deutschland regeln, ihre Gültigkeit!
Über Ausnahmen entscheidet der Bundesminister der Verteidigung.

Kapitel 6: Deutschlands Rolle in der sicherheitspolitischen Zusammenarbeit Westeuropas

6.1 Was versteht man unter **»Europäischer Pfeiler des Bündnisses«**?

6.2 Welche Gremien bestimmen die **sicherheitspolitische Zusammenarbeit auf westeuropäischer Ebene**?

6.3 Was versteht man unter **IEPG** und welche **Zielsetzung** hat sie?

6.4 Was versteht man unter **EUROGROUP** und welche **Zielsetzung** hat sie?

6.5 Was ist die **»Westeuropäische Union (WEU)«** und welches **Ziel** hat sie?

6.6 Welche Rolle spielt die **Europäische Union (EU)** in der europäischen Sicherheitspolitik?

6.7. Was versteht man unter dem **Eurokorps** und welchen Auftrag hat es?

Was versteht man unter »Europäischer Pfeiler des Bündnisses«?

6.1

1. Den **europäischen Natopartnern** ist bereits frühzeitig klar geworden, daß es innerhalb der **Zusammenarbeit im Bündnis** darauf ankommt,
   - ➡ die **sicherheits**- und **verteidigungspolitischen Interessen Westeuropas gemeinsam** zu vertreten
   - ➡ als gleichberechtigte, starke **Partner der transatlantischen Verbündeten** aufzutreten
   - ➡ und so insgesamt die **Effektivität** des transatlantischen Bündnisses **(NATO)** zu vergrößern.

2. Um diese vorgegebenen Ziele zu erreichen wurden **Institutionen** geschaffen, in denen
   - ➡ die Frage der **europäischen Integration in das Bündnis**
   - ➡ vorausschauende **Ziele**, **Wege**, institutionelle **Strukturen** und
   - ➡ **Maßnahmen** auf dem Wege zu einer **politischen Einigung Europas** diskutiert und auch umgesetzt werden.

3. Entscheidende Faktoren sind dabei:
   - ➡ die **Unabhängige Europäische Programmgruppe (IEPG**/Independent European Programm Group)
   - ➡ die **EUROGROUP**.
   - ➡ die **Westeuropäische Union (WEU)**
   - ➡ die **Europäische Union (EU)**
   - ➡ das **Eurokorps**

Quellen: 35

6.1

NATO
IEPG
EUROKORPS
WEU
EUROGROUP
EU
»Europäische
Pfeiler des Bündnisses«

Welche Gremien bestimmen die sicherheitspolitische Zusammenarbeit auf westeuropäischer Ebene?

6.2

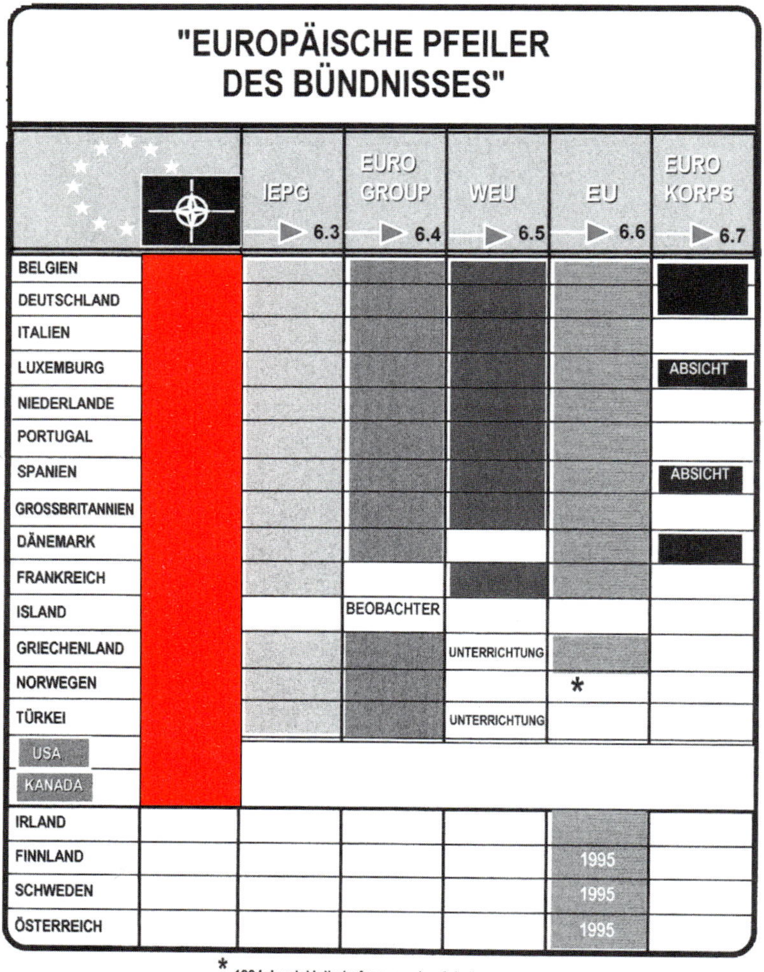

* 1994 durch Volksbefragung abgelehnt

Quellen: 35

Was versteht man unter IEPG und welche Zielsetzung hat sie?

6.3

1. **Gründung:**
   1976 durch die Verteidigungsminister der **EUROGROUP**

2. **Mitgliedsstaaten:**
   Alle **Nato-Mitgliedsstaaten**
   (inklusive **Frankreich** mit Ausnahme **Islands**).

3. **Zielsetzung:**
   Verwirklichung **transatlantischer Kooperation** durch gemeinsame Vertretung der **wirtschaftlichen, technischen und finanziellen Interessen** der westeuropäischen Staaten, so z.B.
   - → Einsatz finanzieller **Mittel für wehrtechnische Forschung, Entwicklung** und **Beschaffung**
   - → Erhöhung der **Standardisierung und Interoperabilität** der Ausrüstung,
   - → Erhaltung einer gesunden **europäischen Rüstungsindustrie** und **Wehrtechnik**
   - → Stärkung des europäischen Gewichts in den **Beziehungen zur USA** und zu **Kanada**

4. Bisherige **Ergebnisse:**
   Schaffung eines **europäischen Marktes für Verteidigungsgüter.**

Quellen: 35

Was versteht man unter EUROGROUP und welche Zielsetzung hat sie?

6.4

1. **Gründung:**
   1968 durch die Verteidigungsminister von **10 europäischen Natostaaten.**

2. **Mitglieder:**
   England, Türkei, Norwegen, Niederlande, Luxemburg, Italien, Griechenland, Dänemark, Belgien und Deutschland,
   - ➞ Spanien und Portugal sind später beigetreten
   - ➞ Island und Frankreich haben die Mitgliedschaft nicht beantragt!

3. Die **EUROGROUP** verfügt über **keine festgefügte Institution** und einen Verwaltungsapparat, sondern arbeitet in **Untergruppen,** deren Mitglieder in **erster Linie aus Experten** der nationalen Verteidigungsministerien bestehen.

4. Die **Untergruppen** stellen sich wie folgt dar:
   - ➞ **EUROLONGTERM:**
     - Ausarbeitung gemeinsamer **Einsatzkonzepte** für militärisches Gerät (Standardisierung der Waffensysteme)
   - ➞ **EUROCOM:**
     - Koordinierung der **Fernmeldeverbindungen** auf dem Gefechtsfeld,
     - Verwirklichung der **Interoperabilität** von Geräten (Fähigkeit zum Zusammenwirken)
   - ➞ **EUROLOG:**
     - Harmonisierung und Standardisierung im Bereich der **Logistik** (Wirtschaftlichkeit und Effizienz)
   - ➞ **EUROMED:**
     - Zusammenarbeit auf dem Gebiet des **Sanitätswesens**

→ **EURO-NATO-TRAINING:**
- Verbesserung und Erweiterung der gemeinsamen **Ausbildungsprogramme** sowie **Austausch von Erfahrungen** (hieran nehmen auch die amerikanischen und kanadischen Experten teil).

5. **Zielsetzung** der EUROGROUP
Schaffung einer **»europäischen Identität«** im Rahmen der Verteidigungspolitik des wesentlichen Bündnisses durch
→ **Harmonisierung** der europäischen **Verteidigungspolitik,**
→ **Koordinierung** des westeuropäischen **Verteidigungsbeitrages,**
→ **Förderung** und Erhaltung einer angemessenen, **amerikanischen Präsenz** in Europa

6. Der **EUROGROUP-Ministerrat** tagt **halbjährlich** und bearbeitet und diskutiert
→ **politische Tagesfragen** aus europäischer Sicht
→ Änderung der **politischen Rahmenbedingungen**
→ Aspekte einer **künftigen europäischen Sicherheitsstruktur**

Quellen: 35

Was ist die »Westeuropäische Union« (WEU) und welches Ziel hat sie?

6.5

---

1. **Gründung:** 23.11.**1954.**

2. **Unterzeichnerstaaten:**
   Belgien, Bundesrepublik Deutschland, Frankreich, Großbritannien, Italien, Luxemburg, Niederlande
   ➞ Spanien, Portugal seit 1988.

3. **Ziel:**
   ➞ **Schutz ihrer Partner im Rahmen der Nato gegen jede Aggression.**
   ➞ automatische, militärische **Beistandsverpflichtung** der Partner untereinander **(Art. 51 UN-Charta)**
   ➞ **Konsultation**/politischer Meinungsaustausch in **Fragen europäischer Sicherheitspolitik.**
   Darüber hinaus
   ➞ Humanitäre Hilfe
   ➞ Katastrophenhilfe
   ➞ Friedenserhaltende und Friedenserzwingende Maßnahmen

4. **Arbeitsbereiche**/Organe:
   ➞ **Ministerrat** (Außenminister der Mitgliedsstaaten)
   ➞ **ständiger Rat** (Vorsitz Generalsekretär)
   ➞ **Agenturen** für Sicherheitsfragen:
   - Rüstungskontroll- und Abrüstungsfragen
   - Sicherheits- und Verteidigungsfragen
   - Zusammenarbeit im Rüstungsbereich

   ➞ **Parlamentarische Versammlung**
   (Vertreter sämtl. Mitgliedsstaaten tagen 2x/Jahr in PARIS)

5. Die **WEU** könnte als Verteidigungskomponente der EU im Rahmen der **europäischen Neuordnung** die Basis für ein zukünftiges, **europäisches Verteidigungsbündnis** werden.
Diese Frage ist jedoch derzeitig noch umstritten, da ggf.
➞ die **Bedeutung der NATO reduziert** würde,
➞ eine **»Abkoppelung« der USA** die Folge sein könnte.
Letzteres wäre unter Berücksichtigung der Notwendigkeit des **»atomaren Schutzschildes«** der USA nicht hinzunehmen.
(Das Angebot Frankreichs,seinen atomaren Schutz ggf. auf Europa auszudehnen, ist dazu aus vielerlei Gründen keine ernsthafte Alternative!)

6. Im Einsatz bedient sich die WEU der Führungsstruktur der NATO.

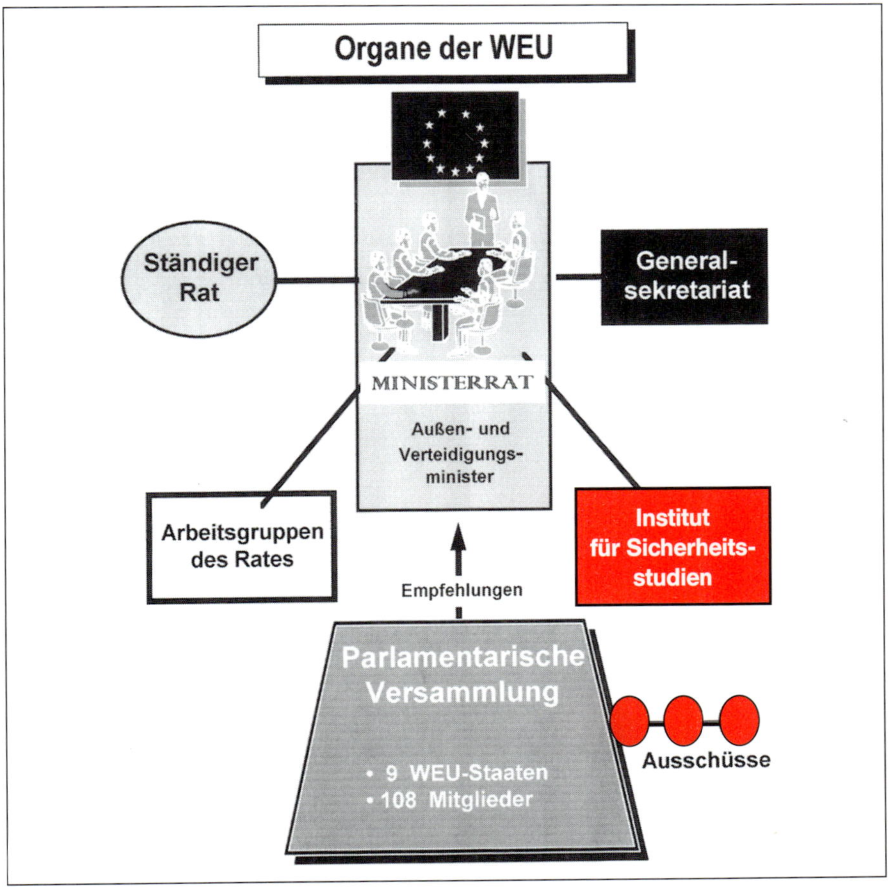

Volker Rühe:

»Die Konflikte im ehemaligen Jugoslawien sind zudem nur ein Beispiel dafür, daß es Krisensituationen für die Sicherheit Europas und Deutschlands gibt, in denen die NATO weder in der Lage noch willens ist einzugreifen.
Europa muß in solchen Fällen handlungsfähig sein und über die notwendigen Instrumente verfügen, um seine ureigensten Sicherheitsinteressen wahren zu können.
Daher ist die Entscheidung von Maastricht von strategischer Bedeutung, mit Hilfe der WEU die gemeinsame europäische Sicherheits- und Verteidigungsidentität zu stärken...
...Europa muß auch seine Fähigkeiten im militärischen Bereich entwickeln. Dazu muß die Westeuropäische Union über Streitkräfte verfügen können. Darunter wird auch das auf französische und deutsche Initiative hin geschaffene Euro-Korps sein.
Eine vertrauensvolle transatlantische Partnerschaft und die Entwicklung einer europäischen Verteidigungsidentität sind weder ein Widerspruch noch eine Alternative. Das eindeutige Ziel ist die Stärkung der Allianz.«

Betr: ***Bundeswehr, Sicherheitspolitik und Streitkräfte im Wandel***
Schriftenreihe OFFENE WORTE Verlag E.S. Mittler & Sohn,
Berlin · Bonn · Herford

Quellen: 35, 74

Welche Rolle spielt die Europäische Gemeinschaft (EG)/Europäische Union (EU) in der europäischen Sicherheitspolitik?

6.6

---

1. Die »**Europäische Gemeinschaft**« wurde **1965** gegründet, um die **Wirtschaftskraft Europas** zu erhöhen und durch **wirtschaftliche Kooperation** die **Rolle Europas in der Welt zu stärken.**

2. **Mitgliedsstaaten:**
   Belgien, Deutschland, Frankreich, Italien, Luxemburg, Niederlande als **Gründerstaaten.**
   ➡ Großbritannien, Irland, Dänemark (01. Januar **1973**)
   ➡ Spanien, Portugal (01. Januar **1986**)
   Damit war die Zwölfergemeinschaft der **größte Handelspartner der Welt,** der sich ständig bemühte, **neue Tätigkeitsbereiche** zu erschließen (Industrie- und Energiepolitik, Forschung und Technologien, Umweltschutz usw.).

3. **Grundorganisation:**
   ➡ **EGKS** (Europäische Gemeinschaft für KOHLE und STAHL/PARIS 1951)
   ➡ **EWG** (Europäische Wirtschaftsgemeinschaft/1957/ROM)
   ➡ **EAG** (Europäische Atomgemeinschaft/1957/PARIS)

4. Damit ergab sich für die **Europäische Gemeinschaft**
   ➡ sowohl ein **Wirkungsbereich im Osten** (Stärkung der jungen Demokratien Mittel- und Osteuropas/Kooperation mit den Völkern der ehemaligen Sowjetunion
   ➡ als auch nach **Süden** (wirtschaftliche Kooperation als Mittel **zur Stabilisierung politischer, sozialer und wirtschaftlicher Verhältnisse**).

5. Damit wurde die **Europäische Gemeinschaft** zum wichtigsten **Eckpfeiler** für die **Gestaltung Europas** und die große **Verantwortung,** die ein **vereintes Europa weltweit** zu übernehmen hat.

☞

6. **Vertragliche Grundlagen:**
   → **EWG**-Vertrag 1958
   → **FUSIONS**-Vertrag 1965
   → **EEA** (Einheitliche Europäische Akte/1985)

7. Bisherige **Ergebnisse:**
   → **Abschaffung der Zölle** in den Mitgliedsstaaten
   → **Freizügigkeit** und freie Niederlassung
   → Schaffung eines **Binnenmarktes** bis zum 31. Dezember 1992 (freier Verkehr von Waren, Personen, Dienstleistungen und Kapital)

8. Mit Abschluß der »**MAASTRICHTER VERTRÄGE**« wurde die **EG** zur **EU.** In diesem Zusammenhang wurde seit Anfang 1994 auch über den Beitritt von
   → **NORWEGEN**
   → **SCHWEDEN**
   → **FINNLAND** und
   → **ÖSTERREICH** verhandelt.

   Für diese Länder war die Mitgliedschaft ab **01.01.1995** geplant. In der Verhandlungsphase ergaben sich **Probleme** im Bereich der
   → **Fangquoten** (NORWEGEN) und
   → **Stimmenverteilung im zukünftigen Ministerrat**
   (NORWEGEN hat sich als Ergebnis einer Volksbefragung **gegen** den geplanten Beitritt entschieden!)

8. Da die **EU** langfristig auch neutralen und mittel- und osteuropäischen Staaten offensteht, eignet sie sich **nicht als Basis europäischer Sicherheitspolitik.**

Quellen: 35, 74

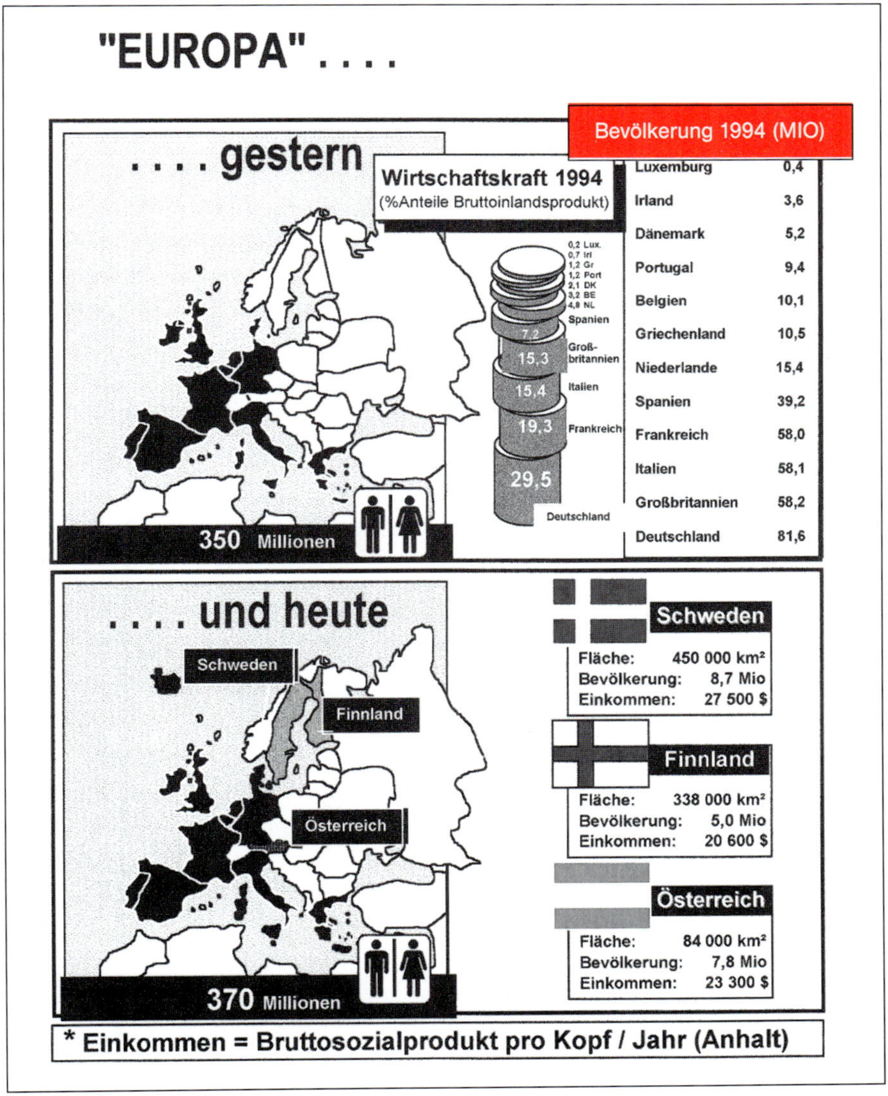
"EUROPA" ....
.... gestern
Wirtschaftskraft 1994
(%Anteile Bruttoinlandsprodukt)
0,2 Lux.
0,7 Irl
1,2 Gr
1,2 Port
2,1 DK
3,2 BE
4,8 NL
7,2 Spanien
15,3 Groß-britannien
15,4 Italien
19,3 Frankreich
29,5 Deutschland
Bevölkerung 1994 (MIO)
Luxemburg 0,4
Irland 3,6
Dänemark 5,2
Portugal 9,4
Belgien 10,1
Griechenland 10,5
Niederlande 15,4
Spanien 39,2
Frankreich 58,0
Italien 58,1
Großbritannien 58,2
Deutschland 81,6
350 Millionen
.... und heute
Schweden
Finnland
Österreich
Schweden
Fläche: 450 000 km²
Bevölkerung: 8,7 Mio
Einkommen: 27 500 $
Finnland
Fläche: 338 000 km²
Bevölkerung: 5,0 Mio
Einkommen: 20 600 $
Österreich
Fläche: 84 000 km²
Bevölkerung: 7,8 Mio
Einkommen: 23 300 $
370 Millionen
* Einkommen = Bruttosozialprodukt pro Kopf / Jahr (Anhalt)

6.6

Volker Rühe:

»Europa muß seine Kräfte auf allen Gebieten bündeln – politisch, wirtschaftlich und strategisch.
Die neue multipolare Welt braucht handlungsfähige Akteure.
Die alten Nationalstaaten können diese Rolle nicht mehr allein ausfüllen – nicht einmal die stärksten unter ihnen.
Nur die Europäische Union ermöglicht es, daß wir uns dauerhaft von einer Politik wechselnder Koalitionen und machtpolitisch begründeter Rivalitäten lösen.«

Betr: ***Bundeswehr, Sicherheitspolitik und Streitkräfte im Wandel***
Schriftenreihe OFFENE WORTE seit 1789 Verlag E.S. Mittler & Sohn, Berlin · Bonn · Herford

Was versteht man unter dem Eurokorps und welchen Auftrag hat es?

6.7

1. **Indienststellung:** 5. November **1993** in Straßburg (Frankreich)

2. **Beteiligte Nationen:**
   - ➡ Frankreich }
   - ➡ Belgien } je 1 Div
   - ➡ Deutschland }
   - ➡ Spanien und Luxemburg bekunden Beitrittsabsichten

3. **Zielsetzung:**
   - ➡ Schaffung einer **europäischen Sicherheitsarchitektur**
   - ➡ Initiative, Ausbau der **Selbständigkeit Europas** (Forderung der USA!)
   - ➡ Stärkung der Rolle der **Westeuropäischen Union** (WEU)
   - ➡ **Rückkehr Frankreichs** in den Atlantischen Planungs- und Entscheidungsprozeß
   - ➡ enge **Kooperation** in der Verteidigung und bei Sicherheitsfragen
   - ➡ Aufstellung **gemischter Verbände (Multinationalität)**
   - ➡ Verbesserungen der Zusammenarbeit in allen erforderlichen Ebenen (Rüstung, Manöver usw.)

4. **Vertragliche Grundlagen**
   - ➡ NATO-Gipfeltreffen von **Rom** (November **1991**)
   - ➡ Beschlüsse von **Maastricht** (Februar **1992**)

5. **Auftrag:**
   - ➡ **Gemeinsame Verteidigung** der Verbündeten
     - gemäß **Art. 5 NATO-Vertrag** oder
     - entsprechend dem Brüsseler-Vertrag **(WEU)**
   - ➡ Aufrechterhaltung und Wiederherstellung des **Friedens**
   - ➡ Einsatz im Rahmen **humanitärer Hilfe**

☞

Damit umfassen die Aufträge dieses Korps das
gesamte Einsatzspektrum

- **der Krisenreaktions- und Hauptverteidigungskräfte im Rahmen der NATO** (NATO-Krisenreaktionskräfte/Rapid Reaction Force) und der **WEU**
- sowie humanitäre Einsätze im Rahmen der **UNO.**

6. **Perspektiven:**
   - ab Oktober 1995 ist das Korps einsatzbereit
   - der Beitritt zum EURO-Korps steht allen Mitgliedsstaaten der WEU offen

7. **Entscheidungsgremien/politische Einbindung**

- **Verteidigungs- und Sicherheitsrat:**
  - Staats- und Regierungschefs
  - Außen- und Verteidigungsminister
  - Generalinspekteur der Bundeswehr
  - Generalstabschefs Frankreichs und Belgiens

Konsultations-, Entscheidungs- und Beschlußgremium auf höchster Ebene.

- **gemeinsames Komitee:**
  - Generalstabschefs/Generalinspekteur der Bundeswehr
  - politische Direktoren der Außenministerien

Umsetzen der Weisungen und Beschlüsse des Rates,
Auftragserteilung an das Eurokorps.

Quellen: 69

Gliederung EUROKORPS

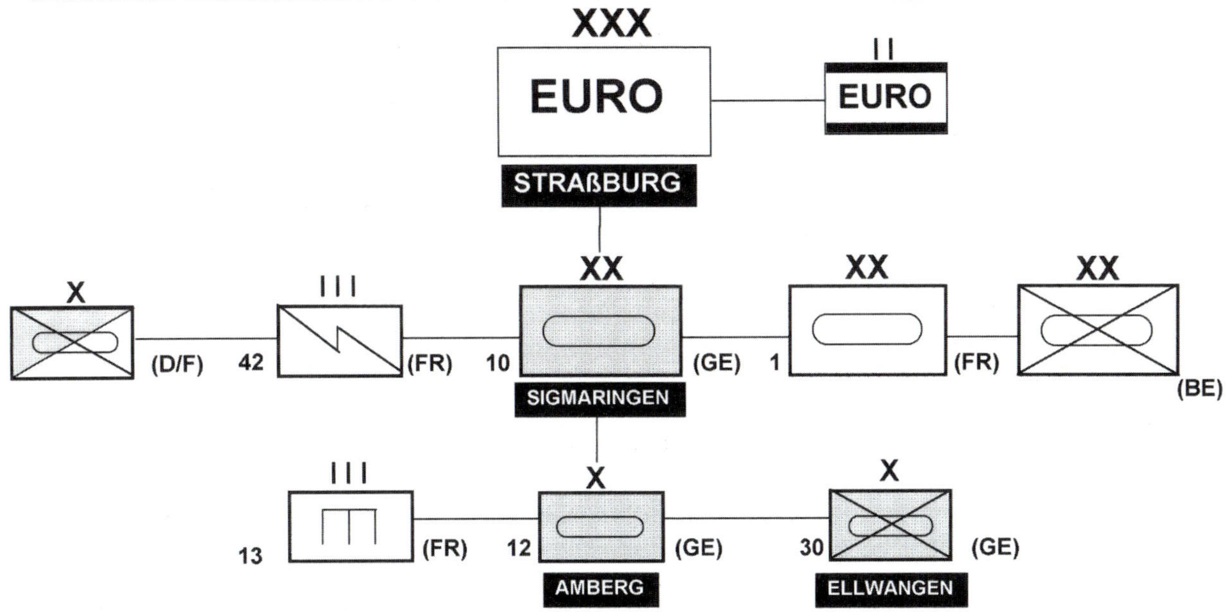

Deutscher (GE) Anteil =

Persönliche Notizen

Kapitel 7: Deutschland als Bündnispartner in der NATO

7.1. Was ist **NATO**?

7.2. Welche **Zielsetzungen** verfolgt die **NATO** seit ihrer Gründung (»**Harmel-Bericht**«)?

7.3. In welchem Fall werden **Streitkräfte der NATO-Staaten** zur Unterstützung eines Bündnispartners eingesetzt (**Bündnisfall**)?

7.4. Wo muß ein Angriff stattfinden, damit der **Bündnisfall** eintritt?

7.5. Kann ein **angegriffenes Land allein den Bündnisfall** erklären?

7.6. Bedeutet die Erklärung des Bündnisfalls **automatisch** den **Einsatz von Streitkräften**?

7.7. Warum ist die **Bundesrepublik** der **NATO** beigetreten?

7.8. Verteidigt ein Soldat der Bundeswehr ggf. auch **außerhalb** des **deutschen Territoriums Recht und Freiheit des deutschen Volkes**?

7.9. Unter welchen **rechtlichen Voraussetzungen** kann Deutschland Soldaten in **Krisengebieten innerhalb des NATO-Territoriums** einsetzen?

7.10. Werden bei Einsatz der Bundeswehr im **Bündnisfall** auch **Wehrpflichtige** eingesetzt?

7.11. Warum wurden bereits im **Golfkonflikt** Teile der deutschen Luftwaffe in der Türkei eingesetzt, obwohl der Bündnisfall noch nicht gegeben bzw. noch nicht erklärt war?

7.12. Wäre bei einem **Angriff des Irak auf die Türkei** der Bündnisfall gegeben gewesen?

7.13. Welche **Grundgedanken** spielten bei der Entwicklung der **zukünftigen Verteidigungsstruktur der NATO** eine besondere Rolle?

7.14. Wie sieht das **zukünftige politische/militärische Konzept der NATO** aus?

7.15. Welche Grundlagen umfaßt das **neue Strategiekonzept der NATO**?

7.16. Wie weit hat sich die **Kommandostruktur** der NATO den veränderten sicherheitspolitischen Bedingungen angepaßt?

7.17. Welchen Stellenwert nehmen **Nuklearwaffen** in der **neuen NATO-Strategie** ein?

7.18. Was versteht man unter **AMF**?

7.19. Was verbirgt sich hinter der NATO-Initiative **»Partnerschaft für den Frieden« (PfP)**?

7.20. Was versteht man unter dem **ARRC** ?

7.21. Wie werden zukünftig die **NATO-Landstreitkräfte in Mitteleuropa** gegliedert und geführt?

7.22. Nach welchen **Grundsätzen** ist die **Zusammenarbeit/Führungsverantwortung** im Bündnis geregelt?

7.23. Wie sehen die möglichen **Organisationsformen** in multinationaler **Zusammenarbeit** aus?

7.24. Welche **Grundgedanken** bestimmen die **Reform** der **NATO?**

Was ist »NATO«?

1. **NATO** = **N**orth **A**tlantic **T**reaty **O**rganization
   (Nordatlantisches Verteidigungsbündnis)

2. Seit **04.04.1949**
   ➡ ein **Bündnis souveräner Staaten**
   ➡ zur **Förderung des Friedens** und der internationalen Sicherheit
   ➡ zur **Förderung der politischen Stabilität** und des Wohlergehens der Menschen
   ➡ welches auf **Gewaltanwendung verzichtet**
   (**Ausnahme:** Verteidigung in Wahrnehmens des verbrieften Rechts auf individuelle und kollektive Selbstverteidigung gem. Art. 51 der UN-Charta)

3. **16 Mitgliedsstaaten:**
   Belgien, Dänemark, Frankreich, Großbritannien, Island, Italien, Kanada, Luxemburg, Niederlande, Norwegen, Portugal, USA, Griechenland und Türkei (seit 18.02.1952), Bundesrepublik **Deutschland** (seit 05.05.**1955**) und Spanien (seit 10.06.1982).

4. Die Streitkräfte **Frankreichs** und **Spaniens** sind derzeit noch **nicht militärisch** integriert.

5. Im **Nordatlantikvertrag** vom 04.04.1949 sind festgelegt:
   ➡ die Grundsätze und Verpflichtungen der Mitgliedsstaaten im Falle eines bewaffneten Angriffs auf einen Bündnispartner,
   ➡ der geographische Geltungsbereich für ein derartiges Eingreifen,
   ➡ sonstige Verpflichtungen und Ziele.

Quellen: 27

7.1

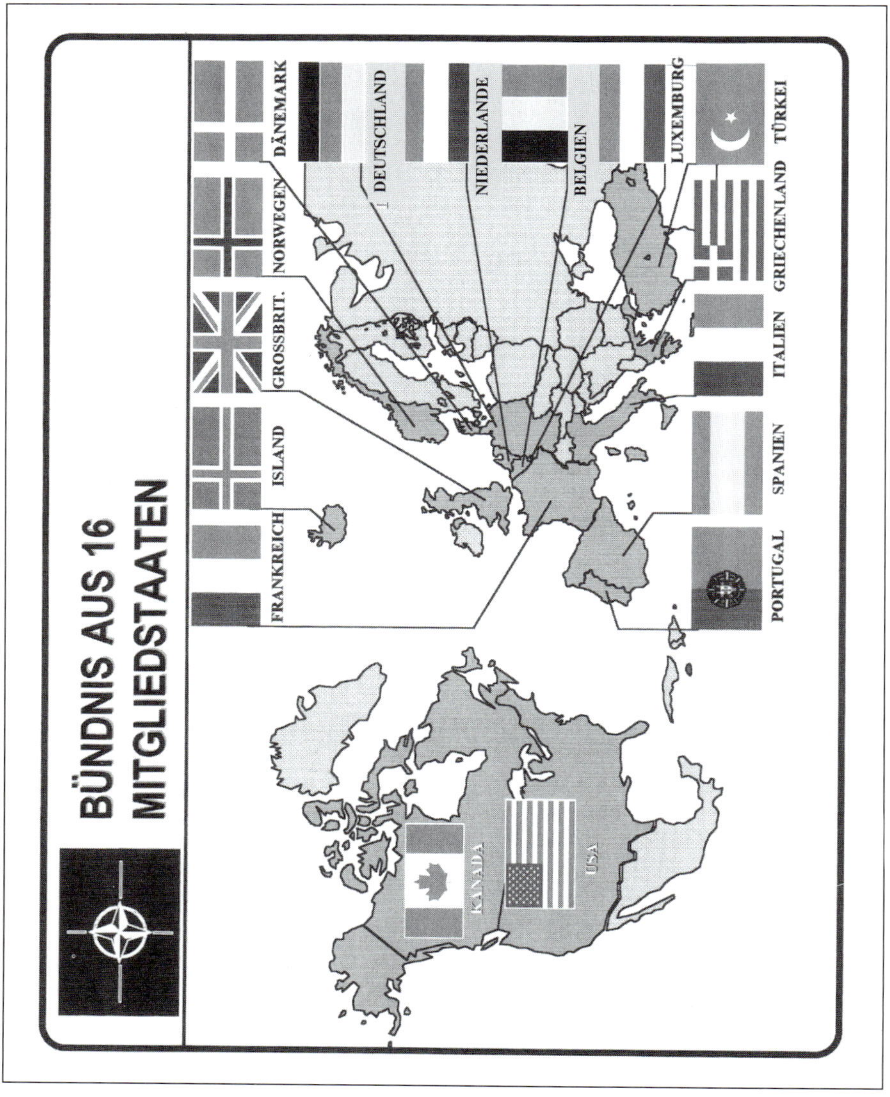
BÜNDNIS AUS 16
MITGLIEDSTAATEN
FRANKREICH
ISLAND
GROSSBRIT.
NORWEGEN
DÄNEMARK
DEUTSCHLAND
NIEDERLANDE
BELGIEN
LUXEMBURG
TÜRKEI
GRIECHENLAND
ITALIEN
SPANIEN
PORTUGAL
KANADA
USA

Welche Zielsetzungen verfolgt die NATO seit ihrer Gründung (»HARMEL-Bericht«)?

7.2

Quellen: 40

"Militärische Sicherheit und eine Politik der Entspannung stellen keinen Widerspruch ,sondern eine gegenseitige Ergänzung dar."

VERTEIDIGUNG + ENTSPANNUNG = SICHERHEIT

In welchem Fall werden Streitkräfte der NATO-Staaten zur Unterstützung eines Bündnispartners eingesetzt (»Bündnisfall«)?

1. Gemäß **Art. 5 des NATO-Vertrages** ist ein bewaffneter Angriff gegen einen Bündnispartner ein Angriff gegen das gesamte Bündnis.

2. **Art. 51 der Satzung der Vereinten Nationen** (UN-Charta) gesteht jedem Staat das **Recht auf Selbstverteidigung** – auch im Rahmen der Hilfeleistungen innerhalb eines Bündnissystems – zu.

3. Dabei unterscheidet zunächst jeder Bündnispartner für sich,
   ➡ ob der Bündnisfall gegeben ist bzw.
   ➡ welche Folgemaßnahmen er für erforderlich erachtet
   ➡ **(souveräne Entscheidung – kein Automatismus!).**
   Eine solche Entscheidung ist nach überwiegender Rechtsauffassung nicht an die Feststellung des Verteidigungsfalles gebunden.

4. Im Falle eines zu erwartenden oder zu befürchtenden Angriffs auf einen Bündnispartner sind ggf. **vorbeugende Maßnahmen** (ohne Bündnisfall!) notwendig:
   ➡ Erhöhung der **Abschreckung** durch Präsenz.
   ➡ **Erhaltung des regionalen »Gleichsgewichts der Kräfte«**

   Dieses Prinzip wurde über 40 Jahre auf dem Boden der Bundesrepublik durch die NATO mit Erfolg realisiert.

Quellen: 5, 6

Wo muß ein Angriff stattfinden, damit der »Bündnisfall« eintritt?

7.4

Gemäß **Art. 6 NATO-Vertrag** ist ein Angriff

- ➡ auf das Territorium der NATO-Länder in Europa oder Nordamerika,
- ➡ auf Streitkräfte einer dieser Parteien in Europa,
- ➡ auf Inseln im Nordatlantik nördlich des Wendekreises des Krebses, die der Gebietshoheit eines NATO-Partners unterstehen,
- ➡ auf Schiffe oder Flugzeuge einer der Parteien in diesem Gebiet

als Aggression gegen einen Bündnispartner aufzufassen.

Quellen: 5

Kann ein angegriffenes Land allein den Bündnisfall erklären?

1. Über den Bündnisfall entscheiden die Bündnispartner zunächst in eigener Verantwortung.

2. Ein angegriffenes Land hat Art und Umfang des Angriffs und die daraufhin getroffenen Gegenmaßnahmen dem **NATO-Rat mitzuteilen.**

3. Der **NATO-Rat entscheidet** nach Beurteilung der Lage über Art und Umfang der erforderlichen Schritte.

4. Sobald der **Sicherheitsrat der UNO** zu der Erkenntnis gelangt, daß der internationale Friede und die internationale Sicherheit nicht mehr gefährdet sind, sind die vorher von der NATO festgelegten Maßnahmen **einzustellen (Art. 5 NATO-Vertrag).**

Quellen: 5

Bedeutet die Erklärung des »Bündnisfalles« automatisch den Einsatz von Streitkräften?

7.6

1. **Jeder Bündnispartner** hat das Recht, **souverän** oder im Zusammenwirken mit den anderen Parteien über notwendige Schritte zu entscheiden sowie Maßnahmen zu ergreifen, die **er** für erforderlich erachtet **(Art. 5 NATO-Vertrag).**

2. Der **Einsatz von Streitkräften** bzw. die Ausübung von Waffengewalt ist die **letzte Möglichkeit** (ultima ratio).

3. Art und Umfang der Maßnahmen orientieren sich an der **Zielsetzung,** die **Sicherheit des Nordatlantischen Gebietes zu erhalten** und ggf. wieder herzustellen.

Quellen: 5

Warum ist die Bundesrepublik der NATO beigetreten?

7.7

→ Beitrittsdatum: **09.05.1955**

1. Die erfolgreiche Verteidigung des Territoriums der Bundesrepublik Deutschland war **ohne** die Unterstützung der **Bündnispartner nicht möglich.**

   Begründung:

   → **zentrale Lage** in Mitteleuropa an der **Grenze zweier gegensätzlicher, rivalisierender Paktsysteme**
   → Aufgabenverteilung reduziert die **Kosten**
   → **keine Verfügung über Atomwaffen** als höchste Stufe der Abschreckung (Verzicht!)

2. Das Grundgesetz sieht eindeutig vor, daß sich die Bundesrepublik zur Wahrung des Friedens einem
   »System gegenseitiger kollektiver Sicherheit«
   anschließen kann, welches zum Ziel hat, eine »friedliche und dauerhafte Ordnung in Europa und zwischen den Völkern der Welt« **Art. 24 (2) GG** herbeizuführen und zu sichern.
   Dabei »wird sie in die **Beschränkung ihrer Hoheitsrechte** einwilligen«.

3. Eine **Verteidigung Europas** bzw. der westlichen Welt ist nur durch **aktive Beteiligung aller souveränen Staaten** zu gewährleisten.

Quellen: 25, 27

Verteidigt ein Soldat der Bundeswehr ggf. auch außerhalb des deutschen Territoriums Recht und Freiheit des deutschen Volkes?

7.8

---

1. **Artikel 24 GG** sieht vor, daß sich der Bund zur Wahrung des Friedens einem **System gegenseitiger kollektiver Sicherheit** anschließen kann.

2. Das bedeutet, daß die Bundesrepublik Deutschland ihre eigenen Hoheitsrechte im Interesse einer **friedlichen und dauerhaften Ordnung in Europa** und zwischen den Völkern der Welt **einschränken** lassen kann.

3. Mit dem **Beitritt zur NATO** (09.05.1955) hat die Bundesrepublik diese Möglichkeit in die Tat umgesetzt, so daß für die Verteidigung von »Recht und Freiheit des deutschen Volkes«
nicht nur die **nationalen Grenzen,** sondern das in **Art. 6 des NATO-Vertrages** vorgegebene **Territorium der NATO** maßgeblich ist.

4. **Bei Versagen der Abschreckung und einem Angriff auf das Territorium eines NATO-Partners sind damit zugleich auch Recht und Freiheit des deutschen Volkes gefährdet.**

Quellen: 5, 25

Unter welchen rechtlichen Voraussetzungen kann Deutschland Soldaten in Krisengebieten innerhalb des NATO-Territoriums einsetzen?

1. Da sich die Bundesrepublik gemäß **Art. 24 GG** einem **System gegenseitiger kollektiver Sicherheit (NATO)** angeschlossen hat, hat sie

   ➡ in mögliche **Beschränkungen ihrer Hoheitsrechte** eingewilligt,
   ➡ Forderungen, die sich aus der Erklärung des Bündnisfalles ergeben, zu erfüllen.

2. Die **Entscheidung** über die Entsendung von deutschen Soldaten in Krisengebiete **innerhalb des NATO-Territoriums** wird durch die Bundesregierung gefällt:

   ➡ Die Bundesregierung ist an das **Grundgesetz** gebunden und hat sich in ihren Entscheidungen diesem zu unterwerfen.

   ➡ Vor der Entscheidung für und wider einen Einsatz wird sich die Bundesregierung mit dem Bundesrat beraten; die **Verantwortung bleibt alleine bei der Bundesregierung.**

   ➡ Die Bundesregierung bringt ihre **Entscheidung in den NATO-Rat** ein und beeinflußt dadurch den gemeinsamen Entschluß aller Bündnispartner.

   ➡ Über **Umfang und Art** der zu treffenden endgültigen **Maßnahmen** entscheidet dann der **NATO-Rat.**

Quellen: 5, 25

Werden bei Einsatz der Bundeswehr im Bündnisfall auch Wehrpflichtige eingesetzt?

7.10

---

1. Die Bundeswehr ist eine **Wehrpflichtarmee;**
   sie würde **unglaubwürdig,** wenn sie im Kriegsfall auf den Einsatz von Wehrpflichtigen verzichten würde.

2. Eine Wehrpflichtarmee ist durch ihre **Struktur** auf ihre **Wehrpflichtigen angewiesen** und wäre ohne sie nur **eingeschränkt funktionsfähig.**

3. Wehrpflichtige geloben, »Recht und Freiheit des deutschen Volkes tapfer zu verteidigen« und haben sich damit **dem Staat und seinen Bürgern verpflichtet.**

4. Grundsätzlich muß also jeder Wehrpflichtige **im Kriegs- und Bündnisfall** mit seinem **Einsatz rechnen.**

5. Unabhängig davon steht das Bemühen, im **Vorfeld einer Krise** zunächst schwerpunktmäßig Zeit- bzw. Berufssoldaten in das Krisengebiet zu entsenden.

6. Darüber hinaus hat sich die Bundesregierung eine **vorläufige Selbstbindung** auferlegt:
   ➡ zunächst kein Pflichteinsatz von **Wehrpflichtigen**
   ➡ Einsatz von **Reservisten** nur aufgrund freiwilliger Erklärung im Rahmen einer zeitlich begrenzten Wehrübung.

Quellen: 25

Warum wurden im »Golf-Konflikt« bereits Teile der deutschen Luftwaffe in der Türkei eingesetzt, obwohl der »Bündnisfall« noch nicht gegeben bzw. erklärt war?

7.11

1. Gemäß **Artikel 4 des NATO-VERTRAGES** stehen die Bündnispartner in ständiger enger Verbindung und prüfen jederzeit, ob nach ihrer Auffassung die Sicherheit der einen oder anderen Partei **bedroht** ist.
2. Seit Gründung der NATO sind sich alle Bündnispartner einig, daß die **Bedrohung** in den letzten **40** Jahren an der **Nahtstelle** zwischen **NATO** und **Warschauer Pakt** – der Grenze zwischen den beiden deutschen Staaten – am größten war.
3. Im gesamten Zeitraum waren **Streitkräfte der NATO-Partner auf dem Territorium des Bündnispartners Bundesrepublik Deutschland** stationiert, **ohne** daß der Bündnisfall gegeben war!
4. Der **Türkei** war im Sinne einer zweckmäßigen Aufgabenverteilung innerhalb des Bündnisses die **Sicherung der Südflanke** übertragen.
5. Durch die Entspannung zwischen Ost und West und das Entstehen eines **neuen Krisenherdes am Golf** hat sich der **Abschreckungsauftrag der NATO** zwangsläufig nach Süden verlagert.
6. Die Kontingente der NATO – demzufolge auch die Kräfte der Bundeswehr – wurden zunächst zur **Abschreckung eines eventuellen Aggressors an der Südflanke** – also in der Türkei – eingesetzt, **ohne in den Konflikt einzugreifen.**
7. Sie hatten den Auftrag, eine **Ausweitung des Konfliktes** auf NATO-Territorium zu **verhindern.**
8. Diesem **Abschreckungspotential** ist auch das Luftwaffenkontingent Deutschlands zuzuordnen.

Quellen: 5

Wäre bei einem Angriff des IRAK auf die TÜRKEI der Bündnisfall gegeben gewesen?

7.12

---

1. Diese **Entscheidung** fällt der **NATO-Rat,** in dem alle Regierungen der einzelnen NATO-Partner vertreten sind.
2. **Kernfrage** ist dabei die Festlegung des **Zeitpunktes,** an dem der Konflikt durch Aggression ausgelöst wurde.
3. Alle UNO- und NATO-Länder sind sich einig, daß der Krieg am Golf mit dem **Einmarsch der irakischen Truppen nach KUWAIT (02. August 1990)** begonnen hat.
4. Alle Maßnahmen, die
   ➡ **nach Kriegsausbruch**
   ➡ mit Billigung oder auf **Anforderung der UNO (UNO-Resolution 660)** vom **NATO-Territorium** ergriffen wurden, sind demnach als **Folgemaßnahmen** beschlossener Sanktionen auf den Angriff des IRAK zu bewerten.
5. Ein Angriff des IRAK auf die TÜRKEI,
   ➡ die ihren **Pflichten aus der Charta der Vereinten Nationen** nachkam,
   ➡ somit nicht der Aggression bezichtigt werden konnte und
   ➡ auf den direkten Einsatz von Streitkräften verzichtet hat,
   hätte nach mehrheitlicher Meinung der NATO-Partner den Bündnisfall ausgelöst.

Achtung:
Insbesondere in linksorientierten Parteien Deutschlands – SPD, Grüne, PDS usw. – wurde dieser Standpunkt mehrheitlich nicht vertreten!

Begründung:
Die TÜRKEI habe durch die Freigabe der Flugplätze für den Einsatz multinationaler Luftstreitkräfte einen Angriff des IRAK auf die TÜRKEI provoziert.

Quellen: 5, 6

Welche Grundgedanken spielten bei der Entwicklung der zukünftigen Verteidigungsstruktur der NATO eine besondere Rolle?

7.13

1. Streitkräfte Mitteleuropas sehen sich derzeitig **zwei Risiken** gegenüber:
   - ➡ Nach wie vor muß das umfangreiche **Waffenpotential der ehemaligen »sowjetischen Streitkräfte«** kritisch beobachtet (»ausbalanciert«) werden;
   - ➡ darüber hinaus gilt es, sich auf **neue Risiken** bzw. **neue Bedrohungen** einzustellen.
2. Ihr **Auftrag** bleibt nach wie vor:
   - ➡ **Vorbeugen im Frieden,**
   - ➡ **Eindämmen in der Krise,**
   - ➡ **Verteidigung im Krieg.**
3. Daraus ergaben sich folgende **militärischen Forderungen:**
   - ➡ **Aufstellung**
     - flexibler, hochmobiler Verbände (z.T. luftbeweglich/**RRF:** Rapid Reaction Forces)
     - in **multinationaler** Zusammenstellung
   - ➡ Erhöhung der **Transportkapazität** (Mobilität)
   - ➡ Sicherstellung der **Interoperabilität** (Fähigkeit zur Zusammenarbeit)
   - ➡ Sicherstellung einer bedrohungs- und lagegerechten **Sperrfähigkeit** (weiträumig/schnell/hoher Wirkungsgrad)
   - ➡ Aufbau eines angemessen großen **Mobilmachungspotentials**
   - ➡ Verbesserung der weitreichenden **Aufklärungsmittel.**
4. Folgende Zugeständnisse/Einschränkungen können im Gegensatz zur Vergangenheit gemacht werden:
   Aufgrund der **längeren Vorwarnzeiten** (Monate!/hochtechnisierte Aufklärungsmittel/verminderte Aufmarschfähigkeit) können
     - der **Bereitschaftsgrad** der Streitkräfte **herabgesetzt**
     - die **Reaktionszeit** verlängert
     - der aktuelle **Ausbildungsstand verändert** werden.

Quellen: 56

Wie sieht das zukünftige politische/ militärische Konzept der NATO aus?

7.14

---

1. Die Erklärungen der Staats- und Regierungschefs der NATO
   → am **06. 07.1990 in London (»Londoner Erklärung«)** und
   → am **07. und 08.11.1991 in Rom (»Erklärung von Rom über Frieden und Zusammenarbeit«)**
   enthalten folgende **Kernelemente:**

   1.1. In Europa ist ein **neues** und **vielversprechendes Zeitalter** eingetreten, welches durch **Freiheit** und **Frieden** gekennzeichnet ist.
   1.2. Das Denken in »Ost-West-Kategorien« ist überwunden; **die Einheit des Kontinents** steht im Mittelpunkt.
   1.3. Die **zukünftige Aufgabe** besteht in der **Neuordnung eines Europas,** das
   → auf der einen Seite **Kanada** und die **Vereinigten Staaten** und
   → auf der anderen Seite auch die **ehemalige Sowjetunion**
   als Teilhaber einbezieht.
   1.4. **NATO, KSZE (OSZE), EG (EU), WEU** und der **Europarat** sollen sich in der neuen Sicherheitsarchitektur ergänzen.
   1.5. Selbst ein durch Frieden und Kooperation gekennzeichnetes Europa wird auf ein **militärisches Element**
   → zum **Schutz,**
   → zur **Erhaltung langfristiger Stabilität** und
   → als **Reaktionsmöglichkeit auf kurzfristige, unkalkulierbare politische Risiken von außen**
   nicht verzichten können.

2. Die **Struktur der Streitkräfte** des Bündnisses wird zukünftig folgende **Elemente** umfassen:

   2.1. Das Bündnis wird über **kleinere, hochmobile, multinationale Streitkräfte** verfügen, die im Falle einer Kri-

☞

se ein **Höchstmaß an Flexibilität** – auch in der örtlichen Verlegbarkeit – gewährleisten **(REDEPLOYMENT).**

2.2. Der **Bereitschaftsgrad** der aktiven Einheiten wird **herabgesetzt,** Ausbildungserfordernisse und Zahl der Übungen werden verringert.

2.3. Der **Umfang** der Streitkräfte soll sich **flexibel** an der jeweiligen **Bedrohungssituation** orientieren **(schnelle Mobilmachungsmöglichkeit/REGENERATION OF FORCES).**

2.4. Das Bündnis wird neben den konventionellen Streitkräften auf **nukleare Waffen** im Rahmen der Selbstverteidigung und soweit sie zur **Kriegsverhinderung** erforderlich sind, nicht verzichten können.

3. Die neue **»Sicherheitsdoktrin«** geht von folgenden **Erwartungen/Grundsätzen** aus:

3.1. **Ausschluß einer kurzfristigen militärischen Bedrohung** in Europa und für die NATO-Mitglieder

3.2. Konzentrierung, Kontrolle und planmäßiger **Abbau der Massenvernichtungsmittel** (Nuklearwaffen) im Bereich der ehemaligen »UdSSR« gem. KSE-Vertrag (Paris, Nov. 1990).

3.3. Ratifizierung bzw. Einhaltung bereits von der »UdSSR« unterzeichneter internationaler Übereinkünfte wie z.B.

→ **START-Vertrag**
(Begrenzung der strategischen Atomwaffen der USA/»UdSSR«)

→ **Nichtverbreitungsvertrag**
(Verbot der Verbreitung von Atomwaffen)

→ **B-Waffen-Übereinkommen**
(Verbot der Verbreitung/Abbau der biologischen Massenvernichtungsmittel)

3.4. **Kooperation,** sicherheitspolitische **Zusammenarbeit** mit den **ehemaligen Staaten des »Warschauer Paktes«.**

Quellen: 56

7.15

Welche Grundlagen umfaßt das neue Strategiekonzept der NATO? (»Erklärung von Rom über Frieden und Zusammenarbeit, Nov. 91«)

1. **Sicherheitspolitische Risiken:**

   Risiken für die Sicherheit der NATO ergeben sich zukünftig nicht mehr aus der Wahrscheinlichkeit eines **kalkulierten Angriffs.** Sie werden eher Konsequenz von **Instabilitäten** sein, die aus wirtschaftlichen, sozialen, politischen Schwierigkeiten, ethnischen Rivalitäten und Gebietsstreitigkeiten entstehen.

2. **Zweck des Bündnisses**

   Das **Ziel der NATO,** die **Freiheit und Sicherheit** aller ihrer Mitglieder mit **politischen und militärischen Mitteln** und im Einklang mit den Grundsätzen der Charta der Vereinten Nationen zu gewährlisten, bleibt **unverändert.**

3. **Wesen des Bündnisses**

   Alle Bündnispartner treten **gemeinsam und unter Wahrung ihrer Souveränität** für die Sicherheit aller Mitglieder ein. Aus dieser Sicherheit heraus wird es möglich, **kooperativ und dialogbereit** zukünftige Sicherheitsstrukturen in einer **europäischen Friedensordnung** voranzutreiben.

4. **Aufgaben**

   Die NATO bleibt unverändert ein **Bündnis zur Wahrung des Friedens.**
   Dazu gehören:

   ➞ die Erhaltung der militärischen **Fähigkeit zur Kriegsverhütung** und **zur Verteidigung,**

☞

- die Erhaltung der Fähigkeit, sicherheitsbedrohende Krisen erfolgreich zu bewältigen **(Krisenmanagement),**
- politische Anstrengungen, um im Interesse umfassender **Rüstungskontroll**- und **Abrüstungsmaßnahmen** den **Dialog und die Kooperation** zu suchen,
- **Abschreckung** jedes beliebigen Aggressors,
- Wahrung des strategischen **Gleichgewichts in Europa.**

5. **Sicherheitspolitischer Ansatz**

Unter **Beibehaltung einer kollektiven Verteidigungsfähigkeit,** Bereitschaft zum **Dialog und zur Kooperation** (vertrauensbildende Maßnahmen)

Verteidigung + Dialog + Kooperation * = Sicherheit

6. **Grundsätze der Bündnisstrategie**

(1) Das Bündnis ist rein **defensiv** ausgerichtet.
(2) Waffengewalt wird ausschließlich zur **Selbstverteidigung** eingesetzt.
(3) Es gibt **kein definiertes Feindbild.**

* Als erstes Ergebnis der Kooperationsbemühungen wurde **1991** ein **NATO-Kooperationsrat** gegründet (NORTH ATLANTIC COOPERATION COUNCIL), welcher im **März 1992** die GEMEINSCHAFT UNABHÄNGIGER STAATEN (GUS) einbezog.

Quellen: 56

7.15

Sicherheitspolitik der NATO
Sicherheit und Stabilität
•Konfliktverhütung
•Krisenbewältigung
•Verteidigung
Dialog
Kooperation
Breitangelegter, sicherheitspolitischer Ansatz
mit politischen, wirtschaftlichen, sozialen, umweltpolitischen Elementen und unverzichtbaren Verteidigungsinstrumenten

Wie weit hat sich die Kommandostruktur der NATO den veränderten sicherheitspolitischen Bedingungen angepaßt?

7.16

1. Das **Führungssystem** der Allianz ist um **30 % verkleinert** worden.
2. **6 Hauptquartiere** wurden **aufgelöst** (CENTAG, NORTHAG, AFNORTH, 2. ATAF, 4. ATAF, HQ Channel).
3. **3 Hauptquartiere** wurden **neu eingerichtet** (LANDCENT, AIRCENT, AFNORTH-WEST).
4. Die **Kommandospitze** in Europa bildet unverändert **SHAPE**.
5. Das **Hauptquartier** des Oberbefehlshabers Atlantik (SACLANT) bleibt in Norfolk/USA bestehen.

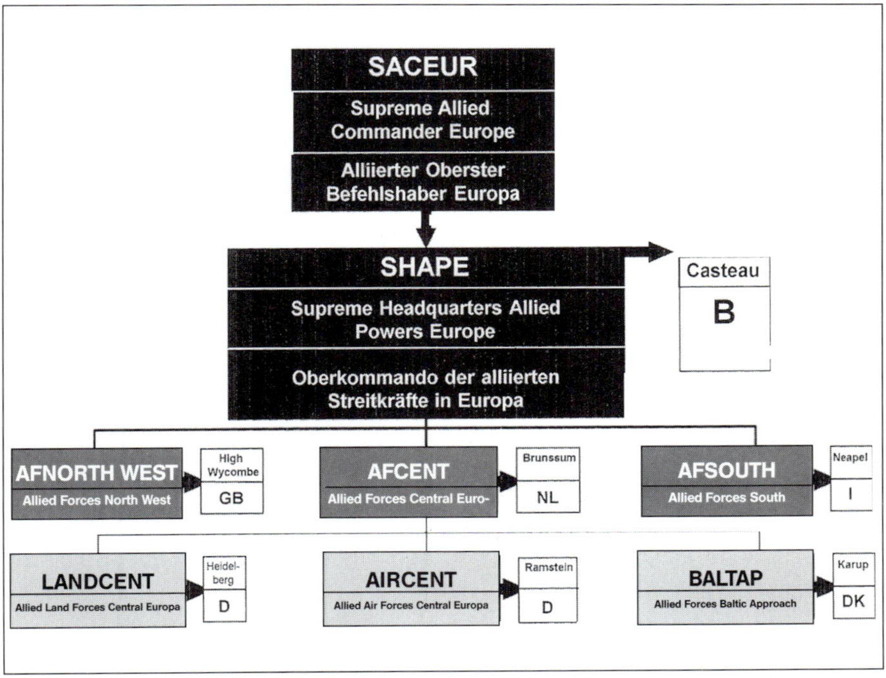

Quellen: 69

Welchen Stellenwert nehmen Nuklearwaffen in der neuen NATO-Strategie ein?

7.17

1. So, wie das **Rad der Geschichte nicht zurückdrehbar** ist, können auch Atomwaffen aus dieser Welt nicht mehr verbannt werden.

2. Die Tatsache, daß inzwischen viele kleine – teilweise auch **unkalkulierbare** – Staaten Grundlagen für den Bau einer Atombombe gelegt haben bzw. sogar schon in deren Besitz sind, unterstreicht, daß Nuklearwaffen als **Mittel der Verteidigung und zur glaubhaften Abschreckung derzeitig nicht ersetzbar sind.**

3. **Wer einen Krieg verhindern will,** muß seine **Fähigkeit** und seine **Bereitschaft,** im äußersten Notfall die unberechenbare Zerstörungskraft von Atomkraft einsetzen zu wollen, **glaubhaft** demonstrieren können. Er muß deutlich machen können, daß
   - ➞ der **Krieg als Mittel der Politik** oder »Fortführung der Politik mit anderen Mitteln« **selbstmörderisch** und
   - ➞ das **Risiko eines nuklearen Krieges für keinen Staat dieser Erde zu tragen** ist.

4. Nuklearwaffen bleiben damit auch für die **NATO** ein weiterhin wichtiges **politisches Instrument zur Abschreckung** und zur **Wahrung des Friedens.**

5. Selbstverständlich muß nach dem Motto **»Frieden schaffen mit immer weniger Waffen!«** das Potential an Nuklearwaffen in allen Bereichen reduziert werden. Dies ist Inhalt umfangreicher Gespräche insbesondere zwischen den **USA** und der **GUS,** soweit es **strategische Atomwaffen** betrifft.
   Im Bereich der **taktischen Atomwaffen** hat die **NATO** auf nukleare Artillerie und Flugkörper kurzer Reichweite bereits **verzichtet.**

Quellen: 56, 66, 74

Volker Rühe:

»Aber Europa bleibt dennoch angewiesen auf die strategische Rückendeckung durch die USA.
Wir werden diese Rückendeckung nur in Anspruch nehmen können, wenn Amerika an den europäischen Prozessen gestaltend mitwirkt und mit signifikanter Militärpräsenz in Europa verbleibt.«

Betr: ***Bundeswehr, Sicherheitspolitik und Streitkräfte im Wandel***
Schriftenreihe OFFENE WORTE Verlag E.S. Mittler & Sohn, Berlin · Bonn · Herford.

Was versteht man unter AMF?

7.18

1. **AMF** = **A**llied Command Europe **M**obile **F**orce
   (Beweglicher Eingreifverband der **NATO** für den Kommandobereich Europa)

2. Aufstellung **1960**

3. **Unterstellung** unter Obersten Alliierten Befehlshaber Europa **(SACEUR)**

4. **Zweck und Auftrag:**
   → **sofortige Verfügbarkeit** für Einsätze
   in **bedrohten Gebieten,**
   insbesondere an der
   → **Nord- und Südflanke der NATO.**

5. Einsatz erfordert politische **Zustimmung** oder **Anforderung** des betroffenen Landes.

6. **Anteile Bundeswehr** (Heer):
   Fallschirmjägerbataillone der **Luftlandebrigade 26**

Quellen: 27

Was verbirgt sich hinter der NATO-Initiative »Partnerschaft für den Frieden« (PfP)?

1. **»Partnerschaft für den Frieden« – »Partnership for peace«** basiert auf dem bereits nach dem Zerfall des Warschauer Paktes formulierten **Angebot der NATO zur Zusammenarbeit und Kooperation im Europa.**

2. Auf seiner Europareise im **Januar 1994** konkretisierte der **Präsident der Vereinigten Staaten, Bill Clinton,** den Grundgedanken dieser Initiative. Dabei bezeichnete er die Partnerschaft für den Frieden als ein »wichtiges Element einer neuen, sich bildenden Sicherheitsarchitektur«.
   Erste gemeinsame Übungen (Frankreich-Tschechei) wurden bereits im **Juni 1994** abgehalten.

3. **Wesentliche Inhalte:**

   ➞ Als **Grundlage** für eine Partnerschaft werden **gemeinsame Werte** und **gemeinsame Interessen** vorausgesetzt.
   ➞ Partnerschaft beinhaltet **keine automatische Beistandsgarantie** im Falle bewaffneter Aggressionen!
   ➞ Die Mitglieder der Partnerschaft erhalten **langfristig** die Möglichkeit, **Vollmitglied der NATO** zu werden; konkrete Zeitvorstellungen bzw. Aufnahmekriterien wurden nicht formuliert.

   (aus derzeitiger Sicht der NATO besteht für **Rußland** aufgrund seiner euroasiatischen Struktur diese Möglichkeit **nicht!)**

4. Am **23.06.94** ist **Rußland** als 21. Mitglied der Partnerschaft für den Frieden begetreten, **Auflagen** (Veto-Recht) wurden durch die NATO **nicht akzeptiert.**
   (Vertragsunterzeichnug am 31.05.95)

☞

5. **Probleme:**

➡ **Rußland** stuft die geplante Ausdehnung der NATO nach Osten als **Bedrohung** für das eigene Territorium ein.

Es wird also darauf ankommen, Rußland, seiner strategischen Bedeutung für Europa und die Welt entsprechend, in den Gestaltungsprozeß **einzubeziehen.**
Der gemeinsame Einsatz von NATO-Truppen und russischen Truppen im ehemaligen Jugoslawien und die Beteiligung Rußlands an NATO-Tagungen machen deutlich, daß ein zukünftiges
»Miteinander und nicht Gegeneinander«
bereits **grundsätzlich** akzeptiert ist.

➡ Durch die Aufnahme nur begrenzt verteidigungsfähiger Staaten als **Vollmitglied** wird evtl. die **Abschreckungsfähigkeit** des NATO-Bündnisses gefährdet.

➡ Die Anhebung der **Verteidigungsfähigkeit auf NATO-Standard** ist angesichts der momentanen wirtschaftlichen Lage i. d. Staaten des ehemaligen Warschauer Paktes auf absehbare Zeit nicht zu gewährleisten.

Boris Jelzin, *Präsident Rußlands*

»Die Osterweiterung der NATO wird die Flammen des Krieges in ganz Europa entfachen!«

◆ ◆ ◆

Volker Rühe, *Bundesminister der Verteidigung*

»Rußlands Platz ist klar:
Wir wollen ein Rußland, das mit seinen Reformen Erfolg hat, ein Rußland, das zu einem privilegierten, strategischen Partner der Allianz wird.«

»Die Neue NATO- Vision und angestrebte Entwicklung« *(Soldat und Technik 6/1996)*

☞

Volker Rühe:

»Die NATO bleibt als Sicherheits- und Verteidigungsbündnis die Grundlage unserer Sicherheit.
Als einziges funktionierendes Bündnis ist sie der Garant für Frieden und Stabilität und für eine politische und militärische Sicherheitsbalance in Europa.
Damit die Allianz ihre Aufgabe erfüllen kann, darf sie nicht überdehnt werden, beispielsweise indem durch weitgehende Sicherheitsgarantien für die Staaten der GUS Konflikte in das Bündnis hineingetragen würden, die nicht zu kontrollieren sind...

...Aber auch andere friedliche Völker, die keine Bündnispartner sind, verdienen den Schutz, den wir für uns bisher ganz selbstverständlich in Anspruch genommen haben.
Wir waren über Jahrzehnte auf die Solidarität und den Schutz unserer Partner angewiesen.
Mit welchem Recht können wir uns heute einem solidarischen Handeln der Völkergemeinschaft verweigern,
wenn Frieden gebrochen und Völkerrecht verletzt wird?
Das Grundgesetz verpflichtet deutsche Politik dem Ziel, Europa zu einen und dem Frieden der Welt zu dienen.
Dieses Verfassungsgebot muß Maxime unseres sicherheitspolitischen Handelns in Europa und weltweit werden.«

Betr: ***Bundeswehr, Sicherheitspolitik und Streitkräfte im Wandel***
Schriftenreihe OFFENE WORTE Verlag E.S. Mittler & Sohn,
Berlin · Bonn · Herford

Quellen: 74, 76

7.19

Ausdehnung der NATO ?
"Partnership for Peace"
IS
NO
Schweden
Finland
RUSSLAND
ESTLAND
LETTLAND
LITAUEN
DK
UK
NL
D
BE
LUX
POLEN
Weissrussland
CR
SR
Ukraine
UNGARN
RUMÄNIEN
FR
IT
BULGARIEN
PO
SP
GR
TU
NATO Staaten
Anwärter / Antragsteller
Interessenten

»Partnerschaft für den Frieden« Unterzeichnerstaaten

Land	Rahmen-dokument	Präsentations-dokument	Individuelles Partnerschafts-programm
Rumänien	26.01.94	28.04.94	2. Aufl. 26.05.95
Litauen	27.01.94	10.06.94	2. Aufl. 15.06.95
Polen	02.02.94	25.04.94	2. Aufl. 30.05.95
Estland	03.02.94	08.07.94	01.03.95
Ungarn	08.02.94	06.06.94	15.11.94
Ukraine	08.02.94	25.05.94	14.09.95
Slowakei	09.02.94	25.05.94	2. Aufl. 08.06.95
Bulgarien	14.04.94	06.06.94	28.11.94
Lettland	14.02.94	08.07.94	08.02.95
Albanien	23.02.94	22.09.94	25.01.95
Tschechien	10.03.94	17.05.94	25.11.94
Moldawien	16.03.94	06.09.94	10.10.95
Georgien	23.03.94	07.03.95	06.12.95
Slowenien	30.03.94	20.07.94	30.05.95
Aserbaidschan	04.05.94	23.04.96	
Schweden	09.05.94	10.05.94	22.08.94
Finnland	09.05.94	10.05.94	12.10.94
Turkmenistan	10.05.94		
Kasachstan	27.05.94	02.12.94	
Kirgistan	01.06.94	15.05.95	
Rußland	22.06.94	05.07.94	31.05.95
Usbekistan	13.07.94	10.08.95	
Armenien	05.10.94		
Belarus	11.01.95	03.05.96	
Österreich	10.02.95	31.05.95	26.02.96
Malta	26.04.95	26.05.95	24.04.96
Mazedonien	15.11.95		

(Frühere Jugoslawische Republik Mazedonien)

Quellen: BMVg FüS III 1, 74, 76

Was versteht man unter dem ARRC?

7.20

1. **ARRC** = **A**llied Command Europe **R**apid **R**eaction **C**orps

2. Das **ARRC**
   ➡ ist Teil der **NATO-Reaktionskräfte,** (insgesamt **12 Nationen**)
   ➡ besteht im **Frieden** aus einem führungsfähigen Stab (Korpsebene)
   ➡ wird im **Krisenfall je nach Lage** zusammengestellt (**Task Force** Prinzip)
   ➡ kann **im Einsatz bis zu 4 Div** (anteilig Korps- u. Divisionstruppen) führen
   ➡ steht unter **britischer Führungsverantwortung** (Rheindalen)

3. **Beteiligung der Bundeswehr:**
   ➡ 7. Panzerdivision
   ➡ Panzerlehrbrigade 9
   ➡ Panzerbrigade 21
   ➡ Luftlandebrigade 31 als Teil der luftbeweglichen, multinationalen Division der Zentralregion/Multinational Division (Central) **[MND (C)]**

   Die **MND (C)**
   ➡ wird aus **niederländischen, belgischen, britischen** und **deutschen** Truppenteilen gebildet
   ➡ kann auch selbständig – unabhängig vom ARRC – eingesetzt werden.

   Die **MND (S)** wird unter Beteiligung **Griechenlands,** der **Türkei** und **Italien** für denBefehlsbereich Südeuropa (AF-South) gebildet. /Multinational Division (South)

Quellen: 69

Wie werden zukünftig die NATO-Landstreitkräfte in Mitteleuropa gegliedert und geführt?

7.21

1. Der **größte Teil der NATO-Landstreitkräfte** wird den überwiegend **aufwuchsabhängigen Hauptverteidigungskräften (HVK)** zugeordnet, die – im Gegensatz zu den **Krisenraktionskräften (KRK)** – ihre volle Einsatzbereitschaft erst nach einem **längeren Mobilmachungszeitraum** (Wochen bzw. Monate) erreicht haben werden.

2. Die **NATO-Landstreitkräfte Mittteleuropas** bestehen zukünftig überwiegend aus **multinationalen Korps:**
   2.1. **Deutsch-Amerikanisches-Korps**
   [Ulm] deutsche Führung
   2.2. **Amerikanisch-Deutsches-Korps**
   [Heidelberg] amerikanische Führung
   2.3. **Multinationales-Korps**
   [Münster] (GE, NE, BE) wechselnde Führung
   2.4. **Deutsch-Dänisches-Korps**
   [Rendsburg] – Landjut wechselnde Führung
   2.5. **Europäisches-Korps** (FR, BE, GE, SP)
   [Straßburg] wechselnde Führung
   2.6. NATO-Reaktions-Korps (ARRC)
   [Mönchengladbach-Rheindalen] britische Führung

3. Durch **Multinationalität**
   ➡ wird der Wille des Bündnisses, **solidarisch** u. **gemeinsam** zu Handeln, umgesetzt
   ➡ wird allen Bündnispartnern **politischer Einfluß** und **Mitsprache** zugesichert
   ➡ stehen alle Bündnispartner unter **gleichem Risiko** und in **gemeinsamer Verantwortung**

   Die Mulitnationalität innerhalb der Streitkräfte ist ein wichtiger Schritt auf dem Weg zu einer gemeinsamen, europäischen Verteidigung.

☞

7.21

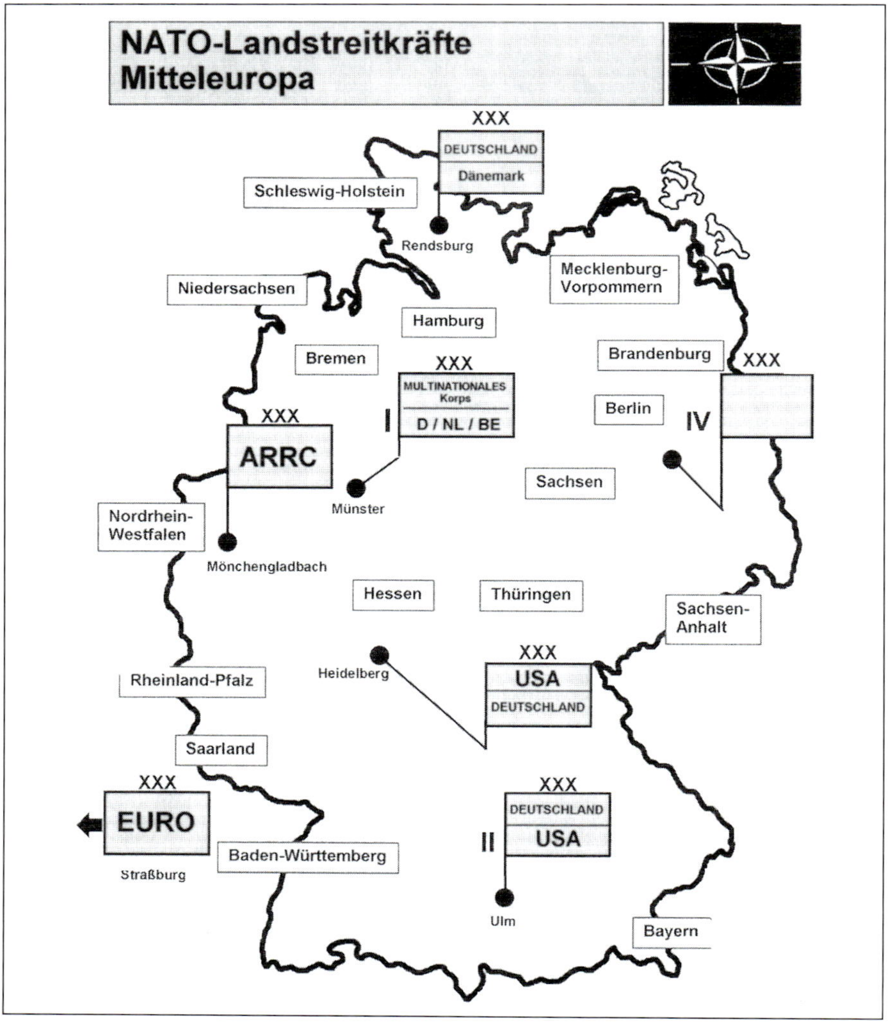

Quellen: 69

Führungsebenen der NATO in Europa
NATO COMMAND STRUCTURE EUROPE

Höchste Führungsebene der NATO	**MNC**	**Major NATO Command**
▪ Oberkommando der alliierten Streitkräfte in Europa ▪ Alliierter Oberster Befehlshaber Europa		▪ Supreme Headquarters Allied Powers Europe (SHAPE) ▪ Supreme Allied Commander Europe (SACEUR)
Höhere Nachgeordnete Führungsebenen der NATO Alliierte Streitkräfte ▪ Nord - Westeuropa ▪ in Mitteleuropa ▪ Südeuropa	**MSC**	**Major Subordinate Commands** Allied Forces ▪ North-West (AFNORTH-WEST) ▪ Central Europe (AFCENT) ▪ South (AFSOUTH)
Nachgeordnete Führungsebene der NATO ▪ Alliierte Landstreitkräfte in Mitteleuropa ▪ Alliierte Luftstreitkräfte in Mitteleuropa ▪ Alliierte Streitkräfte Ostseezugänge	**PSC**	**Principle Subordinate Commands** Allied Landforces Central Europe (LANDCENT) Allied Airforces Central Europe (AIRCENT) Allied Forces Baltic Approaches (BALTAP)

vgl.: 7.16

Nach welchen Grundsätzen ist die Zusammenarbeit/Führungsverantwortung im Bündnis geregelt?

7.22

Streitkräfteklassifizierung – Classification of Forces

1. **NATO Command Forces:**

   Kräfte der Mitgliedstaaten unter Operational Command[1] oder Operational Control[2] eines NATO Befehlshabers

---

2. **NATO Assigned Forces:**

   Kräfte, die die Mitgliedstaaten in einer konkreten Lage oder aufgrund von Sondervereinbarungen unter NATO-Befehl stellen **wollen** (vgl. 1.)

---

3. **NATO Earmarked Forces:**

   Kräfte, die die Mitgliedstaaten zu einem späteren Zeitpunkt lageabhängig unter NATO-Befehl stellen **wollen.**

---

4. **Other Forces for NATO:**

   Kräfte der Mitgliedstaaten, die gegebenenfalls mit NATO Kräften zusammenwirken oder unter NATO-Befehl gestellt werden **können.**

---

1) **OpCom:** Unterstellung
2) **OpCon:** zeitlich, räumlich oder auftragsbezogene Führungsverantwortung

---

Quellen: ZDv 1/50

Wie sehen die Organisationsformen in multinationaler Zusammenarbeit aus?

7.23

Organisationsformen multinationaler Großverbände

1. LEAD NATION

- von **einer** Nation geführter Multinationaler Großverband,
- Führungs- und Einsatzgrundsätze, Ausbildung und Logistik in **nationaler Verantwortung**,
- Stab grundsätzlich national zusammengesetzt,
- enge Zusammenarbeit bereits im Frieden

Beispiel:
- II. GE/ US Korps
- V. US/ GE Korps

2. INTEGRATION

- multinationaler Großverband mit **multinational** zusammengesetztem Stab,
- Dienstposten **anteilig** besetzt,
- Spitzendienstposten nach dem **Rotationsprinzip,**
- Führungs- und Einsatzgrundsätze der NATO,
- zugeordnete Truppenteile **bereits im Frieden OpControl** oder **OpCommand,**
- **Truppendienstliche Führung bleibt national!**

Beispiel:
- Eurokorps
- I. D/ NL-Korps
- Korps LANDJUT

3. FRAMEWORK (Mischform)

- multinationaler Großverband, in dem **eine Nation den Rahmen** (Framework) stellt,
- **Framework-Nation**
  + ist für Führung, Verwaltung, logistische Unterstützung zuständig
  + besetzt **Spitzendienstposten /** Dienstposten im Stab
- Arbeitsverfahren nach NATO-Führungsgrundsätzen oder von Framework-Nation festgelegt.
- Beteiligte Nationen sind nach einem untereinander vereinbarten **Personalschlüssel** im Stab vertreten.

Beispiel:
- ARRC

Welche Grundgedanken bestimmen die Reform der NATO?

7.24

---

1. Anfang **Juni 1996** hat der NATO-Rat in **Berlin** eine grundsätzliche Reform der Allianz beschlossen.
   Ziel soll es sein,
   → **Europa** innerhalb der NATO **mehr Verantwortung** zu übertragen
   → **Einsätze** der NATO **ohne Beteiligung der USA** grundsätzlich zu ermöglichen.

   Im einzelnen:
   → Aufbau einer **»Politischen Koordinierungsgruppe«** unterhalb des NATO-Rates (Abstimmung politischer und militärischer Aspekte bei Einsätzen)
   → Aufstellung von **»Combined Joint Task Forces« (CJTF)** (Alliierte Streitkräfte/auch **Nicht**-NATO-Staaten)
   → Übernahme der **politischen Kontrolle** und **strategischen Richtlinienkompetenz** durch die **Westeuropäische Union (WEU),** wenn die USA nicht am Einsatz beteiligt sind

   Verfahren und Einzelheiten werden durch den NATO-Rat festgelegt.

2. **Zielsetzung:**

   1. Schaffung eines geeinten Europas unter **Öffnung nach Osten und gleichzeitiger Partnerschaft mit Rußland.**
   2. **Anpassung der Strukturen** an die neuen Aufgaben.
   3. Entwicklung Europas zu einer **politischen Union,** die sich als **Partner der Vereinigten Staaten** versteht.
   4. **Verbesserung der Handlungsfähigkeit** Europas durch Schaffung notwendiger politischer und militärischer Instrumentarien.

☞

3. **Resonanz:**

- → **Frankreich** hat die Reform als ersten Schritt zur Rückkehr in die volle Integration des Bündnisses bezeichnet.

- → **Spanien** stellt eine baldige Entscheidung über den Eintritt in die militärischen Strukturen der NATO in Aussicht. (Zielsetzung: Herbst 96)

- → **Rußland** hat die Bereitschaft der NATO, weitreichende Beziehungen zu Rußland zu entwickeln und die Zusammenarbeit zu erweitern, mit Befriedigung zur Kenntnis genommen. In den **16-plus-1-Gesprächen** (16 NATO-Mitgliedstaaten + Rußland) wird dieser Leitgedanke bereits seit 1995 aktiv umgesetzt.

Volker Rühe, *Bundesminister der Verteidigung:*

»Die Zeit der ›Balance of Power‹ in Europa ist vorbei.
Der Feind von gestern ist verschwunden.
An seiner Stelle steht heute eine Fülle neuer Risiken.
Der Feind von heute heißt Instabilität, – und unsere Antwort kann nicht in der Balance militärischer Potentiale liegen,
sondern muß auf politische Integration ausgerichtet sein ...
Die Neue NATO muß ein breites Einsatzspektrum abdecken und zugleich auch die Basis für europäisch geführte Operationen bilden ...
Europäisch geführte Operationen innerhalb der NATO-Kommandostruktur sind eine logische Konsequenz der europäischen Sicherheits- und Verteidigungsidentität, die wir alle wollen ...«

»Die Neue NATO- Vision und angestrebte Entwicklung«, *(Soldat und Technik 6/1996)*

Quellen: 75, 76

Persönliche Notizen

Kapitel 8:
Deutschlands Rolle in der UNO

8.1. Was versteht man unter den **Vereinten Nationen**?

8.2. Wie wird die UNO **finanziert**?

8.3. Was ist der **»Sicherheitsrat«** und welche **Befugnisse** hat er?

8.4. Welche **Rolle** spielt der **Sicherheitsrat**?

8.5. Welche **Handlungsoptionen** stehen der UNO zur Verfügung?

8.6. In welchen **Kategorien** stellt sich der **militärische Einsatz** von UN-Truppen dar?

8.7. Welche **Aufgaben und Ziele** können UN-Friedenstruppen haben?

8.8. Welche **Voraussetzungen** müssen für den Einsatz von UN-Friedenstruppen gegeben sein?

8.9. Wie sieht der **Verfahrensablauf** bei der Aufstellung von UN-Friedenstruppen aus?

8.10. Auf welcher **Rechtsgrundlage** werden nationale Kontingente im Rahmen der UN-Friedenstruppen eingesetzt?

8.11. Welche Länder stellten **Kontingente** in **SOMALIA**?

8.12. In welchem Rahmen hat sich **Deutschland** gegenüber der **UNO** verpflichtet?

8.13. In welchem Umfang hat sich **Deutschland** vor **»IFOR«** an **Maßnahmen der UNO** beteiligt?

8.14. Können **deutsche Soldaten im Auftrag der UNO** auch in Krisengebieten **außerhalb des NATO-Territoriums** eingesetzt werden?

8.15. Wieviele und welche **Bundeswehrverbände** waren **»am Rande« des Golfkonflikts** eingesetzt?

8.16. Was **erwarten** Soldaten der Bundeswehr, die im **Rahmen von UN-Maßnahmen** eingesetzt werden sollen?

8.17. **In** Region? – **In** Area?
Out of Region? – **Out of** Area?

Was versteht man unter den Vereinten Nationen?

1. Am **24.10.1945** in San Franzisko als **Weltgemeinschaft** gegründet.

2. Nachfolgeorganisation des **Völkerbundes.**

3. Hauptsitz **New York, Genf, Wien.**

4. **Ziele:**
   - → **Erhaltung des Friedens** und der internationalen Sicherheit durch kollektiven **Beistand gegen Aggressoren.**
   - → Friedliche Schlichtung aller Streitfälle (»Blauhelmeinsätze«).
   - → Zusammenarbeit bei der Lösung internationaler wirtschaftlicher, sozialer, kultureller und humanitärer Probleme.
   - → **Wahrung der Menschen- und Grundrechte.**

5. Das höchste Organ der UNO ist der **Sicherheitsrat.**

6. Wichtigste Bestimmungen der **UN-Charta:**
   - → **Souveräne Gleichheit aller Mitglieder (Art. 1).**
   - → Friedliche Streitbeilegung **(Gewaltverbot).**
   - → **Solidaritätsgebot** bei Vorbeugungs- und Zwangsmaßnahmen (Art. 2).
   - → Möglichkeit der **Feststellung der Friedensgefährdung** durch den Sicherheitsrat (Art. 39).
   - → Empfehlung von friedlichen bzw. militärischen **Sanktionen** (Art. 41 und 42).
   - → **Beistandspflicht aller Mitglieder** (Art. 43).
   - → **Recht auf Selbstverteidigung** (sowohl individuell als auch kollektiv/im Bündnis) (Art. 51).

7. Beitritt der Bundesrepublik Deutschland und der DDR am **18.09.1973.**

8. **Probleme:**
   - ➡ **Finanzierung** nur eingeschränkt möglich.
   - ➡ Von **179 Mitgliedsstaaten** sind nur ca. **40** als **Demokratien** einzustufen.
   - ➡ Seit Gründung beinahe **1000 Tote,** in verschiedenen Einsätzen.

9. **Sonderorganisationen**

ILO	Arbeit
FAO	Ernährung
UNESCO	Erziehung
WHO	Gesundheit
IBRD	Weltbank
IAEA	Atomenergie
GATT	Welthandel

10. **Ständige UN-Hilfsorganisationen**

UNICEF	Kinderhilfswerk
UNHCR	Hoher Kommissar für Flüchtlinge
UNEP	Umwelt
WFP	Ernährungsprogramm

Wie wird die UNO finanziert?

8.2

1. Das **reguläre Jahresbudget** umfaßt ca. **1 Milliarde Dollar**.

2. **Ausgaben** für UN-Einsätze (in Mio. Dollar)

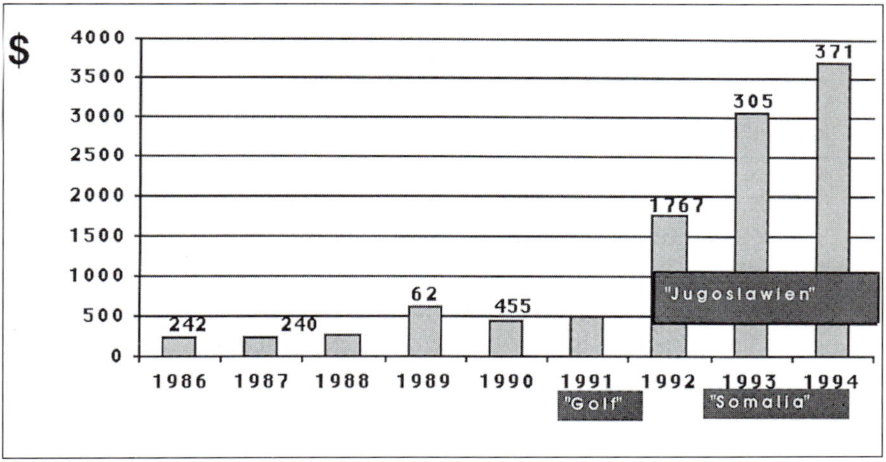

3. Die größten **Beitragszahler** (60 % des Haushaltes) sind:

➡ USA	(250 Millionen Dollar/Jahr),
➡ Japan	(124,5 Millionen Dollar/Jahr),
➡ Russland	(67,1 Millionen Dollar/Jahr),
➡ Deutschland	(89,3 Millionen Dollar/Jahr).

☞

4. **Außenstände** der UNO **1995** (in Mio. Dollar)

1. USA	1179
2. Russland	599
3. Ukraine	217
4. Südafrika	114
5. Frankreich	81
6. Weißrussland	55
7. Brasilien	39
8. Spanien	38
9. Großbritannien	29
10. Italien	28
11. Iran	27
12. China	25
13. Saudi-Arabien	21
14. Polen	19
15. Kasachstan	15
Gesamt	2756
1993 (zum Vergleich):	800

Die stetig ansteigenden Außenstände machen deutlich, daß die UNO in ihrer **Entscheidungs- und Handlungsfreiheit zunehmend eingeschränkt** wird.

Quellen: 52, 66

Was ist der »Sicherheitsrat« und welche Befugnisse hat er?

1. Der **Sicherheitsrat** ist das **oberste Gremium der Vereinten Nationen** und damit verantwortlich für die Aufrechterhaltung des **internationalen Friedens.**

2. Er kann
   - ➞ **im Falle kriegerischer Aggressionen Sanktionen gegen einen Angreifer empfehlen,**
   - ➞ **UN-Friedenstruppen zur Regulierung des Konfliktes einsetzen.**

3. Der **Sicherheitsrat** besteht aus:

   ➞ **5 ständigen Mitgliedern:**
   - USA
   - UdSSR (seit 1992 Rußland)
   - Großbritannien
   - Frankreich
   - Volksrepublik China

   ➞ **10 nichtständigen Mitgliedern:**
   - für jeweils 2 Jahre
   - mit 2/3 Mehrheit
   - von der Vollversammlung gewählt.

   (5 afro-asiatische, 1 osteuropäischer, 2 westeuropäische oder andere Staaten).

4. **Jedes Mitglied** des Sicherheitsrates hat **einen Vertreter** und **eine** Stimme.

5. Beschlüsse bedürfen der **Mehrheit von 9 Stimmen,** wobei **alle ständigen Mitglieder** zustimmen müssen.

☞

6. Durch die Inanspruchnahme des »**Vetorechts**« können
   → **1 ständiges Mitglied oder**
   → **7 nichtständige Mitglieder**
   eine **Beschlußfassung des Sicherheitsrates verhindern.**

7. Als Reaktion auf die **veränderte Weltsituation** gibt es derzeitig Überlegungen, den Sicherheitsrat in seiner **Zusammensetzung** und **im Umfang** zu ändern.
   Auch die **Einbeziehung Deutschlands** steht zur Diskussion.

   Probleme:
   → Staaten der **Dritten Welt** wie z. B.:
   - Indien,
   - Indonesien,
   - Nigeria,
   - Ägypten,
   - Brasilien

   erheben aufgrund ihrer hohen Bevölkerungszahlen ebenfalls Anspruch auf einen ständigen Sitz im Sicherheitsrat.
   Bisher konnten sich die regionalen Gruppen, denen diese Länder jeweils angehören, jedoch nicht auf gemeinsame Kandidaten einigen, so daß sich Entscheidungen in diese Richtung bisher nicht abzeichnen.

8. Oktober **1994** wurde **Deutschland** für die Dauer von 2 Jahren zunächst zum **nichtständigen Mitglied** gewählt.

Quellen: 46

Welche Rolle spielt der Sicherheitsrat?

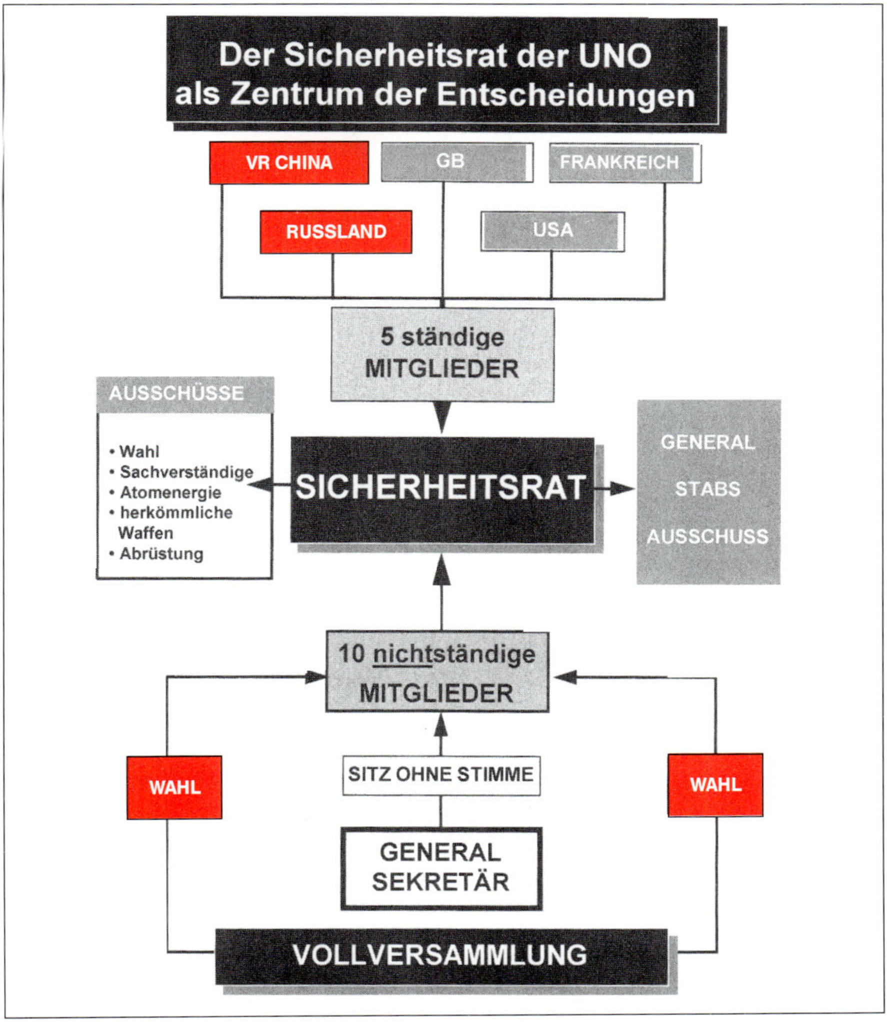

Quellen: 6, 46

Welche Handlungsoptionen stehen der UNO zur Verfügung?

8.5

1. Es ist erklärtes **Ziel** der UNO,
   ➞ so **früh wie möglich Konfliktpotentiale zu erkennen** und
   ➞ diese **primär** durch diplomatische Mittel **(»preventive diplomacy«)** zu beseitigen.

2. Dazu gibt es folgende **Optionen:**

   a. **Peace-making**
   ➞ **Dialogbereitschaft** aller Beteiligten ist Bedingung
   ➞ Maßnahmen, verfeindete Parteien zur **Verständigung** zu bewegen.
   ➞ »Friedliche Beilegung von Streitigkeiten« (Kapitel VI der UN-Charta).
   ➞ »Maßnahmen bei Bedrohung oder Bruch des Friedens und bei Angriffshandlungen« (**Kapitel VII** der Charta der Vereinten Nationen), wie z.B.:
   - friedliche **und** militärische **Sanktionsmaßnahmen,**
   - Bereithaltung von Luftstreitkräften.

   b. **Peace-keeping**
   ➞ **Einverständis aller Konfliktparteien** ist Voraussetzung.
   ➞ **Präsenz** von UNO-Personal **(Blauhelme)** in einem Konfliktgebiet
   ➞ Waffen nur zur **Selbstverteidigung.**
   ➞ **1945** bis **1992** insgesamt **26** Operationen
   - 50 % nach 1987,
   - 500.000 Personen im Einsatz,
   - über 800 Tote,
   - jährliche Kosten ca. 3 Milliarden Dollar.

c. **Post-conflict-peace-building**

→ Konzept, welches einen **erneuten Ausbruch** des Konfliktes durch

- Aufbau von **gegenseitigem Vertrauen,**
- Unterstützung der **Wirtschaft,**
- gemeinsame Nutzung von Wasser oder anderen Ressourcen.
- **Abbau traditioneller Feindbilder** durch Erziehungsprogramme o.ä.

verhindern soll.

In welchen Kategorien stellt sich der militärische Einsatz von UN-Truppen dar?

8.6

1. Militärische Einsätze unterteilen sich prinzipiell in **drei Kategorien:**
   a. **Humanitäre Einsätze.**
   b. **Friedenserhaltende Einsätze.**
   c. **Friedensschaffende Einsätze.**

2. Aus der bisherigen Erfahrung sind diese verschiedenen Einsatzmöglichkeiten **kaum** noch gegeneinander **abgrenzbar:**

   ➡ Auch humanitäre Aktionen (Beispiel »SOMALIA«) bedürfen des Einsatzes von **Waffengewalt zum Selbstschutz.**
   ➡ Frankreich hat im ehemaligen JUGOSLAWIEN (Humanitärer Einsatz) bisher mehr Soldaten verloren als bei der Befreiung KUWAITs (Friedensschaffender Einsatz).

3. Aus den bisher gemachten Erfahrungen und um die **Durchsetzungsfähigkeit** der UNO zu **erhöhen,** wird seit 1995 die Einsatzmöglichkeit für **»Peace- Enforcement Units«** (»Eingreiftruppe der UNO«) geprüft:

   ➡ Einsatz nach **Artikel 43** der UN-Charta,
   ➡ stärkere, jeweils lagegerechte **Bewaffnung,**
   ➡ Möglichkeit des **flexiblen Einsatzes** gegen größere Aggressionen im Rahmen aller Handlungsoptionen.
   ➡ **Planungsumfang:**
   - **40000** Soldaten aus **20** Mitgliedsländern (je 2000) (derzeitig 18 Zusagen, darunter **USA, Russland, Deutschland.**)
   - Einsatz **innerhalb einer Woche** (»Stand by«) – nur mit **Einverständnis** der Konfliktparteien.

Quellen: 52

Welche Aufgaben und Ziele können UN-Friedenstruppen haben?

1. Allgemeine **Beobachtungsaufgaben**
2. Überwachung von **Waffenstillstandsabkommen**
3. Bildung von **»Puffern«** zwischen den kriegführenden Parteien
4. Entlastung von **Verwaltungsaufgaben**
5. Aufrechterhaltung von **Recht und Ordnung**
6. Vorbereitung und Sicherstellung **freier Wahlen**
7. Kontrolle von **Flüchtlingsbewegungen**
8. Unterstützung beim **Minenräumen**
9. Überwachung der **Entwaffnung** beider Konfliktparteien
10. Kontrolle über die Einhaltung der **Menschenrechte**
11. Unterstützung im Rahmen **humanitärer Hilfe**

Quellen: 6

Zielvorstellungen

"End State" Conditions

1. Generelle **Übereinstimmung** mit dem **Friedensplan**
2. Erkennbare **Sicherheit** im Umfeld
3. Freiheit des **Handels** und der **Versorgung**
4. Kontrollierte **Grenzen**
5. **Organisierter Wiederaufbau** ziviler Infrastruktur
6. Koordinierte **Flüchtlingsbewegungen**
7. Verbesserung der **Lebensbedingungen**
8. Mindestmaß an **ziviler Verwaltung** und **öffentlicher Sicherheit**
9. Aufbau einer **demokratisch legitimierten, politischen Macht**
10. Grundlagenschaffung für ein **neues Staatssystem**

1. General **Compliance** with **Peace Plan**
2. Percieved **Security** in Environment
3. Freedom of Movement of **Trade & Supplies**
4. External **Borders** controlled
5. **Programmed Restoration** of Civil Infrastructure
6. **Refugee Movements** coordinated
7. **Basic Living Conditions** showing Improvement
8. Minimum **Civil Administration** and **Public Safety** established
9. Framework of **Legitimate Political Power**
10. Foundation of **New Republic** created

Welche Voraussetzungen müssen für den Einsatz von UN-Friedenstruppen gegeben sein?

8.8

1. Alle **Konfliktparteien** müssen sich mit einem Einsatz **einverstanden** erklären.

2. Der UN-Sicherheitsrat muß per Beschluß (Resolution) die **völkerrechtliche Ermächtigungsgrundlage** schaffen.

3. Die UN-Mitgliedsstaaten sind bereit, **freiwillig** und lageabhängig Streitkräfte, Polizeibeamte, Verwaltungspersonal und sonstige Hilfsorganisationen zu stellen.

4. Der gesamte Einsatz wird durch den **UN-Generalsekretär verantwortlich** geleitet.

5. Alle teilnehmenden Mitgliedsstaaten verpflichten sich zur **Unparteilichkeit.**

6. Der **Waffeneinsatz ist grundsätzlich nur zur Selbstverteidigung** vorzusehen.

Quellen: 6

Wie sieht der Verfahrensablauf bei der Aufstellung von UN-Friedenstruppen aus?

8.9

1. **Nach Ausbruch eines bewaffneten Konfliktes** fordert der UN-Sicherheitsrat die kriegsführenden Parteien zur Beendigung des Konfliktes auf **(Art. 39 UN-Charta)**.
   ➡ Voraussetzung für weitere Maßnahmen ist der **Waffenstillstand** zwischen den Konfliktparteien.
   ➡ Nach Erreichen des Waffenstillstandes **verhandelt** der **UN-Generalsekretär** mit den Konfliktparteien über den **Einsatz von Friedenstruppen** sowie weitere zur Friedenserhaltung notwendige Maßnahmen.

2. Nach abgeschlossener **Beurteilung der Lage (BDL)** durch den **Generalsekretär** informiert dieser den Sicherheitsrat und gibt eine **Empfehlung** über Art und Umfang des Einsatzes von Friedenstruppen **(Gründungsresolution)**.

3. Der **Sicherheitsrat beschließt** die Entsendung einer **Friedenstruppe (Mandat)**
   ➡ legt den **UN-Befehlshaber** (»Force Commander«/**FC**) fest und
   ➡ stellt den unterstützenden **Führungsstab** zusammen.

4. Der **Generalsekretär**
   ➡ schließt mit den Parteien und Beteiligten ein **Stationierungsabkommen** (»Status Of Forces Agreement«/**SOFA**) wenn staatliche Strukturen vorhanden sind,
   ➡ erarbeitet auf dieser Grundlage die »**Guidelines** for Governments Contributing Troops To The United Nations Operation«, die den Dienst und den Ablauf im Einsatzraum regeln,
   ➡ faßt die konkrete **Einsatzplanung** (Operationsplanung) in »Terms Of Reference« **(TOR)** zusammen.

☞

5. Der **UN-Befehlshaber** erläßt nach Abstimmung mit den Entsendestaaten und Billigung des Generalsekretärs
   - ➞ die »**Rules Of Engagement**« **(ROE)**, in der die Bedingungen und grundsätzlichen Regelungen für den Einsatz zusammengefaßt sind,
   - ➞ die »**Standing Operation Procedures**« **(SOP)**, die das funktionale Zusammenwirken der Kontingente festlegen.

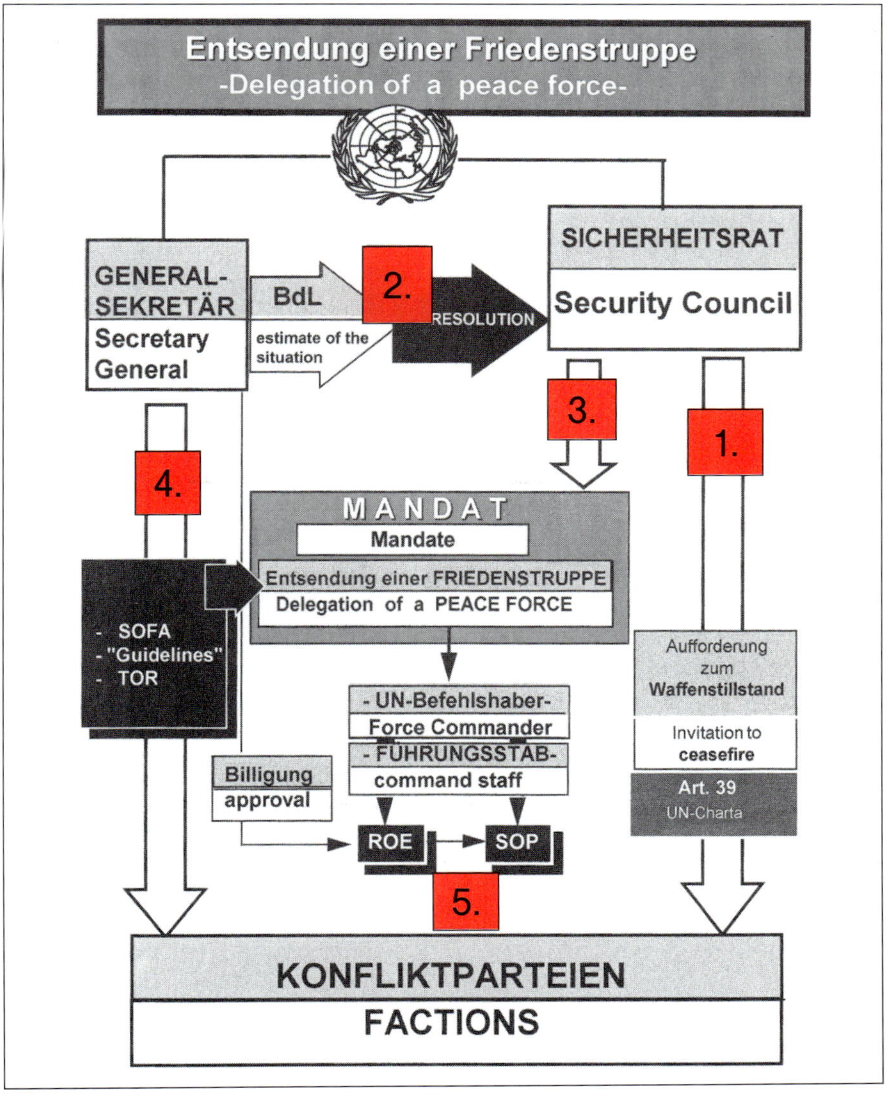

Auf welcher Rechtsgrundlage werden nationale Kontingente im Rahmen der UNO-Friedenstruppen eingesetzt?

8.10

---

1. Mit Eingliederung in die Organisation der Vereinten Nationen geht die **Befehls- bzw. Weisungsbefugnis** auf die **Vereinten Nationen** über.
   Damit haften die **Vereinten Nationen** ab Zeitpunkt der Eingliederung **völkerrechtlich** für alle Handlungen der Friedenstruppe.

2. Die nationalen Kontingente sind äußerlich erkennbar durch die **UN-Symbole** gekennzeichnet, tragen jedoch nach wie vor die **nationalen Uniformen** und **verbleiben in der Disziplinargewalt des Entsendestaates.**

3. Der Umfang der **Einwirkungsbefugnis** des Entsendestaates wird **vor Einsatz vertraglich festgelegt.**

Quellen: 6

Welche Länder stellten Kontingente in SOMALIA?

8.11

lfd.Nr.	Land	Stärke	Bemerkungen
1	**Pakistan**	**4.761**	Über 20 Tote bei Überfall (Juni 1993).
2	**USA**	**4.669**	
3	**Italien**	**2.558**	3 Tote im Rahmen einer Routinekontrolle (Juli 1993).
4	**Marokko**	**1.295**	
5	**Kanada**	**1.209**	
6	**Australien**	**1.122**	
7	**Frankreich**	**1.100**	
8	Belgien	926	
9	Saudi-Arabien	680	
10	Vereinigte Arabische Emirate	639	
11	Nigeria	562	
12	Türkei	300	
13	**Deutschland**	**1.640**	August 1993 bis März 1994
14	Ägypten	235	
15	Botswana	206	
16	**Indien**	**5.000**	Ab August 1993. (nur teilweise erfüllt)
17	Schweden	162	
18	Simbabwe	160	
19	Kuwait	138	
20	Tunesien	133	
21	**Griechenland**	**1.100**	
22	Neuseeland	67	

In welchem Rahmen hat sich Deutschland gegenüber der UNO verpflichtet?

8.12

1. In der **Präambel des Grundgesetzes** bekennt sich Deutschland zu der Verpflichtung, »als gleichberechtigtes Glied in einem vereinten Europa dem Frieden der Welt zu dienen«.

2. Artikel **25 GG** legt fest:

   ➡ »Die allgemeinen **Regeln des Völkerrechtes sind Bestandteil des Bundesrechtes.**
   ➡ Sie gehen den Gesetzen vor und erzeugen **Rechte und Pflichten** unmittelbar für die Bewohner des Bundesgebietes.«

3. Die **UN-Charta** verpflichtet gemäß **Art. 43** alle Mitglieder

   ➡ zur **Wahrung des Weltfriedens** und der internationalen Sicherheit,
   ➡ Streitkräfte nach Maßgabe eines oder mehrerer **Sonderabkommen** auf Ersuchen des Sicherheitsrates zur Verfügung zu stellen,
   ➡ **Beistand zu leisten** und Durchmarschrecht zu gewähren, soweit dies zur Wahrung des Weltfriedens und der internationalen Sicherheit erforderlich ist.

4. Diese Beistandsverpflichtung hat die Bundesrepublik Deutschland durch ihren **Beitritt** zu den Vereinten Nationen anerkannt! (18.09.1973)
   Sie hat dabei weder Vorbehalte formuliert noch »Sonderabkommen« getroffen, die die **grundsätzliche Verpflichtung zum Beistand nach Art. 43 einschränken.**

Quellen: 6, 25

In welchem Umfang hat sich Deutschland vor »IFOR« aktiv an Maßnahmen der UNO beteiligt?

8.13

---

1. Bereits in den **70er Jahren** wurde im Zusammenhang mit verschiedenen Einsatzorten **Transportleistungen** erbracht bzw. **Gerät** für diesen Zweck zur Verfügung gestellt.

2. **1989** wurden **50 Beamte des BGS** als Polizeibeobachter nach **NAMIBIA** entsandt.

3. **1990** unterstützte deutsches Personal die Wahlüberwachung in **NICARAGUA.**

4. **1991** unterstützte Deutschland Im Rahmen des UN-Einsatzes im **GOLF-Krieg** durch:

   ➡ umfassende **Transportleistungen,**
   ➡ Gestellung von **Spezialmaterial** (z.B. ABC-Spürpanzer u.ä.),
   ➡ Überlassung von großen Mengen an **Munition,**
   ➡ **Übernahme von Aufträgen** im GOLF-Krieg **gebundener Kräfte** der NATO sowie durch
   ➡ **umfangreiche finanzielle Unterstützung.**

   Nach dem GOLF-Krieg wurden die **UN-Folgemaßnahmen** durch

   ➡ Einsatz von **Spezialisten** der Bundeswehr für Verifikation und Abrüstung,
   ➡ Gestellung von **Transportflugzeugen** (TRANSALL/Hubschrauber)

   begleitet.

☞

8.13

5. **1992** wurden
   ➞ 75 Beamte des BGS,
   ➞ 150 Sanitäter und Ärzte der Bundeswehr
   nach **KAMBODSCHA** entsandt.

6. **1993** unterstützte die Bundeswehr
   ➞ durch **Hilfsflüge** und
   ➞ **humanitären Einsatz (~ 1700 Soldaten)**
   den SOMALIA-Einsatz der UNO

7. Zu Beginn des Konflikts im ehemaligen **JUGOSLAWIEN** überwachte

   ➞ die **Bundesmarine** das Embargo gegen JUGOSLAWIEN durch Entsendung von Kriegsschiffen in die **Adria,**
   ➞ die **Luftwaffe** (nur Personal) den **Luftraum über BOSNIEN** in AWACS-Flugzeugen.

Können deutsche Soldaten im Auftrag der UNO auch in Krisengebieten außerhalb des NATO-Territoriums eingesetzt werden?

8.14

---

1. Deutschland ist seit dem **18.09.1973 Mitglied der UNO** und hat somit die Satzung der Vereinten Nationen mit allen daraus resultierenden Konsequenzen anerkannt.

2. **Art. 25 GG** legt fest, daß die **Regeln des Völkerrechtes Bestandteil des Bundesrechtes** bzw. sogar höherwertig einzustufen sind.

3. Bis zum **Golf-Krieg** wurde akzeptiert, daß die Bundesrepublik Deutschland die UNO zwar in allen Belangen unterstützt, jedoch unter Hinweis auf das Grundgesetz den **weltweiten Einsatz deutscher Soldaten ausschließt.**

4. Vorübergehend bestanden unterschiedliche Auffassungen darüber, ob diese bisherige **Selbstbeschränkung** Bestandteil des Grundgesetzes ist oder nur verschiedenen Interpretationen entspringt.

5. Grundsätzlich kann sich Deutschland auch der **militärischen Verantwortung** innerhalb der Weltordnung auf Dauer nicht entziehen.
   Ein **erster Schritt** war der Einsatz von ~ **1.700 Soldaten in SOMALIA** im Rahmen einer humanitären Hilfeleistung der UNO (Mitte 93).

6. Das **Bundesverfassungsgericht** hat am **12.07.94** Einsätze außerhalb des NATO – Territoriums **(OUT OF AREA)**
   ➡ als **verfassungsmäßig** erklärt,
   ➡ eine diesbezügliche Entscheidung jedoch von der **einfachen Mehrheit im Bundestag** abhängig gemacht.

Eine Änderung des GG wurde nicht für nötig befunden!

☞

8.14

Volker Rühe:

*»Die Bundeswehr wird nicht an jeden Krisenort dieser Erde geschickt.
Deutschland wird nie allein handeln,
immer nur zusammen mit Verbündeten und Partnern.
Es gibt keinerlei Automatismus.
Jeder Einzelfall soll an unseren Grundwerten und unseren Interessen gemessen, im Bewußtsein unserer historischen Verantwortung abgewogen und durch das deutsche Parlament entschieden werden.«*

Betr: ***Bundeswehr, Sicherheitspolitik und Streitkräfte im Wandel***
Schriftenreihe OFFENE WORTE seit 1789 Verlag E.S. Mittler & Sohn, Berlin · Bonn · Herford

Quellen: 74

Wieviele und welche Bundeswehrverbände waren »am Rande« des Golfkonflikts eingesetzt?

8.15

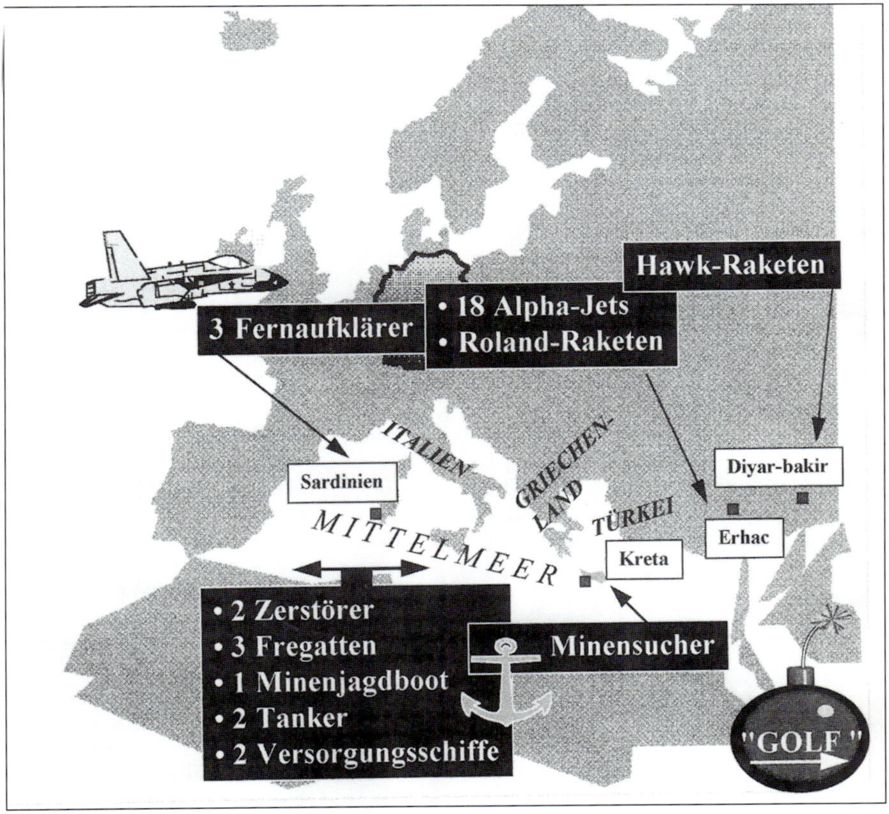

1. Alle Bundeswehrverbände waren **innerhalb des NATO-Territoriums** eingesetzt.
2. Der Einsatz entsprach der **Verpflichtung zu gegenseitiger Hilfeleistung** gem Art. **3** und **4** des **NATO-Vertrages.**
3. Der Beitrag Deutschlands war ein **»politisches Signal«.** Er diente der **Abschreckung** gegen einen Angriff des IRAK auf den Bündnispartner TÜRKEI.

Was erwarten Soldaten der Bundeswehr, die im Rahmen von UN-Maßnahmen eingesetzt werden sollen?

8.16

1. Breiten **Rückhalt** in der Bevölkerung **(Legitimation).**

2. Bildung von **eindeutigen, politischen Mehrheiten** (Legitimation/**gesamtpolitischer Konsens**).

> *»Wenn die politische Führung der Bundeswehr u.a. den **Auftrag** gibt, dem Weltfrieden und der internationalen Sicherheit im Einklang mit der Charta der Vereinten Nationen zu dienen, dann liegt es unter der Prämisse des **Primats der Politik** auch in der Verantwortung eben dieser politischen Führung, entweder*
>
> ➡ *einen **gesamtpolitischen Konsens** über diesen Auftrag herbeizuführen*
>
> ➡ *oder den **Auftrag zu revidieren.**«*

3. Klare **Entscheidungen** der Bundesregierung.

4. Bereitstellung der erforderlichen **finanziellen Mittel,** um sowohl **Ausrüstung** als auch **Ausbildung einsatzgerecht** beschaffen bzw. durchführen zu können.

5. **Fürsorge**

Quellen: 52, 72

Grundlagen	Einsatz		
	vor	im	nach
1. Klare **politische Vorgaben** (Vertrauensbildung Politik ➞ Soldat/Legitimation, Rechtsgrundlagen)	×	×	
2. Eindeutig definierter **militärischer Auftrag**	×	×	
3. sorgfältige **Erkundung** ➞ zweckmäßige **Entscheidung**	×		
4. Eindeutig geregelte finanzielle, rechtliche und soziale **Absicherung** der Soldaten und ihrer **Familien**	×		
5. bedarfsgerechte **Personalauswahl,** insbes. der Vorgesetzten (charakterliche, körperliche, geistige, fachliche Eignung)	×		
6. **Motivation durch Truppenbesuche** ➞ polit. Mandatsträger ➞ milit. Vorgesetzter (Gefahr: Überforderung/Ablenkung der Truppe/»Kriegstourismus«)	×	×	×
7. **Familienfürsorge**	×	×	×
8. Halten der **Verbindung zur Heimat** (Telefon, Post)		×	
9. **Gesundheitsvorsorge**	×		
10. Vorbeugende **Impfmaßnahmen** (Immunisierung)	×		
11. **Aufklärung** über Geschlechtskrankheiten und erforderliche Schutzmaßnahmen	×		
12. zusätzliche **Hygienemaßnahmen**		×	
13. umfassende **Information**	×	×	×
14. Aufbau von ➞ **Selbstvertrauen** durch qualifizierte Ausbildung ➞ **Vertrauen** in Selbst-/Kameradenhilfe bzw. die Sanitätstruppe	×		
15. Steigerung psychischer und physischer **Leistungsfähigkeit**	×		

☞

	Einsatz		
	vor	im	nach
16. lage- und auftragsgerechte **Ausrüstung** des Soldaten/der Truppenteile	×	×	
17. Sicherstellung angemessener **Vpfl/Vers/ Unterbringung**		×	
18. **finanzielle Versorgung** vor Ort		×	
19. Festlegung, Ausbildung, Ausrüstung von **Betreuungspersonal**	×		
20. Berücksichtigung von **Problem-/Härtefällen**	×		
21. Genehmigung **Sonderurlaub** in dringenden, persönlichen Fällen		×	
22. Festlegung eines **Ablöserhythmus**	×		
23. Suche nach **Verwundeten, Versprengten, Vermißten**		×	
24. **Rücktransport** von Verwundeten, Kranken, Gefallenen in die Heimat		×	
25. Begleitung durch **Militärseelsorger/ Wehrpsychologen (Möglichkeit zur Einzelbetreuung)**	×	×	×
26. Durchführung von **Wiedereingliederungsmaßnahmen**			×

Quellen: 52, 72

In Region? In Area?
Out of Region? Out of Area?

8.17

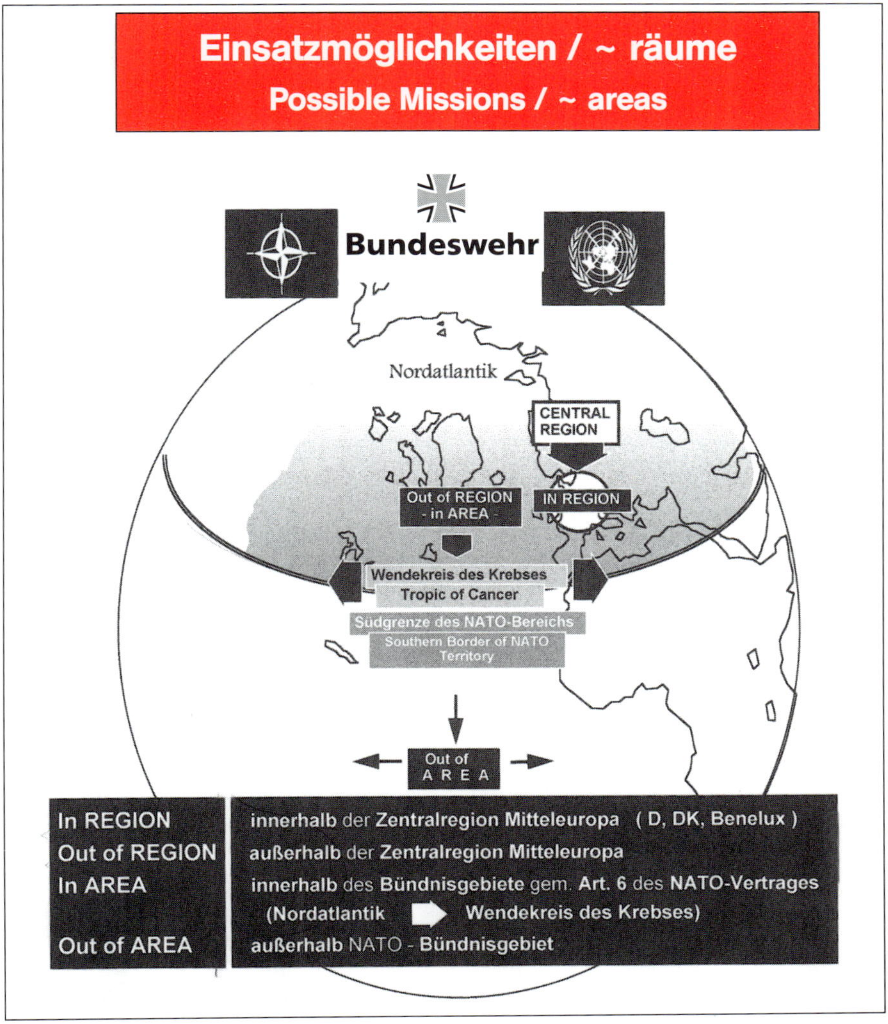

Quellen: 69

Persönliche Notizen

Kapitel 9: Rüstungskontrolle und Entspannungspolitik

9.1. Hat sich **Europa** um **Entspannung** und **Rüstungskontrolle** bemüht?

9.2. Welche **Ziele** wurden mit den **MBFR**-Verhandlungen verfolgt?

9.3. Welche **Staaten** beteiligten sich an den **MBFR**-Verhandlungen?

9.4. Welche **Ziele** verfolgte die **Konferenz über Sicherheit und Zusammenarbeit in Europa? (KSZE)**

9.5. Welche **Ziele** verfolgte die **Konferenz über Vertrauensbildung und Abrüstung in Europa? (KVAE)**

9.6. Welche **Ziele** verfolgten die **Verhandlungen über konventionelle Streitkräfte in Europa? (VKSE)**

9.7. Welche **Ziele** verfolgten die **Verhandlungen über vertrauens- und sicherheitsbildende Maßnahmen in Europa? (VVSBM)**

9.8. Welche Bedeutung hatte der **»Pariser KSZE-Gipfel«**?

9.9. Auf welchen **Grundlagen** baute der **KSE-Vertrag** auf? (Mandat)

9.10. Wie sind die einzelnen **Waffensysteme** im KSE-Vertrag definiert?

9.11. Wie wirkte sich die **Abrüstung** aus? **(Zonen/Obergrenzen)**

9.12. In welchem Umfang wurde die **Verschrottung von Waffensystemen** aufgrund der geschlossenen Verträge notwendig?

9.13. Was bedeutet die **Reduzierung** für die **Bundeswehr in den 90er Jahren**?

9.14. Wie sahen die **zeitlichen Auflagen** für die Reduzierung aus?

9.15. Wie werden die vereinbarten **Abrüstungsmaßnahmen überwacht**?

9.16. Macht die Reduzierung der Streitkräfte kurzfristig **Mittel für andere Bereiche frei**?

9.17. Wie stellt sich die **derzeitige politische** und **militärische Entwicklung in Europa** dar?

9.18. Gibt es heute noch eine **Bedrohung** aus dem Bereich des **ehemaligen Warschauer Paktes**?

9.19. Wie sahen die **Abzugsmodalitäten der sowjetischen Truppen** aus Deutschland aus?

9.20. Welche Bedeutung hat der **Nordatlantische Kooperationsrat**?

9.21. Hat man versucht, die **Ausbreitung von Atomwaffen** zu verhindern?

9.22. Hat man versucht, das **Atomwaffenpotential der Großmächte** zu begrenzen?

9.23. Was bewirkt der **START II** Vertrag vom **Mai 1992**?

9.24. An welchen **Vereinbarungen** und **Verhandlungen** im Rahmen der Rüstungskontroll- und Entspannungspolitik hat die **Bundesrepublik** teilgenommen?

9.25. Wie hat sich der deutsche **Verteidigungshaushalt** (Einzelplan 14) dem Entspannungsprozess angepaßt?

Bewaffeneter Friede

Ganz unverhofft an einem Hügel
sind sich begegnet Fuchs und Igel
»Halt«, rief da der Fuchs, »Du Bösewicht
kennst Du des Königs Order nicht,

ist nicht der Friede längst verkündet,
und weißt Du nicht, daß jeder sündigt,
der immer noch gerüstet geht?
Im Namen seiner Majestät!

Geh' her und übergib mir Dein Fell!«
Der Igel sprach: »Nur nicht so schnell –
laß Dir erst deine Zähne brechen,
dann wollen wir uns weitersprechen!«

Und alsogleich macht er sich rund,
schließt seinen dichten Stachelbund
und trotzt getrost der ganzen Welt
bewaffnet doch als Friedensheld.

Wilhelm Busch *(1832-1908)*

Ich bin für Verteidigung!

Hat sich Europa um Entspannung und Rüstungskontrolle bemüht?

9.1

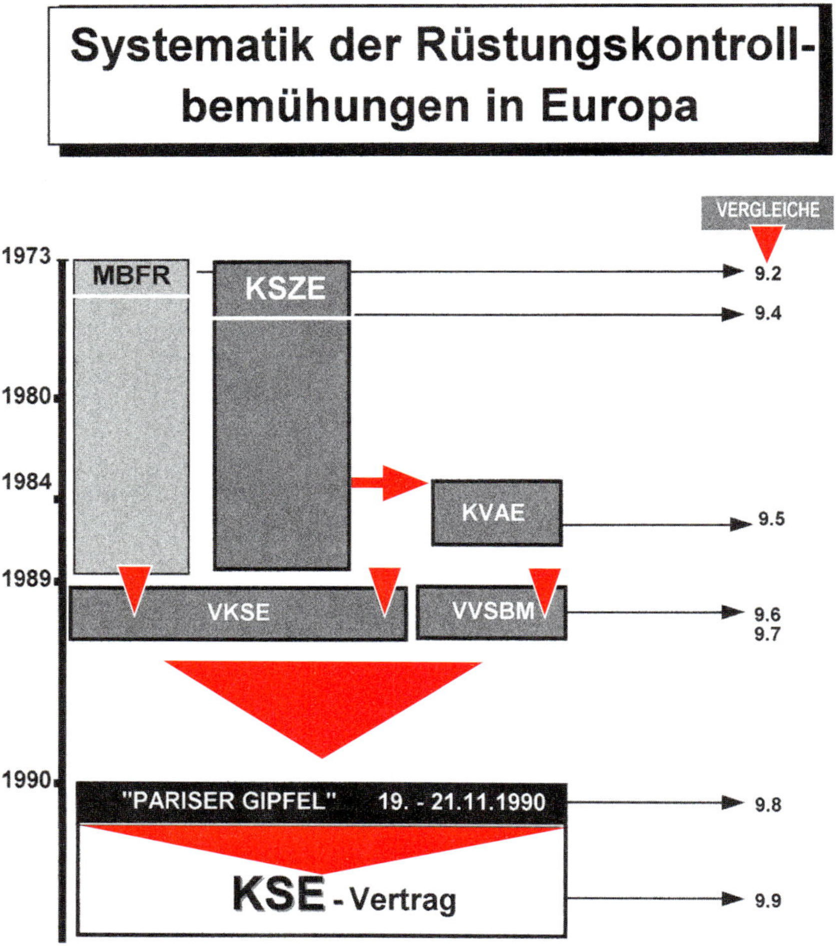

Welche Ziele wurden mit den MBFR-Verhandlungen verfolgt?

9.2

---

1. **MBFR** (**M**utual **B**alanced **F**orces **R**eductions)
   (gegenseitige und ausgewogene Truppenreduzierung in Mitteleuropa)

2. Verhandlungen zwischen **NATO** und **Warschauer Pakt** seit **1973** in **Wien**

3. **Ziel: Truppenreduzierungen** in
   - ➡ den Beneluxländern,
   - ➡ der Bundesrepublik Deutschland,
   - ➡ der CSSR,
   - ➡ der DDR,
   - ➡ Polen

4. Die **Kernprobleme der MBFR-Verhandlungen** lagen in
   - ➡ den **Meinungsverschiedenheiten** über die **Stärke** der in den Reduzierungsräumen stationierten **Streitkräfte,**
   - ➡ der **Verifikation** (Möglichkeit, Reduzierungsmaßnahmen zu überwachen).

5. Die Verhandlungen wurden **1989 ohne nennenswerte Erfolge** beendet.

6. **VKSE** ist als **Anschlußverhandlung** einzustufen **(06.03.89).**
   (vgl. 9.6)

Welche Staaten beteiligten sich an den MBFR-Verhandlungen?

9.3

MBFR - Verhandlungsteilnehmer

NATO	Warschauer Pakt
Direkte Teilnehmer	
Belgien Deutschland Großbritannien Kanada Luxemburg Niederlande Vereinigte Staaten	CSSR DDR Polen Sowjetunion
Teilnehmer mit besonderem Status	
Dänemark Griechenland Italien Norwegen Türkei	Bulgarien Rumänien Ungarn

Welche Ziele verfolgte die Konferenz über Sicherheit und Zusammenarbeit in Europa (KSZE)?

9.4

---

1. **1973 durch 32 europäische Staaten in Helsinki eröffnet:**
   ➞ 16 NATO-Staaten (incl. USA/Kanada)
   ➞ 7 Staaten des Warschauer Paktes (incl. SU)
   ➞ 12 europäische, nicht paktgebundene Staaten (ohne Albanien!)
   Schlußdokument am 01.08.75
2. **Ziele** (Körbe):
   Korb 1: Untersuchung politischer Prinzipien und milit. Aspekte der Sicherheit
   Korb 2: Verbesserung der Zusammenarbeit in den Bereichen der Wirtschaft, Wissenschaft und Umwelt
   Korb 3: Verstärkung der Zusammenarbeit in humanitären und anderen Bereichen
3. **3 Folgetreffen:**
   1978-1979 **Belgrad**
   1980-1983 **Madrid**
   1986-1989 **Wien**
4. **Ergebnis:**
   ➞ Einigung über **Korb 3** (Voraussetzung für **VKSE** geschaffen!)
5. **10.09.91:**
   ➞ Beitritt **LITAUEN, ESTLAND, LETTLAND**
6. Auf Betreiben **RUSSLANDS** wurde die **KSZE** Ende 1994 in **OSZE** umbenannt.

»ORGANISATION FÜR SICHERHEIT UND ZUSAMMENARBEIT IN EUROPA«

Hintergrund: Aufwertung der KSZE/OSZE
➞ als Teil einer **zukünftigen Friedensstruktur in EUROPA** und
➞ als eventuelle **Alternative zur NATO (?)**

Welche Ziele verfolgte die Konferenz über Vertrauensbildung und Abrüstung in Europa (KVAE)?

9.5

---

1. Seit **17.01.1984** verhandelten **32 europäische Staaten in Stockholm.**

2. Als **Grundlage** diente die **Schlußakte der KSZE.**

3. **Ziel der KVAE:**
   → Verbesserung der **sicherheitspolitischen Stabilität** in Europa
   → Erhöhung der **Transparenz über militärische Aktivitäten** und Planungen

4. **Phasen:**
   Phase I: Vertrauens- und Sicherheitsbildende Maßnahmen in Europa **(VSBM)**
   Phase II: Abrüstung

5. Die **KVAE** gilt als wichtigste **Ergänzung der MBFR-Verhandlungen** in Wien (**MBFR** = Mutual Balanced Forces Reductions/gegenseitige und ausgewogene Truppenreduzierungen in Mitteleuropa)

6. **Ergebnis: Vertrauensbildende Maßnahmen durch**
   → **Vorankündigung** von Manövern von mehr als **13.000 Mann (42 Tage** im voraus)
   → gegenseitige **Einladung zu Manövern** mit mehr als 17.000 Mann.

Welche Ziele verfolgten die Verhandlungen über konventionelle Streitkräfte in Europa (VKSE)?

9.6

---

1. Seit **06.03.89** verhandelten **23 Teilnehmer** (16 Staaten der NATO/7 Staaten des Warschauer Paktes) in **Wien.**

2. Die 12 anderen europäischen, nicht paktgebundenen Staaten werden unterrichtet.

3. Im Rahmen der **VKSE** kam es erstmals
   - ➞ zu einer **Offenlegung der tatsächlichen, verfügbaren Kräfte** (die von westlicher Seite vermutete **Stärke des Warschauer Paktes wird bestätigt** bzw. in einigen Kategorien sogar **übertroffen!**)
   - ➞ zur **Festlegung von Obergrenzen für Waffensysteme,** zu deren Einhaltung sich alle beteiligten Staaten **verpflichten,**
   - ➞ zu erheblichen **Reduzierungen** mit dem Ziel, die **Kosten** insgesamt unter Beachtung eines **realistischen Sicherheitsbedürfnisses zu senken.**

Welche Ziele verfolgten die Verhandlungen über Vertrauens- und Sicherheitsbildende Maßnahmen in Europa (VVSBM)?

9.7

---

1. Seit **09.03.89** verhandelten **35 Teilnehmer** in **Wien** parallel zur **VKSE.**

2. Die **VVSBM** wurden auf **Grundlage der KVAE-Ergebnisse**/1986 (Stockholm) weitergeführt.

3. **Ziel:** Erweiterung und Verbesserung der Stockholmer Verhandlungsergebnisse.

Welche Bedeutung hatte der »Pariser KSZE-Gipfel«?

9.8

1. **19.- 21.11.1990 in Paris** (34 Teilnehmer/erstmals das vereinte Deutschland)

2. **Ergebnis:**
   ➡ Unterzeichnung der Ergebnisse der VVSBM vom 17.11.1990
   ➡ Unterzeichnung der Abschlußakte KSE (KSE-Vertrag) durch die Staats- und Regierungschefs

3. **Zukünftige Zielsetzung:**
   ➡ Überwindung der Konfrontation in Europa durch intensive, umfassende Koooperation
   ➡ Institutionalisierung der VKSE und KSZE als zukünftige Zentren der Konfliktverhütung auf parlamentarischer Ebene

4. Am 19.06.1991 tritt **Albanien** als 35. und vorläufig letztes europäisches Land der KSZE bei.

5. Im Januar 1992 wurden die GUS-Staaten aufgenommen. Damit ist erstmals ein europäisches Gremium geschaffen worden, welches auch die Staaten Osteuropas und des ehemaligen Warschauer Paktes einbezieht.

VVSBM: Verhandlungen über Vertrauens- und Sicherheitsbildende Maßnahmen in Europa

VKSE: Verhandlungen über konventionelle Streitkräfte in Europa

KSZE: Konferenz über Sicherheit und Zusammenarbeit in Europa

Auf welchen Grundlagen baute der KSE-Vertrag auf (MANDAT)?

9.9

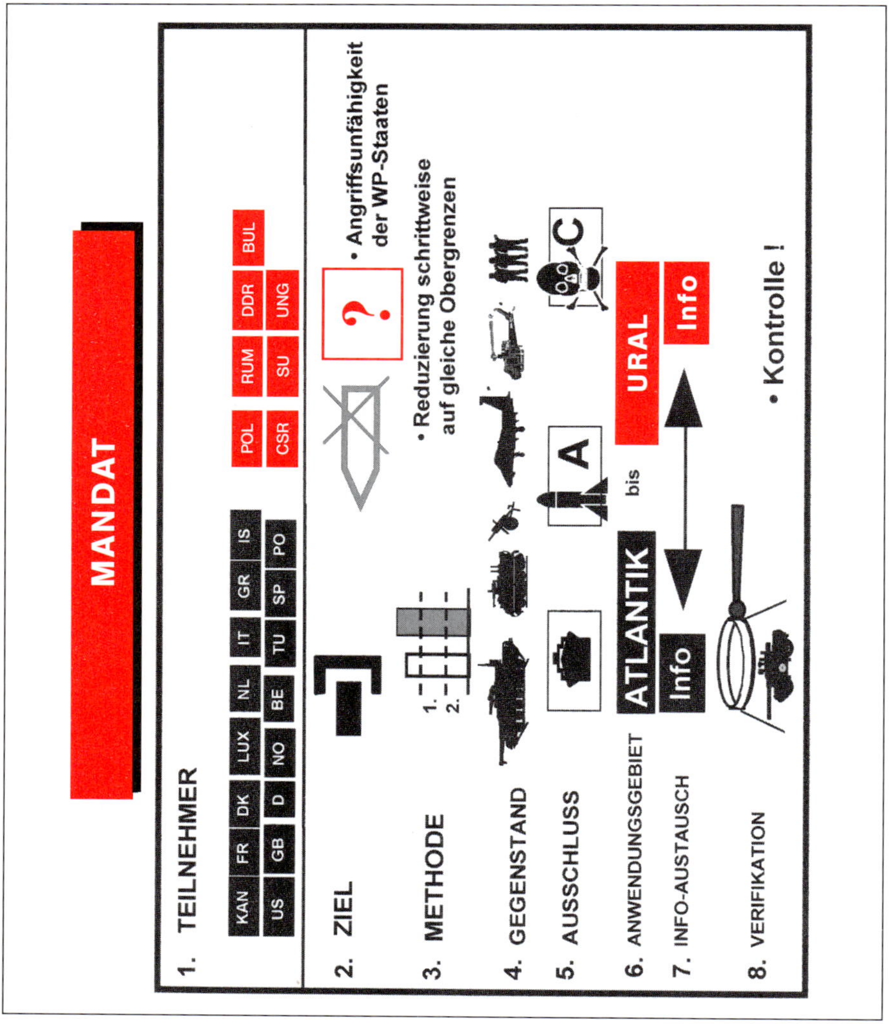

Quellen: 44

Wie sind die einzelnen Waffensysteme im KSE-Vertrag definiert?

9.10

	Waffensysteme		
1.	Kampfpanzer		• Gewicht ab 16,5t • Kaliber der Kanone ab 75mm
2.	Schützenpanzer		• Gewicht ab 6 t • Kaliber der Kanone ab 20mm
3.	Artilleriegeschütze		• Großkalibrig ab 100mm • auch Mörser und Mehrfachraketenwerfer
4.	Hubschrauber		• nur Kampfhubschrauber • Ausstattung mit Lenkflugkörpern, Bomben, Kanonen
5.	Kampfflugzeuge		• keine genaue Definition • nur kollektive Obergrenze • Entscheidung liegt bei den Ländern / Vertragspartnern

Quellen: 62

Wie wirkte sich die Abrüstung aus? (Zonen/Obergrenzen)

9.11

Obergrenzen

Kategorie	Bündnis gesamt	Aktive Truppenteile	Depots
	20.000	16.500	3.500
	30.000	27.300	2.700
	20.000	17.000	3.000
	6.800	—	—
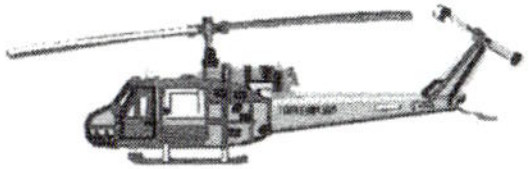	2.000	—	—

In welchem Umfang wurde die Verschrottung von Waffensystemen aufgrund der geschlossenen Verträge notwendig?

9.12

---

1. Der **KSE-Vertrag** sah die Verschrottung von rund **4500 Panzern, Geschützen, Flugzeugen** und anderen schweren Waffen vor.

2. Deutscher Anteil:
   → ca. **2.000 Kampfpanzer**
   → ca. **10.000 verschiedene Waffensysteme**
   → ca. **300.000 Tonnen Munition der ehemaligen NVA**

3. Im **einzelnen:**

   (1) Kampfpanzer
   → **190 T 54**
   → **1.500 T 55** (ehem. NVA)
   → **590 M 48**

   (2) gepanzerte Kampffahrzeuge
   → **680 BTR 152** (ehem. NVA)
   → **140 BTR 40** (ehem. NVA)
   → **115 Kanonenjagdpanzer**

   (3) Artilleriegeschütze
   → **400 HM 30** (ehem. NVA)

   (4) Kampfflugzeuge
   → **136 MIG 21** (ehem. NVA)

4. **Deutschland** hat als eines der ersten der beteiligten Länder den KSE-Vertrag **6 Monate vor Ablauf der Frist (November 95)** erfüllt.
   Gesamtkosten: über 100 Mio DM

Was bedeutet die Reduzierung für die Bundeswehr in den 90er Jahren?

Kategorie	Bw (Alt) Bestand	NVA (Alt) Bestand	Bw Summe	Bw nach VKSE	Reduzierung absolut	Reduzierung %
	5.116	2.222	7.338	4.166	3.172	43%
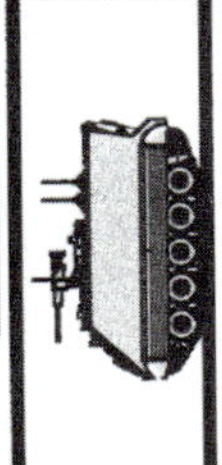	3.403	5.418	8.821	3.446	5.375	61%
	2.511	2.465	4.976	2.705	2.271	46%
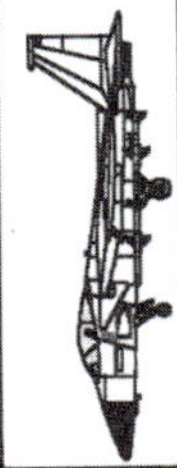	682	304	1.076	900	176	18%
	306	87	393	306	87	22%
 1)	472.000	105.000 2)	577.000	370.000 (340.000)	207.000 (237.000)	36% (42%)

1.) Deutsche Vorleistung, wurde bei VKSE I noch nicht verhandelt
2.) Bereits ab Oktober 90 reduziert

Quellen: 62

Wie sahen die zeitlichen Auflagen für die Reduzierung aus?

9.14

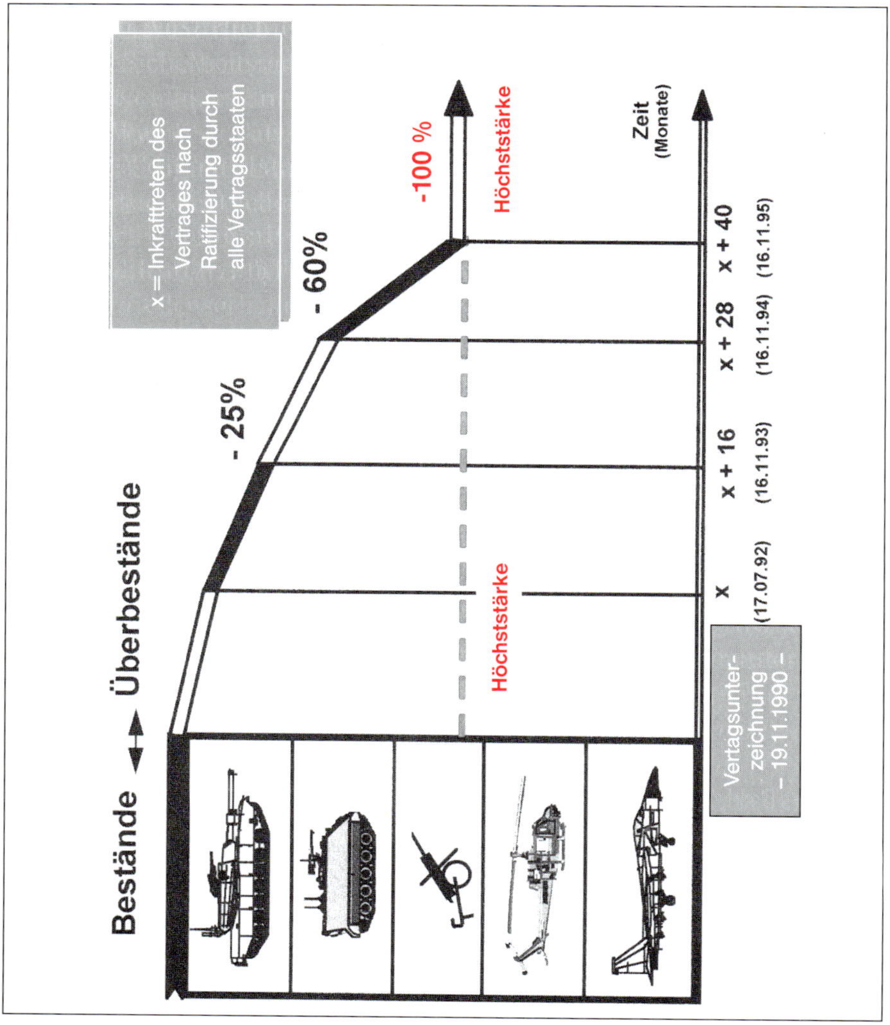

Quellen: 62

Wie werden die vereinbarten Abrüstungsmaßnahmen überwacht?

9.15

1. Bereits am **17.11.1990** nahmen die **KSZE-Teilnehmerstaaten** das **»Wiener Dokument 90«** an,
   welches die Grundlage für die Überprüfung der Abrüstungsmaßnahmen darstellt.

2. Am **04.03.1992** wurde von den Delegationen der **KSZE**-Teilnehmerstaaten – darunter die **ehemaligen WP-Staaten** –
   das **»Wiener Dokument 92«** anerkannt.
   Dieses garantiert umfangreiche, gegenseitige **Informationen und Inspektionen** aller Teilnehmerstaaten und bietet so die Möglichkeit, den jeweiligen Stand der Abrüstungsbemühungen bis in die **vorgegebenen Details** zu überwachen.
   Alle Teilnehmerstaaten haben sich darüber hinaus verpflichtet, diese Inspektionen **organisatorisch** zu unterstützen und den **Zugang** zu allen erforderlichen Bereichen im zu inspizierenden Truppenteil **sicherzustellen.**
   Zur **Verminderung von Risiken** wurde eine umfassende Zusammenarbeit bei Zwischenfällen militärischer Art beschlossen.

3. Die Staaten der **NATO** und des ehemaligen **Warschauer Paktes** haben sich am **24.03.1992** in **Helsinki**
   »Vertrag über den Offenen Himmel«-»OPEN SKIES«
   über die Einrichtung eines **luftgestützten Beobachtungssystems** geeinigt.
   Es soll sowohl zur Rüstungskontrolle als auch zur Überwachung krisenhafter Entwicklungen eingesetzt werden.

9.15

Der »**Offene Himmel**« schließt ein:

→ das gesamte Gebiet der **KSZE/OSZE-Staaten** (NATO und ehemaliger Warschauer Pakt/incl. des asiatischen Territoriums der ehemaligen Sowjetunion)
→ den Luftraum der **Vereinigten Staaten und Kanadas.**

In der Präambel des Vertrages ist ferner festgelegt, daß der Einsatz von Beobachtungssystemen auch zum **Schutz der Umwelt** möglich sein wird.

Über Einsätze im Rahmen dieses Vertrages entscheidet die **Beratungskommission** »Offener Himmel« (»OPEN SKIES«), die sich aus Delegierten aller Vertragsstaaten zusammensetzt.
Ihr Vorsitz wechselt von Tagung zu Tagung (viermal jährlich/max. vier Wochen) in alphabetischer Reihenfolge (französisch) der Namen der Vertragsstaaten.

Quellen: 58

Macht die Reduzierung der Streitkräfte kurzfristig Mittel für andere Bereiche frei?

9.16

---

1. Abrüstung gibt es nicht zum »**Nulltarif**«:

→ Deutschland hatte **2 Armeen,**
- die **Bundeswehr** und die **ehemalige NVA** (gesamt **510.000** Soldaten)
- umzustrukturieren bzw. aufzulösen bzw.
- auf eine **Personalstärke** von insges. **370.000**/später **340.00 Mann** zu kürzen.

→ Soldaten sind »**Staatsbürger in Uniform**« und stehen damit unter dem Schutz des **sozialen Rechtsstaates.** Bei Entlassung bzw. vorzeitiger Zurruhesetzung sind sie im Rahmen der Fürsorge langfristig abzufinden.

→ Die militärische **Infrastruktur** in den 5 neuen Bundesländern entsprach nicht dem in der Bundeswehr üblichen Standard. Unter dem Aspekt »**Fürsorgepflicht**« wurden erhebliche Mittel eingesetzt, um Kasernen nach bundeswehrspezifischen Grundsätzen bewohnbar zu machen.
(Kosten ca **16,5 Mrd** DM)

→ Die Bundesrepublik hat zusätzlich die Verpflichtung übernommen, sowohl »**Altlasten**« der ehemaligen NVA als auch der **sowjetischen Streitkräfte** zu beseitigen (Schwerpunkt: **Umweltschutz**).

→ Insgesamt hatte die Bundeswehr über **10.000 Hauptwaffensysteme** und über **300.000 Tonnen Munition zu verschrotten.** (Kosten ca.100. Mio DM)

9.16

2. Die Reduzierung erforderte gleichzeitig eine

   → umfangreiche **Umstrukturierung** und
   → bedarfsgerechte **Umrüstung** der Streitkräfte,
   um den neuen Aufgaben und Herausforderungen
   gerecht werden zu können.

3. **Fazit:**
   Wesentliche Einsparungen werden sich **ohne Substanzverlust** erst langfristig

   → **nach Abschluß der Umstrukturierung**
   → **nach vollzogener Umgliederung bzw. Umrüstung**
   einstellen können.
   Die Bundesregierung wird im Einzelfall »Für und Wider« entscheiden müssen.
   Diese Entscheidungen werden angesichts der mittelfristig zu erwartenden, negativen finanziellen Entwicklung zunehmend auch durch diese dominiert.

Wie stellt sich die derzeitige politische und militärische Entwicklung in Europa dar?

9.17

1. Die massive **Bedrohung** Europas durch den Warschauer Pakt ist weggefallen.

2. Die osteuropäischen Länder und die Republiken der ehemaligen Sowjetunion wenden sich Demokratie, Rechtsstaatlichkeit und sozialer Marktwirtschaft zu. Dabei spielen jedoch auch **nationale Bestrebungen** und der Wunsch zu **staatlicher Eigenständigkeit** eine nicht zu unterschätzende Rolle.

3. Die Verträge zur **Abrüstung** und zum **Truppenabbau in Europa** wurden schrittweise und in überschaubaren Zeiträumen (bis **Ende 1994**) durch die Beteiligten umgesetzt.

4. Die **»Konferenz/Organisation für Sicherheit und Zusammenarbeit in Europa«** (KSZE/OSZE) gestaltet die europäische Friedensordnung weiter und hat in zielgerichteter Umsetzung ihrer Kooperationsbemühungen auch Teilnehmer aus dem ehemaligen Machtbereich des Warschauer Paktes aufgenommen.

5. Sowohl die **Europäische Union (EU)**, als auch die **NATO** arbeiten politisch und militärisch mit den Staaten in Osteuropa zusammen. Die Grundlagen für ein zukünftiges **europäisches Sicherheitssystem** werden sichtbar.

6. Nach der Wiedervereinigung ist **Deutschland souverän** und hat mit der Erweiterung des politischen Spielraumes auch einen größeren Teil der **Gesamtverantwortung** für diese Welt und insbesondere für Europa mit übernommen.

7. Damit sind insgesamt die **Möglichkeiten** zur Erhaltung des Friedens in Europa in einem vorher kaum zu erahnenden Umfang gestiegen.

9.17

8. Die derzeitige Situation **im ehemaligen Machtbereich des Warschauer Paktes** ist geprägt durch
   - ➡ wirtschaftliche und soziale **Not**
   - ➡ **Spannungen** zwischen Volksgruppen
   - ➡ Probleme mit **Minderheiten**
   - ➡ religiöse Spannungen/religiösen **Fanatismus**
   - ➡ starke **nationalistische** Interessen/nationalen Radikalismus
   - ➡ auflebende, ungelöste **Gebietsansprüche**

   und **bedarf der kritischen Beobachtung**.

   Das **Risiko**, das von diesem gesamten Bereich ausgeht, wird insgesamt beeinflußt durch
   - ➡ die nach wie vor bestehenden riesigen und **schwer kalkulierbaren Waffenarsenale**
   - ➡ den Bestand an **Atomwaffen**, der zwar seit Mitte 1992 mit Masse in Rußland zentralisiert ist, aber in den Folgejahren zunächst kontrolliert abgebaut werden muß. Angesichts der wirtschaftlichen Lage der GUS wird sich dieser Abbau ohne Hilfeleistung von außen unter finanziellen Gesichtspunkten als nur schwer lösbares Problem darstellen.
   - ➡ die ständig wachsende, **internationale Kriminalität**, die auch vor dem unkontrollierten Verkauf »spaltbaren Materials« (Plutonium), welches zum Bau von Atomwaffen befähigt, nicht halt macht.

Gibt es heute noch eine Bedrohung aus dem Bereich des ehemaligen Warschauer Paktes?

1. Die derzeitige Entwicklung in Ost-Europa läßt grundsätzlich die **Hoffnung auf ein Europa** zu, welches einige der ehemaligen kommunistischen Satellitenstaaten zukünftig kooperativ einbezieht und so **zusätzliche Stabilitätsfaktoren** schafft.

2. In einigen anderen Staaten Ost-Europas ist die **Lage derzeit** nur als eingeschränkt **stabil** zu bezeichnen.

3. Stabilität ist jedoch **eine** der Voraussetzungen, die das **Risiko kalkulierbar** machen.

4. Wenn auch von einer **gewollten** Bedrohung nicht mehr die Rede sein kann, bleibt doch ein **Unsicherheitsfaktor** bestehen
   ➞ der sorgfältig beobachtet werden muß und
   ➞ **Vorsorgemaßnahmen** erfordert.

Wie sahen die Abzugsmodalitäten der sowjetischen Truppen aus Deutschland aus?

9.19

1. Die Abzugsmodalitäten der sowjetischen Truppen sind in einem **Vertrag** zwischen der Bundesrepublik Deutschland und der ehemaligen UdSSR vom **12.10.1990** geregelt.

2. Damit wurde der **endgültige Abzug bis zum Ende des Jahres 1994** festgelegt:
   Er umfaßte
   ➡ alle Mitglieder der sowj. Truppen, ihre Familienangehörigen und das bewegliche Eigentum,
   ➡ wurde mit den deutschen Behörden abgestimmt und
   ➡ durch Bevollmächtigte auf beiden Seiten koordiniert.

   Im Vertrag waren ebenfalls u.a. **Einzelregelungen**
   ➡ zur Ausbildung der sowjetischen Truppen,
   ➡ zum Luftverkehr,
   ➡ zur Nutzung der Liegenschaften,
   ➡ zur Polizeigewalt,
   ➡ zum Umweltschutz und der Versorgung
   vorgesehen.

   Der Abzug verlief überplanmäßig:
   Bis zum Ende des Jahres **1991** wurden insgesamt **160.000 Soldaten** und **551.000 t Material** (davon allein 278.000 t Munition) abgezogen.

   Im August 94 hat der letzte Soldat der ehemaligen sowjetischen Besatzungstruppe Deutschland verlassen!

Welche Bedeutung hat der Nordatlantische Kooperationsrat?

9.20

---

1. Die Gründung des Nordatlantischen Kooperationsrates beruht auf einer **Initiative der NATO,** die neben ihren Mitgliedern die Außenminister/Vertreter von:

→ Bulgarien,	→ Estland,
→ Lettland,	→ Littauen,
→ Polen,	→ Rumänien,
→ Tschechien	→ Slowakei,
→ Ungarn	→ der ehemaligen Sowjetunion

einbezieht.

2. In einer Erklärung vom **20.12.1991** sind diese übereingekommen,
   - → an die Stelle von Konfrontation und Teilung vergangener Jahrzehnte den **Dialog,** die **Partnerschaft** und die **Zusammenarbeit** zu stellen
   - → auf eine **dauerhafte Friedensordnung** in Europa hinzuarbeiten,
   - → die **NATO** als **Quelle der Stabilität** und zur Basis zukünftiger Zusammenarbeit zu erklären.

3. **Zielsetzung:**
   - → Stärkung der Rolle der **OSZE** (KSZE)
   - → Festigung der **Grundlagen** für ein **neues, friedliches Europa**
   - → Fortführung konventioneller und nuklearer **Rüstungskontrolle** und **Abrüstung**
   - → Schaffen von **Sicherheit** auf dem **niedrigst möglichen Rüstungsniveau**
   - → Unterstützung des Vertrages über **Nichtverbreitung von Kernwaffen und Massenvernichtungswaffen**
   - → **Kontrolle** über derzeitig vorhandene **Kernwaffenbestände** in der ehemaligen Sowjetunion.

9.20

4. **Initiativen:**
   - ➡ **Jährliches Treffen** mit dem **Nordatlantikrat** auf **Ministerebene**
   - ➡ alle 2 Monate (ab Feb. 1992) **Gespräche auf Botschafterebene**
   - ➡ zusätzliche Treffen des Kooperationsrates auf **Ministerebene,** wenn die Umstände es erfordern
   - ➡ **regelmäßiger Informationsaustausch** auf der »Arbeitsebene« (Militärausschüsse, Wirtschaftsausschüsse, politische Ausschüsse usw.).

Hat man versucht, die Ausbreitung von Atomwaffen zu verhindern?

9.21

1. Am 01.07.**1968** (Inkrafttreten 05.03.1970) wurde durch Vertrag die Beteiligung von Nichtkernwaffenstaaten an der Herstellung von Kernwaffen bzw. der Besitz von Kernwaffen durch diese Staaten verboten (**»Nichtverbreitungsvertrag«**/
Treaty on the nonproliferation of nuclear weapons/NPT).
2. Inzwischen haben mehr als **120 Staaten** diesen Vertrag unterschrieben.
3. Die Tatsache, daß einige Staaten – insbesondere Staaten, die bereits mit der Entwicklung von A-Waffen begonnen haben bzw. kurz vor der Fähigkeiten stehen, diese auch einsetzen zu können – diesen Vertrag nicht unterschrieben haben, erhöht die Gefahr eines Einsatzes von Atomwaffen durch **unkalkulierbare Staaten** selbst zur Regelung kleinerer, lokaler Konflikte (Beispiel: Naher Osten, Golfregion).
4. Im März 1994 hat **Nordkorea** aufgrund der militärischen Entwicklung in Südostasien die Kündigung des Atomwaffensperrvertrages angedroht. Dies war vorläufiger Höhepunkt einer jahrelangen Verweigerung der Kontrollen durch internationale Gremien. Der Verdacht, daß die Entwicklung von A-Waffen kurz vor ihrem Abschluß steht (Einsatzfähigkeit), wird damit erneut genährt. Die unter diplomatischen Druck der USA im Juni bis Oktober 94 ausgehandelte Verzichtserklärung (Weiterentwiklung der A-Waffen) bedarf der **kritischen Beobachtung.**
5. Der Zerfall der Sowjetunion als Atommacht und der damit verbundene wirtschaftliche Zusammenbruch haben die Gefahr des **Verkaufs von »Know-how«** in alle Welt erheblich vergrößert. Dieser Entwicklung steht die Welt derzeit beinahe machtlos gegenüber. Eine Eindämmung erscheint nur möglich, wenn die UNO strengste **Sanktionen gegen Mißbrauch** ankündigt und auch entschlossen durchsetzt (Beispiel: **Irak**).

Hat man versucht, das Atomwaffenpotential der Großmächte zu begrenzen?

9.22

1. Bereits **Anfang der 70er Jahre** hatte die Sowjetunion gegenüber den USA durch ihre Raketenaufrüstung ein **strategisches Gleichgewicht** erreicht.

2. Gleichzeitig war das Nuklearpotential beider Seiten soweit angestiegen, daß es möglich wurde, die Welt mehrfach zu zerstören **(Overkill-capacity).**

3. **SALT I (1972)**
   Am 26.05.1972 wurden in Erkenntnis dieser Tatsache erste Abrüstungsgespräche zwischen den USA und der Sowjetunion geführt
   – **SALT**/**S**trategic **A**rms **L**imitation **T**alks –
   Ziel:
   ➡ Begrenzung der Systeme zur Abwehr **ballistischer Flugkörper** (**AB**M/**A**nti-**B**allistic **M**issiles)
   ➡ Begrenzung **strategischer Angriffswaffen**
   ➡ Beschränkung auf **2 Dislozierungsgebiete** (Raum um Moskau/»Grand Forks«)
   ➡ **Verifikation** (Überprüfbarkeit/Kontrolle) durch Raumsatelliten
   ➡ Verbot vorsätzlicher **Verschleierungsmaßnahmen**

4. **SALT II**
   ➡ Begrenzung der Anzahl der **Abschußrampen**
   ➡ der **schweren Bomber**
   ➡ der auf **Nuklearunterseebooten gestützten Raketen**
   Der Vertragstext wurde von den **USA** wegen
   ➡ Bedenken hinsichtlich der **Verifikation** (Überprüfbarkeit/Kontrolle) und
   ➡ des **sowjetischen Angriffs auf Afghanistan**
   nicht ratifiziert.

5. **START (1982)**
   Am **30.06.1982** wurde die Reduzierung der **interkontinental-strategischen Systeme** in den START- Verhandlungen
   – **START**/**S**trategic **A**rms **R**eduction **T**alks –
   in Angriff genommen.

6. **»Genfer Rüstungskontrollverhandlungen« (1985)**
   1985 sind die Ergebnisse der START-Verhandlungen zur Grundlage der »Genfer Rüstungskontrollverhandlungen« geworden.

7. Seit dem **30. Mai 1994** sind die strategischen Atomwaffen der **USA, Rußlands** und **Großbritaniens** nicht mehr auf Ziele im jeweiligen anderen Land ausgerichtet.

8. **Atomwaffensperrvertrag (1994)**
   → **Verbot der Weitergabe** von Nuklearwaffen durch die 5 offiziellen Atommächte USA, Frankreich, Großbritannien, Rußland, China
   → **Verbot des Erwerbs oder der Herstellung** von Atomwaffen für alle übrigen Vertragsstaaten

   Problem:
   → **Israel, Indien, Pakistan** sind als vermutliche, atomwaffenfähige Staaten dem Vertrag **nicht beigetreten**
   → **Algerien, Irak, Iran, Libyen und Nordkorea,** die offensichtlich den Besitz von Atomwaffen anstreben, **boykottieren** die Beschlüsse der UNO-Konferenz

9.22

Am **28. Juli 1996** sind die 2 jährigen Verhandlungen über den Atomteststoppvertrag zunächst **gescheitert.**

Begründung:

➡ Die Forderung **Englands,** neben den 5 Atomwaffenmächten auch die atomaren Schwellenländer **Indien, Pakistan** und **Israel** in die Ratifizierung des Vertrages einzubeziehen, wurde durch **Indien** abgelehnt.

➡ Indien will die Atomwaffenmächte darüber hinaus zur Abrüstung ihrer nuklearen Waffenarsenale zwingen.

➡ Durch die Nichtunterzeichnung Indiens wird der Vertragsentwurf aus Sicht Pakistans – als direkter Nachbar Indiens – zur »**Totgeburt**«.

Was bewirkt der START II Vertrag vom Mai 1992?

9.23

1. Nachdem **START I** zwischen zwei Parteien **(USA und UdSSR)** verhandelt wurde, gestalten sich die Verhandlungen bei **START II** durch den Zerfall der UdSSR schwieriger.

   Den USA stehen als **Partner** gegenüber:

→ **RUßLAND**	(ca. 6.700 Atomsprengköpfe)
→ **UKRAINE**	(ca. 1.200 Atomsprengköpfe)
→ **KASACHSTAN**	(ca. 1.400 Atomsprengköpfe)
→ **WEIßRUßLAND**	(ca. 100 Atomsprengköpfe)

2. Bis zum **Februar 1993** hatten alle Vertragspartner – mit **Ausnahme** der **UKRAINE** – START II **ratifiziert** bzw. durch ihre Volksvertretungen bestätigen lassen.
   Seit **1996** hat die Ukraine nach eigenen Angaben ihre Atomwaffen an Rußland übergeben.

3. **Zielsetzung:**
   1. Beendigung des **»Overkills«.**
   2. **Strategische Stabilität** durch **Verzicht auf Erstschlagfähigkeit.**

4. **Inhalte:**
   → **Reduzierung** der strategischen Atomwaffen **um ca. 1/3** des heutigen Bestandes.
   → »Einfrieren« auf **3.000 bis 3.500 Sprengköpfe** in den **USA** bzw. in **RUßLAND.**
   → Verzicht auf landgestützte Raketen mit **Mehrfachsprengköpfen.**
   → »Einfrieren« seegestützter Raketen mit **Nuklearsprengköpfen** bei **1.700.**

- → Verzicht auf **Kernwaffenbestückung** der amerikanischen **Bomber B1** und **B2.**
- → Umrüstung der **Interkontinentalraketen** auf Einfachsprengköpfe.

5. **Zeitplan:**
   bis **2000: Reduzierung** auf 3.800 bzw. 4.250 Sprengköpfe auf beiden Seiten,
   bis **2003:** Erreichen der festgelegten **Obergrenzen.**

6. **Probleme:**
   1. Erst nach **Ratifizierung** durch **alle** Verhandlungspartner sind die Voraussetzungen für zeitlich organisierte und kontrollierte Abrüstungsmaßnahmen gegeben.
   2. Die ehemaligen Atomstaaten der UdSSR bedürfen der **finanziellen Unterstützung,** da die Zerstörung von Atomsprengkörpern bzw. Trägerwaffen sehr aufwendig ist.
   3. **START** II ist geeignet, die offiziellen Atommächte zu begrenzen.
      Die Produktion von Atomwaffen in anderen Staaten (z.B. **IRAK, NORDKOREA** usw.) wird dadurch nicht regelbar.
      Dieses **unkalkulierbare Risiko** erfordert, daß die **Atommächte** auch zukünftig in der Lage sein müssen, einer eventuellen atomaren Bedrohung im Verlaufe von Krisen bzw. von Konflikten durch **Abschreckung** und Flexibilität der Optionen zu begegnen.

An welchen Vereinbarungen und Verhandlungen im Rahmen der Rüstungskontroll- und Entspannungspolitik hat die Bundesrepublik Deutschland teilgenommen?

9.24

Art. des Vertrages	in Kraft ab	Inhalt des Vertrages	Beitritt Bundesrepublik
»Antarktis-Vertrag«	1959	regionale Entmilitarisierung/Verbot für Kernexplosionen	05.02.1979
Begrenzter **Test-Stop-Vertrag**	1963	Verbot von Kernwaffenversuchen in der Atmosphäre, im Weltraum und unter Wasser	01.12.1964
»Weltraumvertrag«	1967	Beschränkung militärischer Aktivität und Stationierungsverbot für Massenvernichtungswaffen im Weltraum	10.02.1971
»Nichtverbreitungsvertrag«	1968	Verbot der Weitergabe, Herstellung und Annahme von Kernwaffen	02.05.1975
»Meeresbodenvertrag«	1971	Beschränkung militärischer Aktivität und Stationierungsverbot für Massenvernichtungswaffen auf dem Meeresboden seewärts einer 12-Meilen-Zone	18.11.1975
Übereinkommen über **bakteriologische und Toxinwaffen**	1972	Verbot, B-Waffen zu entwickeln, herzustellen, zu erwerben und zu lagern	10.04.1972

Art. des Vertrages	in Kraft ab	Inhalt des Vertrages	Beitritt Bundesrepublik
Übereinkommen gegen **umweltverändernde Kriegsführung**	1977	Verbot der militärischen Verwendung von Umwelt-veränderungs-techniken	18.05.1977
Ostverträge:			
Grundlagenvertrag mit **UdSSR**	12.08.1970		
Grundlagenvertrag mit **Polen**	07.12.1970		
Grundlagenvertrag mit der **DDR**	21.12.1972		
Grundlagenvertrag mit der **CSSR**	11.12.1973		
4-Mächte-Abkommen Berlin	03.09.1971		
Sicherheit u. Zusammenarbeit in Europa			
MBFR	1973–1989	(ohne Erfolg!)	
KSZE	01.08.1975	(Schlußdokument) Folgetreffen: 1978/79, 1980–83, 1986–89	
KVAE	1984–86		
VKSE	1989/90		
VVSBM	1989/90		
»Pariser Gipfel«	19.–21.11.1990	(endet mit dem KSE-Vertrag)	

Wie hat sich der deutsche Verteidigungshaushalt (Einzelplan 14) den Entspannungsprozess angepaßt?

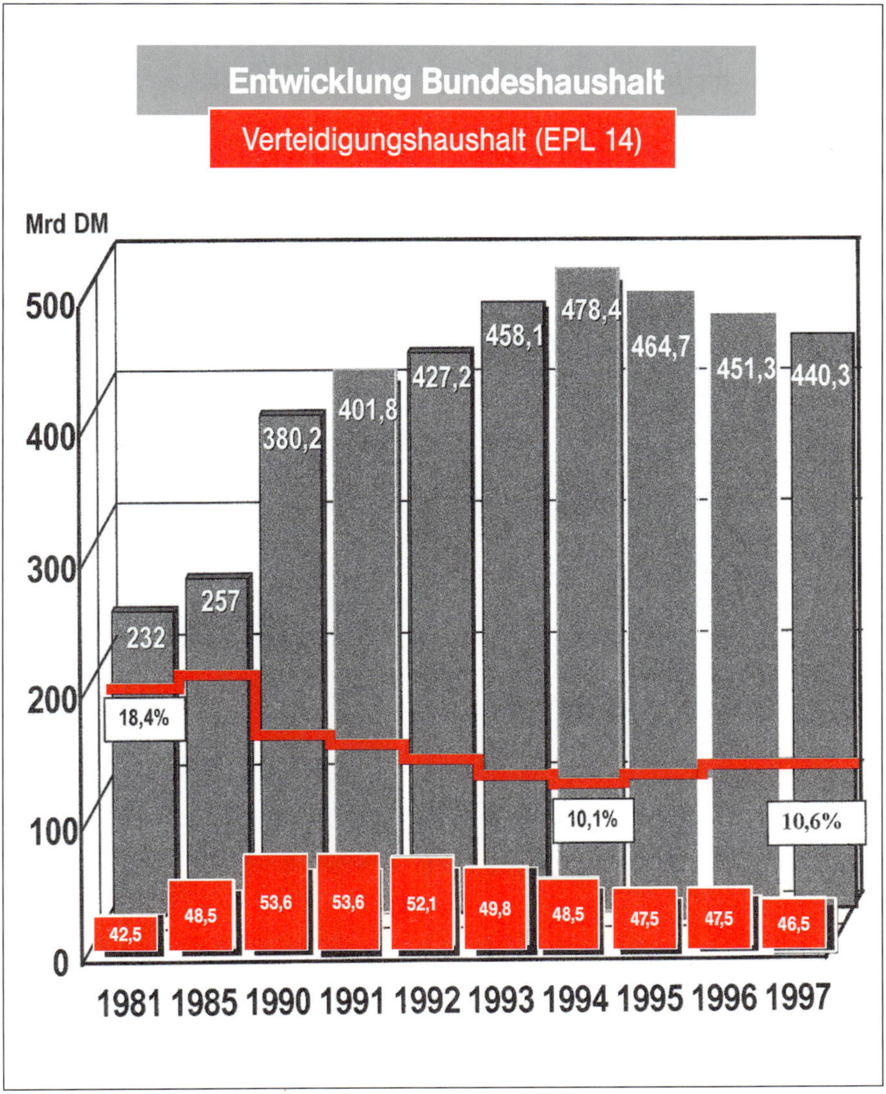

9.25

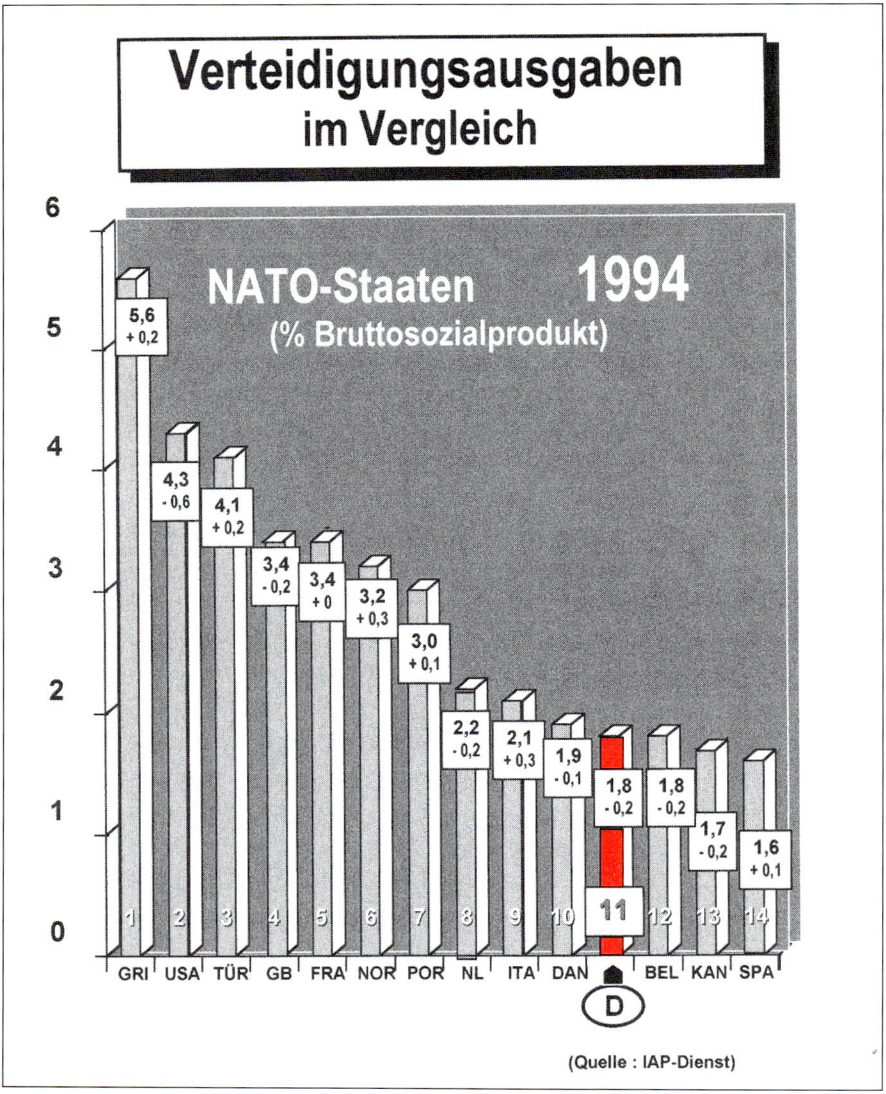
Verteidigungsausgaben
im Vergleich
NATO-Staaten 1994
(% Bruttosozialprodukt)
6
5
4
3
2
1
0
5,6 + 0,2
4,3 - 0,6
4,1 + 0,2
3,4 - 0,2
3,4 + 0
3,2 + 0,3
3,0 + 0,1
2,2 - 0,2
2,1 + 0,3
1,9 - 0,1
1,8 - 0,2
1,8 - 0,2
1,7 - 0,2
1,6 + 0,1
1 2 3 4 5 6 7 8 9 10 11 12 13 14
GRI USA TÜR GB FRA NOR POR NL ITA DAN BEL KAN SPA
D
(Quelle : IAP-Dienst)

Volker Rühe:

»Auch die Bundeswehr muß sparen, wenn alle Kräfte der Gesellschaft angespannt sind, um die Einheit zu vollenden und die internationalen Herausforderungen zu meistern.
Aber ich bin entschlossen, diesen Prozeß der Sparsamkeit nicht einfach zu erleiden, sondern die Entwicklung unserer Streitkräfte in Zeiten knappen Geldes dennoch so gut wie möglich zu gestalten.
Bei unveränderten Grunddaten und weniger Geld als bisher können wir nicht weitermachen wie bisher...

...Wir haben erhebliche Substanzverluste – zum Teil von mehr als einem Drittel – hinnehmen müssen.
Die Bundeswehr hat damit eindeutig die Schmerzgrenze erreicht.
Wer nun noch weiter in den Verteidigungshaushalt einschneidet – ohne konkrete Vorschläge, wie die Sozialdemokraten –, der nimmt der Bundeswehr die Chance, wenigstens ihren Kern modern zu erhalten und sich auf neue Prioritätsaufgaben vorzubereiten.«

Betr: ***Bundeswehr, Sicherheitspolitik und Streitkräfte im Wandel***
Schriftenreihe OFFENE WORTE seit 1789 Verlag E.S. Mittler & Sohn, Berlin · Bonn · Herford

Persönliche Notizen

Kapitel 10: Sicherheitspolitische Perspektiven für die Zukunft

10.1. Was **bedroht uns** in der **Zukunft**?

10.2. Braucht man zur **Verteidigung** heute noch **Atomwaffen**?

10.3. Warum **verzichtet** die Welt nicht auf Atomwaffen?

10.4. Welche Ereignisse bestimmen den **Weg zur neuen europäischen Friedensordnung**?

10.5. Wie stellen sich nach der Entspannung zwischen Ost und West die **Krisenherde in und um Europa** dar?

10.6. Wie könnten die **Sicherheitsstrukturen Europas in Zukunft** aussehen?

10.7. Welchen **Auftrag** müssen **Streitkräfte in Zukunft** haben?

10.8. Wie müssen **Streitkräfte in Europa zukünftig** aussehen?

10.9. Wie reagierten die **NATO-Partner** und unsere **europäischen Nachbarn** auf den **Wegfall der Konfrontation**?

10.10. Welchen **Umfang** haben zukünftig die **konventionellen Streitkräfte in Europa**?

10.11. Hat der **Strategiegedanke**, auf eine **Aggression** flexibel reagieren zu können, **(»Flexible Response«)** noch Zukunft?

10.12. Welches **Prinzip** ersetzt angesichts der Entspannung in Europa die **»Vorneverteidigung«**?

10.13. Was bedeutet eine **zukünftige, neue Struktur eines europäischen Verteidigungsbündnisses** für die Bundeswehr?

10.14. Sollte **Deutschland** Mitglied der **NATO** bleiben?

10.15. Benötigt **Deutschland in Zukunft noch Streitkräfte**?

10.16. Welche **Vorteile** hat eine **Berufsarmee**?

10.17. Welche **Nachteile** hat eine **Berufsarmee**?

Was bedroht uns in der Zukunft?

10.1

1. Ursachen für zukünftige Konflikte können sein:
   - ➡ **Wirtschaftliche Not** in den armen Teilen dieser Erde (Dritte Welt)
   - ➡ **Bevölkerungsexplosion** (Selbsterhaltungstrieb → »Völkerwanderung«)
   - ➡ Religiöser **Fanatismus**
   - ➡ Politischer **Radikalismus** bzw. Nationalismus/Chauvinismus.
   - ➡ Kampf um lebenswichtige **Ressourcen** (z.B. **Wasser**!)

2. Bereits jetzt befinden sich Staaten im Besitz von **ABC-Waffen**, die sich bisher als **politisch wenig oder nicht kalkulierbar** erwiesen haben und so zur allgemeinen Gefahr werden können.

Quellen: 21, 66, 74, 79

☞

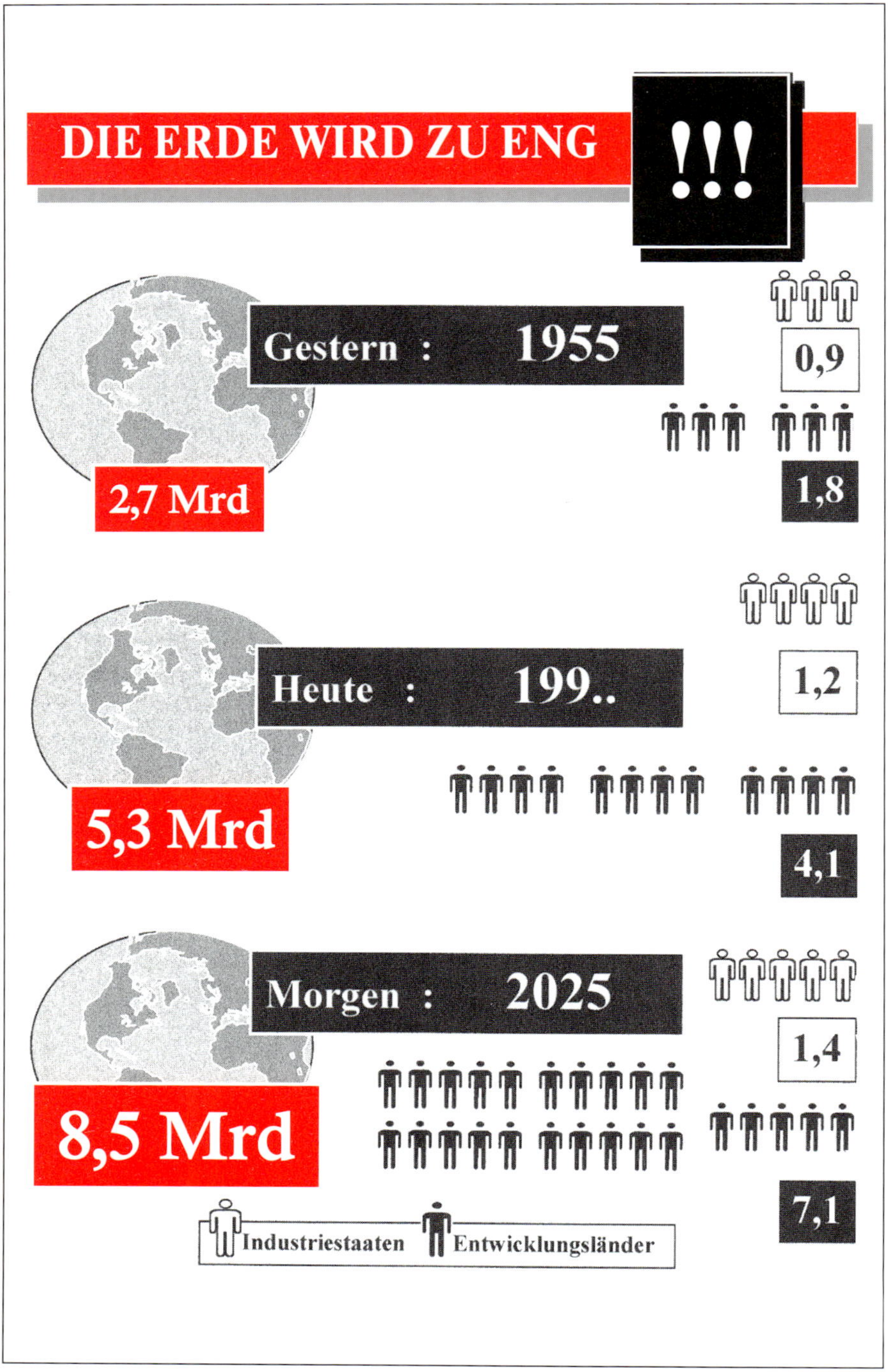
DIE ERDE WIRD ZU ENG
!!!
Gestern : 1955
0,9
1,8
2,7 Mrd
Heute : 199..
1,2
4,1
5,3 Mrd
Morgen : 2025
1,4
7,1
8,5 Mrd
Industriestaaten
Entwicklungsländer

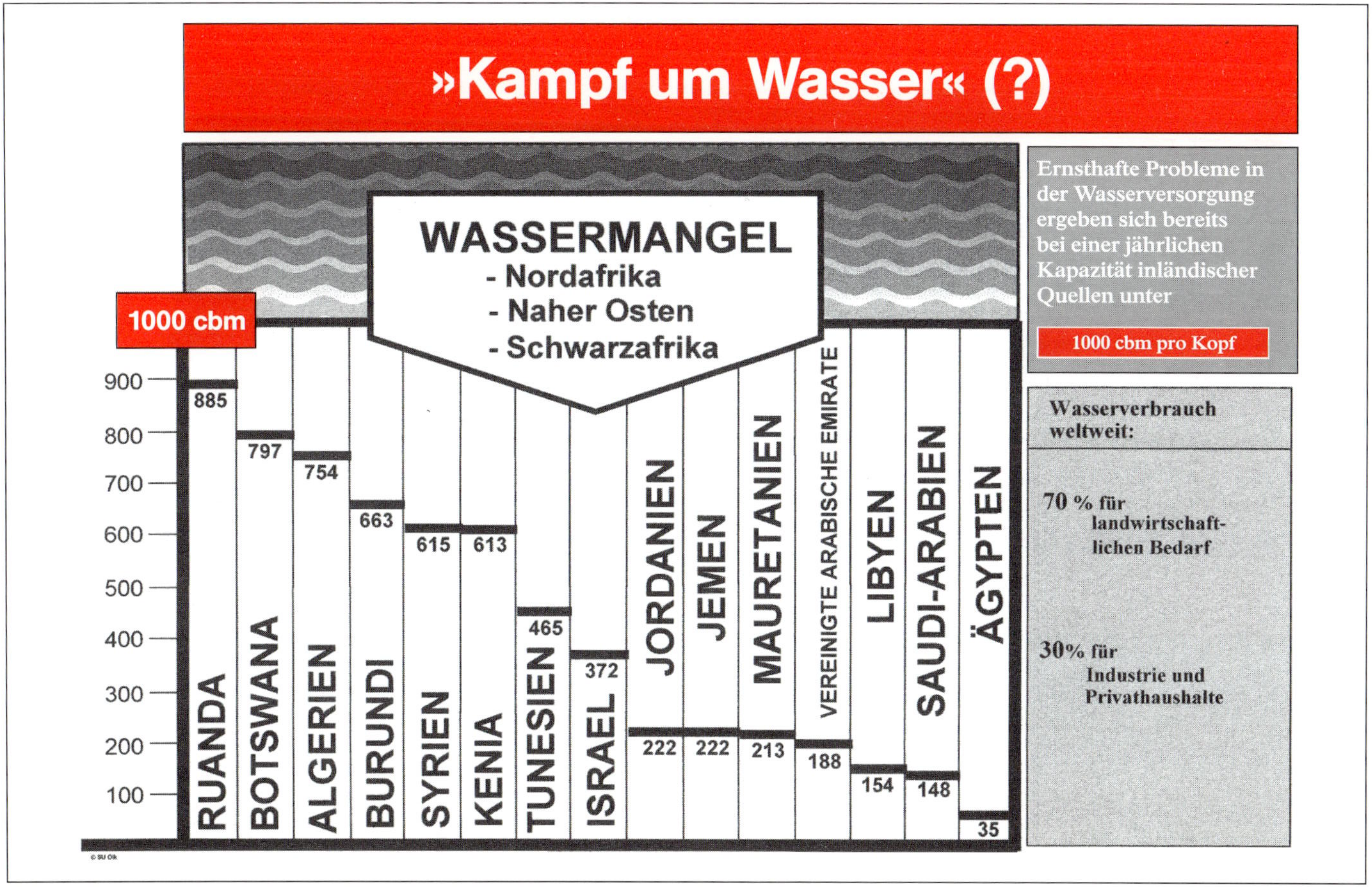
»Kampf um Wasser« (?)
WASSERMANGEL
- Nordafrika
- Naher Osten
- Schwarzafrika
1000 cbm
900
800
700
600
500
400
300
200
100
RUANDA 885
BOTSWANA 797
ALGERIEN 754
BURUNDI 663
SYRIEN 615
KENIA 613
TUNESIEN 465
ISRAEL 372
JORDANIEN 222
JEMEN 222
MAURETANIEN 213
VEREINIGTE ARABISCHE EMIRATE 188
LIBYEN 154
SAUDI-ARABIEN 148
ÄGYPTEN 35
Ernsthafte Probleme in der Wasserversorgung ergeben sich bereits bei einer jährlichen Kapazität inländischer Quellen unter
1000 cbm pro Kopf
Wasserverbrauch weltweit:
70 % für landwirtschaftlichen Bedarf
30% für Industrie und Privathaushalte

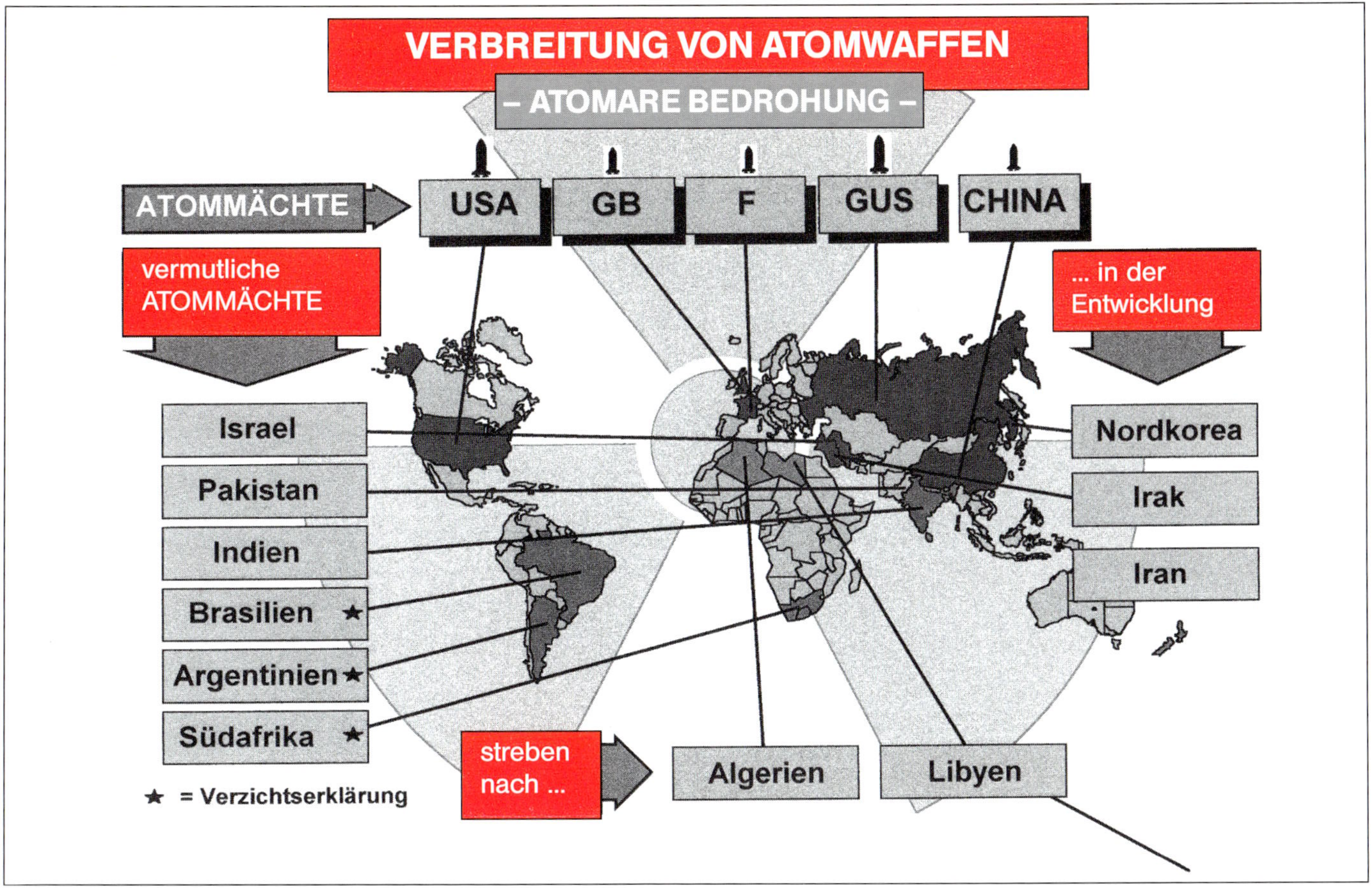
VERBREITUNG VON ATOMWAFFEN
– ATOMARE BEDROHUNG –
ATOMMÄCHTE
USA
GB
F
GUS
CHINA
vermutliche ATOMMÄCHTE
Israel
Pakistan
Indien
Brasilien ★
Argentinien ★
Südafrika ★
★ = Verzichtserklärung
... in der Entwicklung
Nordkorea
Irak
Iran
streben nach ...
Algerien
Libyen

ABC - Waffen in der DRITTEN WELT

	Atom-Waffen	Biologische Waffen	Chemische Waffen	Trägerwaffen
Nordkorea	in Entwicklung	?	vorhanden	vorhanden
Irak	? (verm. d. Golfkrieg unterbrochen)	vorhanden	?	in Entwicklung
Iran	in Entwicklung	?	vorhanden	in Entwicklung
Syrien	nicht vorhanden	?	vorhanden	in Entwicklung
Libyen	nicht vorhanden	nicht vorhanden	vorhanden	in Entwicklung
Indien	vorhanden	nicht vorhanden	?	vorhanden
Pakistan	vorhanden	nicht vorhanden	?	vorhanden

- (Bombe) = vorhanden
- ? = vermutlich vorhanden
- (Kreuz) = in Entwicklung
- (grauer Balken) = nicht vorhanden

10.1

Volker Rühe:

»In vielen Regionen der Dritten Welt bildet sich ein explosives Gemisch aus wirtschaftlicher Unterentwicklung, riesigen Schulden, rasanter Bevölkerungszunahme, desolaten Umweltbedingungen, politisch ambitioniertem religiösem Fundamentalismus und selbstzerstörerischen Stammeskonflikten. Die Anhäufung moderner Waffentechnologie dort strahlt bereits heute auf die Sicherheit Süd- und Südosteuropas aus. Illegale Waffen- und Technologieproliferation wird zu einem Risikofaktor besonderer Qualität.«

Betr: ***Bundeswehr, Sicherheitspolitik und Streitkräfte im Wandel***
Schriftenreihe OFFENE WORTE seit 1789 Verlag E.S. Mittler & Sohn, Berlin · Bonn · Herford

◆ ◆ ◆

General André Beaufre *(Frankreich, 1902-75):*

»Wird die Hoffnung enttäuscht, dann werden gegen Ende unseres Jahrhunderts die ***Voraussetzungen*** *für eine neue und* ***gigantische,*** *die entwickelten Zonen Europas und Amerikas bedrohende Völkerwanderung geschaffen sein. Gelingt es dagegen, die »Dritte Welt« aus ihrer jahrtausendealten Armut zu befreien, entstehen neue Wirtschafts- und Militärmächte, die sich mit der Rücksichtslosigkeit junger Völker der Reichtümer in den gemäßigten Klimazonen zu bemächtigen trachten. In beiden Fällen ist den wirtschaftlich entwickelten Gebieten der Welt mit dem Anbruch des 3. Jahrtausends die Frist gesetzt, innerhalb derer sie sich auf den harten Kampf um ihre* ***Existenz und Freiheit vorbereiten*** *müssen.«*

Quellen: 21, 74

☞

Prof. Werner Kaltefleiter *(Universität Kiel):*

Die ***zweite große Herausforderung für Europa*** *besteht darin, daß am südlichen und südöstlichen Rand Europas sich eine Vielzahl von Staaten befindet, die einerseits durch illegitime, diktatoriale politische Systeme gekennzeichnet sind und die andererseits in spätestens fünf Jahren über Abstandswaffen zum Teil mit nuklearen, chemischen und biologischen Sprengkörpern verfügen werden, die Europa bedrohen. ...*
Gegenüber der militärischen Bedrohung durch die südlichen und südöstlichen Randstaaten sind Raketenabwehrsysteme erforderlich, die technologisch möglich und finanzierbar sind. Anders als bei Präsident Reagan's SDI-Projekt handelt es sich hier nicht um den Schutz gegen tausend sowjetische Raketen mit je zehn Sprengköpfen, sondern um die ***Vorsorge gegen den Erpressungsversuch eines Diktators****, der über 25–50 Raketen verfügt.*

General Klaus Naumann:

»Für die überschaubare Zukunft kann jedoch angenommen werden, daß ...
... es nicht mehr genügt, Sicherheit in Europa zu sichern, es gilt, Sicherheit für Europa zu erreichen.
Wir müssen daher die Probleme, die aus den höchst instabilen Randzonen Afrikas und Asiens auf unseren Kontinent ausstrahlen, bei der Lagebeurteilung berücksichtigen...
...Es gilt vielmehr vorzubeugen, in einem breiten Ansatz der Sicherheitspolitik Konfliktursachen zu beseitigen. ...«

Generalinspekteur der Bundeswehr anläßlich des 7. Forums ***»Bundeswehr und Gesellschaft«*** *der WELT AM SONNTAG am 22. März 1994 in Berlin*

Quellen: 66, 79

Braucht man zur Verteidigung noch Atomwaffen?

10.2

---

1. Atomwaffen sind Waffen, die aufgrund ihrer **unvorstellbaren Zerstörungskraft** – dort, wo sie vorhanden sind – den **Frieden durch Abschreckung** erhalten haben.

2. Der **Umfang** der Atomwaffen muß so groß sein, daß sie erfolgreich abschrecken.

   (Eine Kapazität, die zur mehrfachen Vernichtung der Erde führen kann, ist unnütz, teuer und birgt unkalkulierbare Risiken.)

4. Voraussetzung für das Funktionieren dieser Strategie ist die **kontrollierte Begrenzung »atomwaffenfähiger« Mächte.**

Quellen: 66

Warum verzichtet die Welt nicht auf Atomwaffen?

1. So, wie das **Rad der Geschichte nicht zurückdrehbar** ist, können auch Atomwaffen aus dieser Welt nicht mehr verbannt werden.

2. Die Tatsche, daß inzwischen viele kleinere – teilweise **unkalkulierbare – Staaten** Grundlagen für den Bau einer Atombombe gelegt haben bzw. sogar schon in deren Besitz sind, unterstreicht: **Nuklearwaffen sind als Mittel der Verteidigung und zur glaubhaften Abschreckung derzeitig nicht ersetzbar!**
   → Dabei kommt es **nicht nur** darauf an, **im Besitz** von Atomwaffen zu sein, sondern von entscheidender Bedeutung sind auch:
   - Sprengkraft,
   - Zielgenauiigkeit, Tragfähigkeit und Reichweite der Trägerwaffen,
   - deren wirksamer Schutz vor Zerstörung,
   - die zur Verfügung stehende Anzahl.

3. Wer einen **Krieg wirkungsvoll verhindern** will, muß seine **Fähigkeit** und seine **Bereitschaft,** im **äußersten Notfall** die unberechenbare **Zerstörungskraft von Atomwaffen** einsetzen zu **können** und zu **wollen, glaubhaft demonstrieren.**
   → Er muß deutlich machen, daß
   - der **Krieg als Mittel der Politik** oder »Fortführung der Politik mit anderen Mitteln« **selbstmörderisch,**
   - das **Risiko eines nuklearen Krieges** für **keinen** Staat dieser Erde zu tragen ist.

4. Nur wer dieses »Klavier« beherrscht, kann den Frieden sichern: **Dies ist und bleibt Konzept und Auftrag der NATO!**

Quellen: 66, 74, 76, 79

Welche Ereignisse bestimmten den Weg zur neuen europäischen Friedensordnung?

10.4

* GUS = Gemeinschaft unabhängiger Staaten (ehem. 11 Sowjetrepubliken)

Wie stellen sich nach der Entspannung zwischen Ost und West die Krisenherde in und um Europa dar?

10.5

lfd.Nr.	Raum/Land	Ursachen
1	**Nordirland**	→ **Separatistenbewegung** gegen **Großbritannien** → Katholische Minderheit (600.000) gegen staatlich bevorteilte Protestanten (1.000.000)
2	Ehemaliges **Jugoslawien**	→ Widerstand gegen **Herrschaftsanspruch Serbiens** durch Slowenien, Kroatien, Bosnien-Herzegowina → Anspruch auf **politische Unabhängigkeit** → religiöser Konflikt **(Christen-Moslems)**
3	**Estland,** **Lettland, Litauen**	→ Unabhängigkeitsbestrebungen nach Zerfall der **UdSSR** → Russische **Minderheit** • Lettland und Estland ca. 30 % • Litauen 20 %
4	**Zypern**	→ Konflikt zwischen **Türkei** und **Griechenland** (beide **NATO**-Partner) → Seit 1960 unabhängig (ehem. Großbritannien) → 80 % Griechen, 20 % Türken → 1963 Bürgerkrieg → 1974 Besetzung des Nordteils der Insel durch die Türkei
5	**Schwarzes Meer Kaukasus**	→ Nach Zerfall der **UdSSR** bewaffneter Kampf um politische Unabhängigkeit in • **Georgien** • **Tschetschenien** • **Nachitschewan** • **Karabach** • **Aserbaidschan** → Minderheitenprobleme/Nationalismus → Religiöse Konflikte

10.5

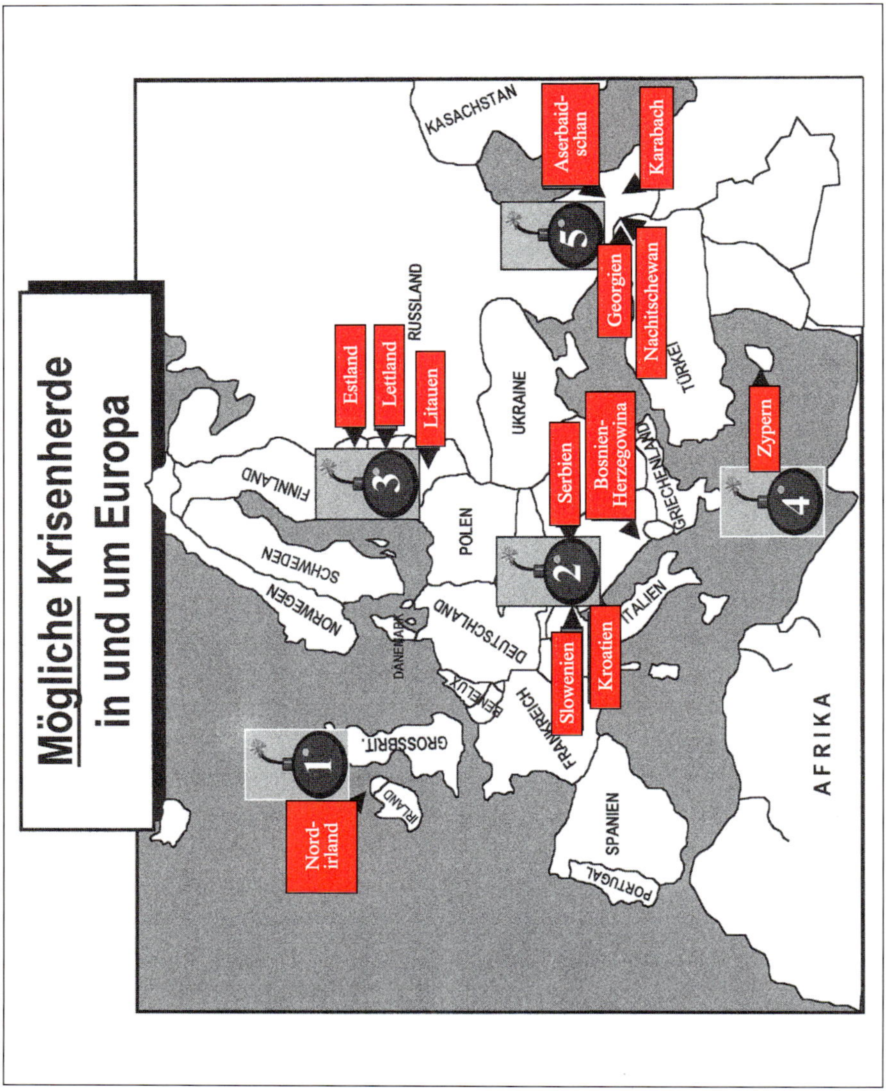
Mögliche Krisenherde
in und um Europa
1
Nord-
irland
2
Slowenien
Kroatien
Serbien
Bosnien-
Herzegowina
3
Estland
Lettland
Litauen
4
Zypern
5
Aserbaid-
schan
Karabach
Georgien
Nachitschewan
IRLAND
GROSSBRIT.
NORWEGEN
SCHWEDEN
FINNLAND
DÄNEMARK
BENELUX
DEUTSCHLAND
POLEN
FRANKREICH
SPANIEN
PORTUGAL
ITALIEN
GRIECHENLAND
TÜRKEI
UKRAINE
RUSSLAND
KASACHSTAN
AFRIKA

Volker Rühe:

Aber Europa ist keine Insel des Friedens in einer sonst konfliktträchtigen Welt. Europa ist auch keine Enklave des Wohlstandes.
Es gibt eine Fülle sozialer, politischer, ökonomischer, ökologischer und nicht zuletzt strategischer Herausforderungen neuer Qualität.
An die Stelle der alten, eindimensionalen Bedrohung sind neue, weniger deutliche Risiken getreten.
Konflikte, die Jahrzehnte unter der Betondecke des Kommunismus begraben waren, aber nicht gelöst worden sind, brechen heute in Europa um so heftiger auf.

Betr.: ***Bundeswehr, Sicherheitspolitik und Streitkräfte im Wandel***
Schriftenreihe OFFENE WORTE seit 1789 Verlag E.S. Mittler & Sohn, Berlin · Bonn · Herford

Wie können die Sicherheitsstrukturen Europas in Zukunft aussehen?

10.6

1. Die **NATO** ist als **Stabilitätsfaktor und Instrument zur Sicherheitsvorsorge** auch zukünftig von entscheidender Bedeutung.

2. Bereits mittelfristig müssen die Länder **Osteuropas** in die Sicherheitsstrukturen Europas integriert werden.

   Möglichkeiten:
   → **Osterweiterung der NATO** (gegen den Willen Rußlands)
   → **Aufbau eines neuen, kollektiven Sicherheitssystems** (**OSZE**/**O**rganisation für **S**icherheit und **Z**usammenarbeit in **E**uropa), welches alle Länder Osteuropas (inclusive derer, die **keinen Beitritt zur NATO** anstreben) integriert.

3. In der derzeitigen Entwicklung zeichnet sich ab, daß sich die **OSZE**
   → bei **gleichzeitiger Aufrechterhaltung des NATO-Bündnisses**
   → als **Instrument der Entspannung und Kooperation durch**
   - Verzicht auf Gewalt als Mittel zur Durchsetzung politischer Ziele
   - Unterhaltung ständiger diplomatischer Beziehungen
   - gemeinsame Problemlösungen

   bewähren könnte.

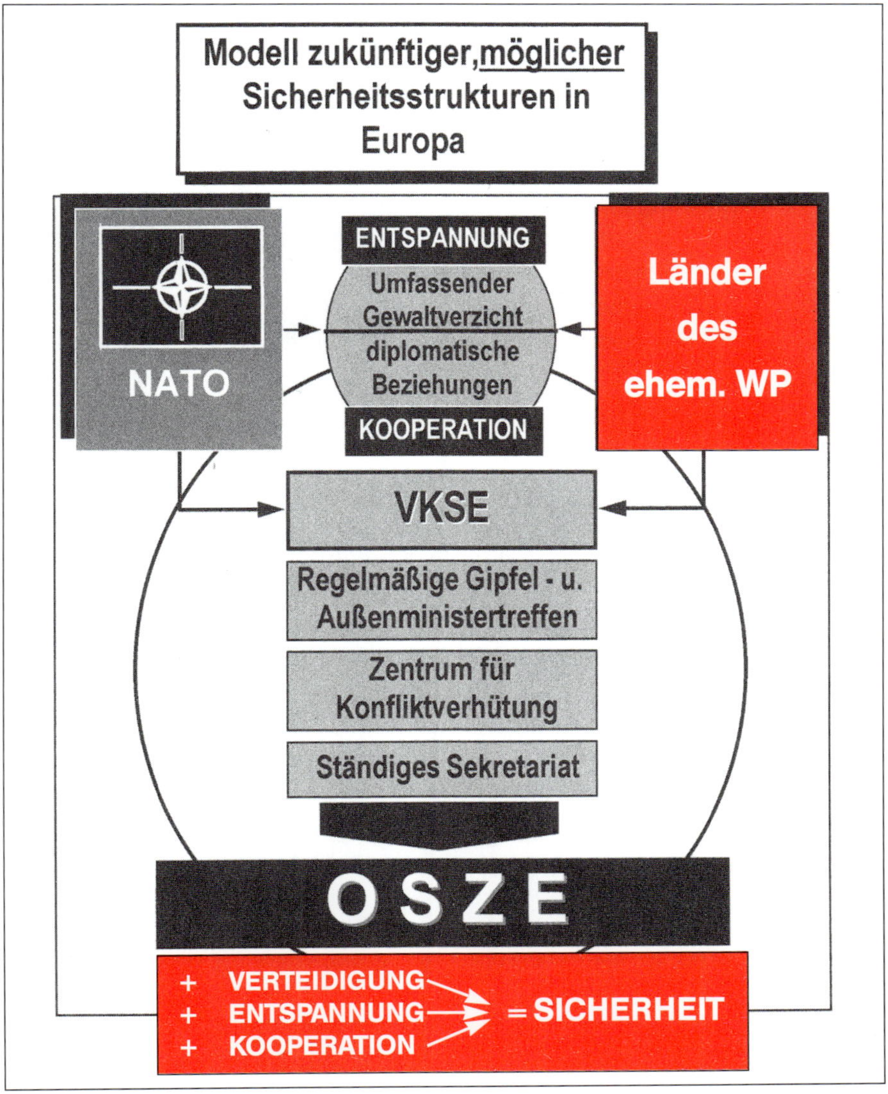

Modell zukünftiger, möglicher Sicherheitsstrukturen in Europa
NATO
ENTSPANNUNG
Umfassender Gewaltverzicht
diplomatische Beziehungen
KOOPERATION
Länder des ehem. WP
VKSE
Regelmäßige Gipfel - u. Außenministertreffen
Zentrum für Konfliktverhütung
Ständiges Sekretariat
OSZE
+ VERTEIDIGUNG
+ ENTSPANNUNG
+ KOOPERATION
= SICHERHEIT

10.6

Volker Rühe:

»Der Aufbau europäischer Sicherheitsstrukturen geschieht mit, nicht gegen die NATO.
Er stärkt das Bündnis durch einen stärkeren, europäischen Partner, der mehr Verantwortung übernimmt.
Entscheidend ist, daß die Europäer diese Schritte im Einvernehmen vor allem mit den USA gehen und sich davor hüten, falsche Signale zu geben.
Die NATO und die amerikanische Präsenz bleiben für Deutschland und für alle Europäer Garanten einer zukunftsträchtigen, friedlichen Entwicklung Europas.
Die USA und Kanada sind für uns unverzichtbare Stabilitätspartner ...

... Eine europäische Sicherheitsarchitektur muß die euro-atlantischen Regionen von Vancouver bis Wladiwostok umspannen.
Sie muß insbesondere den Ländern Mittel- und Osteuropas eine sicherheitspolitische Perspektive geben.
Wir brauchen einen flexiblen und funktionsfähigen Sicherheitsverbund, in dem NATO, EG(EU), WEU und KSZE(OSZE) einander komplementär ergänzen.
Keine dieser Institutionen kann oder soll eine andere ersetzen.
Sie sollten ihre Fähigkeiten synergetisch entfalten.«

Betr.: ***Bundeswehr, Sicherheitspolitik und Streitkräfte im Wandel***
Schriftenreihe OFFENE WORTE seit 1789 Verlag E.S. Mittler & Sohn, Berlin · Bonn · Herford

Quellen: 74

Welchen Auftrag müssen Streitkräfte in der Zukunft haben?

10.7

1. Ihr wichtigester Auftrag muß sein, einen **Krieg zu verhindern** bzw. in Krisensituationen einen potentiellen Aggressor **vom Angriff abzuhalten.**
   Ein Krieg läßt sich jedoch nur verhindern, wenn die Streitkräfte in ihrer **Abschreckung glaubwürdig** sind **(Kriegsverhinderungsfähigkeit).**

2. Sie müssen in der Lage sein, bei **Versagen** aller **politischen** bzw. **diplomatischen Mittel** einen **Krieg zu führen (Kriegsführungsfähigkeit).**
   Dieser hat dann das Ziel, nach erfolgter Aggression
   → die **Integrität** und **Souveränität des Territoriums** wiederherzustellen,
   → **Schäden** zu **begrenzen,**
   → vor einer Ausweitung des Krieges **abzuschrecken.**

3. Gleichrangig ist zukünftig der Einsatz von Streitkräften im Rahmen eines UN-Mandats zu bewerten **(Dienst für den Weltfrieden).**

4. Einsätze im Rahmen **humanitärer** Aktionen, bei **Katastrophen** und besonderen **Notlagen** ergänzen den Auftrag.

Wie müssen Streitkräfte in Europa zukünftig aussehen?

10.8

1. Sie müssen
   ➡ stark genüg sein, **glaubhaft** zur **Abschreckung eines Aggressors** beizutragen,
   ➡ zugleich aber eine **Gefährdung der Nachbarn ausschließen.**

2. Sie müssen sich am **Grad der Bedrohung** orientieren und bedürfen daher lediglich **angemessener** Reaktionsmöglichkeiten.

3. Sie müssen **flexibel** sein und sich wechselnden Entwicklungen bzw. erkannten Bedrohungen schnell anpassen können durch:

   ➡ hinreichend präsente **Verteidigungsfähigkeit** (konventionelle Optionen)
   ➡ **nukleare Minimalabschreckung**
   ➡ **Aufwuchsfähigkeit.**

4. Angesichts weltweit ständig wechselnder **Krisen** und **Bedrohungen** müssen sie Kontingente bereithalten die
   ➡ im Rahmen eines **Mandats der Weltöffentlichkeit (UNO)**
   ➡ **kurzfristig, wirkungsvoll** und **flexibel,**
   ➡ unter **verschiedenen Optionen** (humanitär → friedenserzwingend)
   zum Einsatz kommen können.

Wie reagierten die NATO-Partner, und unsere europäischen Nachbarn auf den Wegfall der Konfrontation?

10.9

lfd.Nr.	Land	Wehrpflicht	Berufsarmee	Zielsetzung	Bemerkungen
1	**Belgien**		ab 1994	- Halbierung auf **40.000** Soldaten - zusätzlich 30.000 Mann Reserve	**NATO**
2	**Dänemark**	**9** Monate		- Reduzierung um 12.000 Soldaten - **4.500** Berufssoldaten als NATO-Kontingent	**NATO**
3	**Deutschland**	**12** Monate (**10** Monate ab 1996)		Reduzierung auf) **340.000** Soldaten (incl. **40.000** Aufwuchs)	**NATO**
4	**Finnland**	**8** Monate			
5	**Frankreich**	**10** Monate	ab 1997 (?)	Reduzierung um 60.000 auf **480.000** Soldaten bis 1997	**(NATO)**
6	**Griechenland**	**15** Monate		Reduzierung um 7.000 Mann	**NATO**
7	**Großbritannien**		X	- Reduzierung des **Heeres** um **40.000** Soldaten bis zum Jahr 2000 - **Abzug** von ca. 5.000 der 45.000 in Deutschland stationierten Soldaten	**NATO**

lfd.Nr.	Land	Wehrpflicht	Berufsarmee	Zielsetzung	Bemerkungen
8	**Italien**	**10** Monate		- Bis 2000 Reduzierung der Wehrpflichtigen von 214.000 auf 123.500 - Bildung einer schnellen **Eingreiftruppe** aus 50.000 Freiwilligen	**NATO**
9	**Kanada**		X	Aufgabe der Stützpunkte in Deutschland bis Ende 1994	**NATO**
10	**Luxemburg**		X		**NATO**
11	**Niederlande**	ab 1995 **9** Monate	ab 1998	Reduzierung von 105.000 auf **70.000** Soldaten bis 1997	**NATO**
12	**Norwegen**	**12** Monate **9** Monate ab 1994		Reduzierung von 26.000 auf **24.000** Soldaten	**NATO**
13	**Polen**	**18** Monate			ehem. **WP**
14	**Portugal**	**8** Monate (Marine/ Luftwaffe 12 Monate)		Reduzierung um 28.000 auf **60.000** Soldaten - Einsparung von 40 % des Offiziers- bzw. Unteroffizierkorps	**NATO**
15	**Rußland**	18 Monate			ehem. **WP**
16	**Rumänien**	**12** Monate			ehem. **WP**
17	**Schweden**	**7,5** Monate bis **15** Monate (gestaffelt)			**neutral**

lfd.Nr.	Land	Wehrpflicht	Berufsarmee	Zielsetzung	Bemerkungen
18	**Schweiz**	300 Tage			**neutral**
19	**Spanien**	**9** Monate		Reduzierung von 280.000 auf **180.000** Soldaten - Streichung von 14 % der Offiziere und Unteroffiziere	**NATO**
20	**Türkei**	**15** Monate		- Herabsetzung der Wehrpflicht auf 12 Monate Reduzierung um 100.000 auf **400.000** Soldaten (Ende 1993)	**NATO**
21	**Ungarn**	**12** Monate		ehem. WP	
22	**USA**		X	Reduzierung von 1,8 Millionen auf **1,4 Millionen** Soldaten (1997) - **Europa:** Reduzierung von 314.000 auf **75.000** Soldaten	**NATO**

Welchen Umfang haben zukünftig die konventionellen Streitkräfte in Europa?

10.10

Hat der Strategiegedanke, auf eine Aggression flexibel reagieren zu können (»Flexible Response«) noch Zukunft?

10.11

1. Die Strategie der **»Flexible Response«** resultiert aus einer **ständig fortgeführten Beurteilung der jeweils aktuellen Bedrohungssituation:**
   → Dabei spielen eine Rolle:
   - die **räumliche** Zuordnung und Lage
   - **politische, ideologische Zielsetzung**
   - und die **waffentechnischen Möglichkeiten**

   des Aggressors.
2. Es muß davon ausgegangen werden, daß jeder internationale Konflikt durch das **Risiko eines möglichen nuklearen Einsatzes** beherrscht wird.
3. Fehlende Flexibilität erhöht die **Gefahr**
   → der **militärischen Erpreßbarkeit** (Konflikte unterhalb der atomaren Schwelle werden gegebenenfalls riskiert, da der Verteidiger nach einer Kosten-Nutzen-Berechnung eventuell auf den selbstzerstörerischen **Einsatz von Atomwaffen verzichtet**)
   → eines **atomaren Krieges** (da der Verteidiger keine Möglichkeit hat, einen Aggressor mit geeigneten Mitteln unterhalb der atomaren Schwelle abzuwehren und demzufolge mit dem »Rücken an der Wand« zum **Einsatz von A-Waffen gezwungen** ist)
4. Nach Beurteilung der Weltlage und Auswertung aktueller Konflikte muß man zu der Auffassung kommen, daß **Flexibilität** sowohl in der **Kriegsverhinderungsfunktion** als auch in der **Kriegsführungsfunktion von ganz entscheidender Bedeutung** bleibt.
5. Angesichts
   → der **Vielfalt** der möglichen militärischen **Optionen** dieser Welt
   → und der unaufhaltsam ansteigenden Kostenspirale

   kann diese Aufgabe
   → nur innerhalb eines **Bündnissystems**
   → mit klarer Aufgabenverteilung

   bewältigt werden.

Welches Prinzip ersetzt angesichts der Entspannung in Europa die »Vorneverteidigung«?

10.12

1. **»Vornverteidigung«**
   ➡ war ein wesentliches **Prinzip der NATO-Strategie**
   ➡ basierte auf einer **grenznahen, multinationalen, zusammenhängenden Verteidigung** mit dem **Ziel**
   - bei einem Angriff das **gesamte Bündnis** zu **aktivieren**,
   - **Gebietsverluste** und **Schäden** zu **begrenzen**,
   - die **Wiedergewinnung des eigenen Territoriums** schnellstmöglich zu erreichen.

2. Mit der Entspannung und der Auflösung der Ost-West-Konfrontation in Europa ist die Notwendigkeit der Beibehaltung des Prinzips der Vorneverteidigung **im bisherigen Sinne weggefallen**.

3. **»Verteidigung an den Grenzen«**
   In der Zukunft könnte sich die Aufgabe einer **»grenznahen Verteidigung«** im Rahmen der NATO oder eines europäischen Verteidigungskonzeptes auf die dann am **Rande des Territoriums** gelegenen **souveränen Staaten** verlagern.
   Diese Rolle hat bis 1990 die Bundesrepublik Deutschland als Prellbock zwischen den beiden Militärblöcken **Warschauer Pakt** und **NATO** gespielt.
   Den **nicht unmittelbar bedrohten Partnern** käme dann die **Aufgabe** zu,
   ➡ im Falle einer **konkreten Bedrohung** durch schnell verfügbare, hochgradig mobile und schlagkräftige **»Eingreifverbände«** an den jeweiligen **Brennpunkten** zu verstärken **(Gegenkonzentration)** oder
   ➡ bereits in der Krise durch **Krisenmanagement/Präsenz** abzuschrecken.

☞

4. Eine wichtige **Voraussetzung** für das Funktionieren einer derartigen Strategie ist eine ständige, weitreichende, raumdeckende und hochtechnisierte **Aufklärung**, welche sicherstellen muß, daß
   - ➡ Truppenbewegungen bzw. **Vorbereitungen eines Angriffskrieges rechtzeitig erkannt**,
   - ➡ die eigenen Streitkräfte **frühzeitig einsatzbereit** gemacht,
   - ➡ durch rechtzeitige **Mobilmachung Reserven** gebildet

   werden können.

5. Auch ein derartiges Verteidigungskonzept wird auf **Atomwaffen als Mittel zur Abschreckung** nicht verzichten können. Damit wird den **USA** weiterhin eine **entscheidende Rolle** in der **Verteidigung Europas zukommen**.

☞

10.12

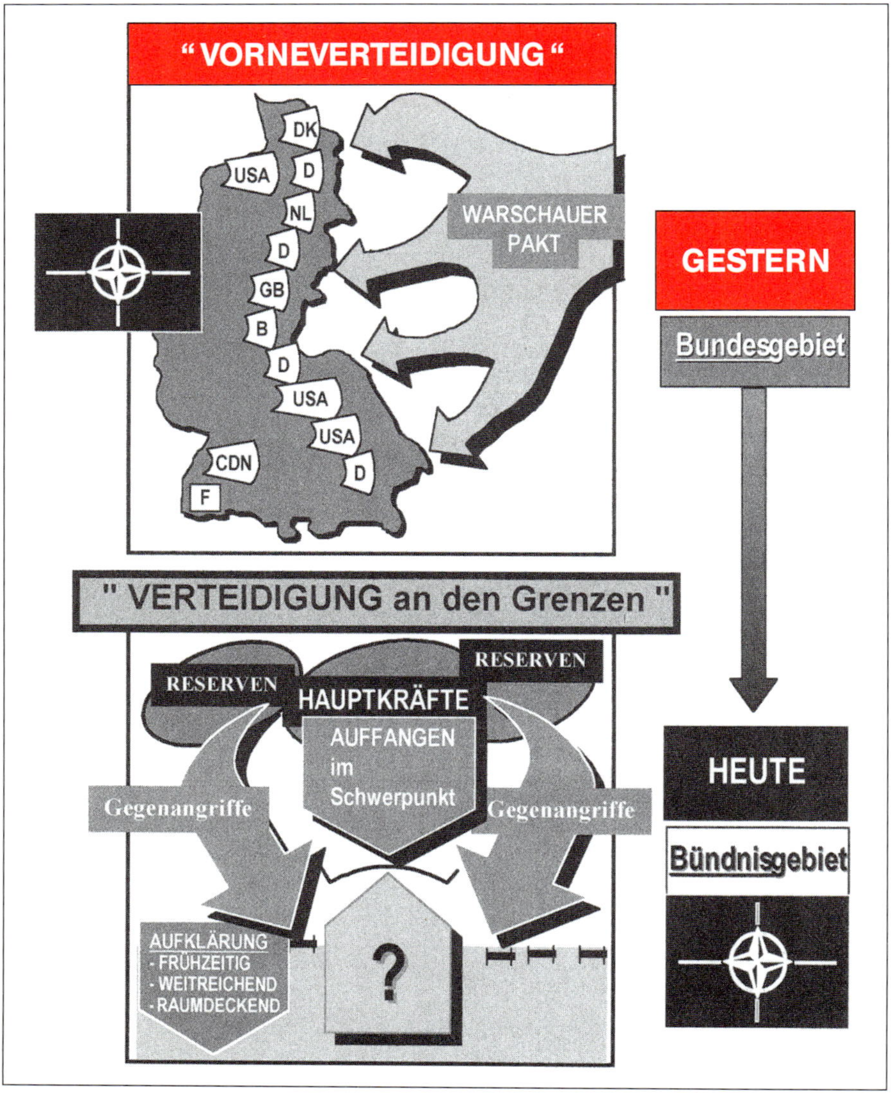

" VORNEVERTEIDIGUNG "
DK
USA
D
NL
D
GB
B
D
USA
USA
CDN
D
F
WARSCHAUER PAKT
GESTERN
Bundesgebiet
" VERTEIDIGUNG an den Grenzen "
RESERVEN
RESERVEN
HAUPTKRÄFTE
AUFFANGEN im Schwerpunkt
Gegenangriffe
Gegenangriffe
AUFKLÄRUNG
- FRÜHZEITIG
- WEITREICHEND
- RAUMDECKEND
?
HEUTE
Bündnisgebiet

Was bedeutet eine zukünftige neue Struktur eines europäischen Verteidigungsbündnisses für Deutschland und die Bundeswehr?

1. **Politisch** muß sich die Bundesrepublik in ihrem Entscheidungsprozeß von folgenden **Problemfeldern** leiten lassen:
   - ➡ Abbau der **»geschichtlichen Ängste«** (Deutschland als Verursacher von zwei Weltkriegen)
   - ➡ **zukünftiges politisches Gewicht Deutschlands in Europa**
   - ➡ **Umfang der Beteiligung deutscher Streitkräfte an internationalen Aufgaben**.

2. **Strukturell** rücken folgende Problemfelder in den Mittelpunkt:
   - ➡ notwendiger **Umfang** der Steitkräfte zur Wahrung der **Souveränität nach außen**
   - ➡ Umfang eventueller **territorialer Kräfte**
   - ➡ Art und Umfang der **»aufwuchsfähigen Truppenteile«** (Verbände, die voll oder teilgekadert erst im Rahmen der Alarmierungsmaßnahmen durch **Mobilmachung** aufgefüllt werden)
   - ➡ Art und Umfang von **Eingreifverbänden für multinationalen Einsatz mit hohem Präsenzgrad** (kurze Reaktionszeit/Mittel zum Krisenmanagement). (vgl. 4.17)

Sollte Deutschland Mitglied der NATO bleiben?

10.14

Auch ein vereinigtes Deutschland kann nicht auf den Schutz des NATO-Bündnisses verzichten:

1. Deutschland stand **40 Jahre** unter dem **Schutz der NATO** und darf sich nach Wegfall der direkten Bedrohung seiner **Mitverantwortung für den Frieden in Europa** und den **Schutz der anderen Bündnispartner** nicht entziehen. (»Der Mohr hat seine Schuldigkeit getan ...?«)

2. Das **NATO-Bündnis** war über **40 Jahre »Garant für den Frieden in Europa«.**
   Es gibt keinen Grund, diese Garantie und diesen Schutz aufzugeben.

3. Ein Verlassen der NATO würde bei unseren Partnern und Nachbarn die Furcht vor einem übersteigerten **Nationalismus** und politischen **Alleingängen** wachrufen.

4. **Neutralität** wäre politisch **wenig vernünftig, extrem teuer** und selbst durch einen wohlhabenden Staat in derartig **exponierter Lage** nicht bezahlbar.

Benötigt Deutschland in Zukunft noch Streitkräfte?

1. Streitkräfte sind Ausdruck eines **souveränen demokratischen Staates** (Prinzip der »**Wehrhaften Demokratie**«).

2. Sie garantieren die **politische Handlungsfreiheit.**

3. Sie schützen vor **Erpreßbarkeit** durch andere Staaten oder Ideologien.

4. Sie garantieren die **Erhaltung von Recht und Freiheit** in Deutschland.

5. Sie repräsentieren den Beitrag Deutschlands zur **gemeinsamen Verantwortung für den Frieden** in der Welt.

Welche Vorteile hat eine Berufsarmee?

10.16

---

1. Mit längerdienenden Soldaten ist insgesamt ein **höherer Ausbildungsstand** zu erzielen.

2. Da Zeitsoldaten sich grundsätzlich bemühen werden, in der Nähe ihres Standortes zu wohnen, kann ein **höherer Präsenzgrad** vorausgesetzt werden, der wiederum zu einer **schnelleren Einsatzbereitschaft** führt.

3. Längerdiener fühlen sich für das ihnen anvertraute Gerät in höherem Maße verantwortlich, so daß eine **höhere technische Einsatzbereitschaft** die Folge wäre.

4. Da alle Soldaten freiwillig ihren Dienst in einer Berufsarmee ableisten, wäre grundsätzlich von einer **besseren Motivationslage** auszugehen.

5. Die Vorteile auf dem personellen als auch auf dem technischen Sektor führen insgesamt zu einer **größeren Schlagkraft.**

Welche Nachteile hat eine Berufsarmee?

1. Eine Berufsarmee kann nur **eingeschränkt Reserven** bilden, so daß ihre **Einsatzfähigkeit** im Ernstfall zeitlich **begrenzt** wäre.

2. **Soldaten einer Berufsarmee**
   ➞ **identifizieren sich uneingeschränkt** mit den Streitkräften
   ➞ **erschweren** daher unter Umständen den unbedingt notwendigen **kritischen Verständigungsprozeß** mit der Gesellschaft
   ➞ **vergrößern** damit die **Gefahr**
   - einer **Abgrenzung** zur Gesellschaft,
   - einer **Einschränkung** der politischen und öffentlichen **Kontrolle.**

3. Der Wegfall **kritischer Wehrpflichtiger** könnte die »**Söldnermentalität**« in einer Armee positiv beeinflussen.

4. Zwangsläufig wird eine Berufsarmee **höhere Kosten** erfordern, da sie
   ➞ sich in **Konkurrenz zum Arbeitsmarkt** sehen und
   ➞ Gehälter, die ca. das Dreifache des Wehrsoldes ausmachen, zahlen muß.
   Dieses Argument wäre ggf. durch eine drastische **Personalkürzung** wie bereits bis 1996 vollzogen – aufzufangen. Dadurch würde andererseits jedoch die Problematik der »**Reservenbildung**« erneut verschärft.

5. Der Aufbau einer Berufsarmee (Verzicht auf Wehrpflicht!) hat zwangsläufig auch Auswirkungen auf den **Zivildienst,** der heute wesentliches Standbein des gesamten pflegerischen Dienstes ist.

10.17

6. Insbesondere durch die geplante Abschaffung der Wehrpflicht in **Frankreich (ab 1997)** wurde die Diskussion in Deutschland erneut aufgenommen.

   Ergebnis:

   Regierung und Opposition bekennen sich eindeutig zur Aufrechterhaltung der Wehrpflicht!

   Inwiefern die derzeitige **finanzielle Entwicklung** und das **neue Aufgabenspektrum** diese Grundsatzentscheidung beeinflussen können, wird sich in den nächsten 2-3 Jahren zeigen.

Bundeskanzler Kohl:

»Die Wehrpflicht ist und bleibt Ausdruck der Bürgerverantwortung in unserer freiheitlich-demokratischen Grundordnung ...«

Regierungserklärung von dem Bundestag am 27.10.1995
»40 Jahre Bundeswehr – 5 Jahre Armee der Einheit«

Kapitel 11: Die Problematik »Krieg und Frieden«

Krieg
Frieden

11.1 Was ist **Frieden**?

11.2 Wie stellt sich die Gesamtsystematik **»Frieden«** dar?

11.3 Welche ideellen **Grundsätze** sind Voraussetzung **zur Wahrung des Friedens**?

11.4 Welche **Faktoren** behindern ein **friedliches Nebeneinander**?

11.5 Wie kann man sich um die **Erhaltung des Friedens** bemühen?

11.6 Kann ein **Christ Soldat** sein?

11.7 Wie ist der **Frieden** heute **realistisch** zu sichern?

11.8 Kann man den Zustand in **Europa** als **Frieden** bezeichnen?

11.9 Was ist eine **Aggression**?

11.10 Was ist **Krieg**?

11.11 Welche **Arten von Krieg** gibt es?

11.12 Wie haben sich die **kriegerischen Auseinandersetzungen** auf der Welt **seit Ende des 2. Weltkrieges** entwickelt?

11.13 Was versteht man unter **»Sozialer Verteidigung«**?

11.14 Welche **Fakten** sprechen **für** die **»Soziale Verteidigung«**?

11.15 Welche Faktoren sprechen gegen die **»Soziale Verteidigung«**?

Krieg

Frieden

Was ist Frieden?

11.1

1. Die **Idealvorstellung** von »Frieden« charakterisiert eine Situation, in der
   ➡ **ein Krieg unmöglich** geworden ist und
   ➡ die **Kriegsgründe abgeschafft** wurden
   (»Weltfrieden«/**»Positiver Frieden«**)

2. Nach **herkömmlichen** Gesichtspunkten wird der Begriff des **Friedens als Gegensatz zum Krieg** definiert:
   ➡ Eine bewaffnete, gewaltsame Auseinandersetzung zwischen zwei oder mehreren souveränen Staaten **ist möglich, findet jedoch nicht statt.**
   ➡ »Abwesenheit von **personeller** und **struktureller Gewalt**« (Johann **Galtung,** norw. Friedensforscher).
   ➡ Ein derartiger Friedensbegriff schließt jedoch einen **Wirtschafts-, Handelskrieg** oder psychologisch-ideologisch geführten Krieg nicht aus,
   solange der **Einsatz von Waffen vermieden** wird.
   ➡ Damit ist Frieden auch als **Zustand des »Nichtkrieges«** zwischen souveränen Staaten zu definieren.
   (»Negativer Frieden«)
   (vgl. 11.2)

MAO TSE-TUNG (1938)

»... in diesem Sinne können wir sagen, daß die ganze Welt nur mit der ***Macht des Gewehrs*** *umgestaltet werden kann.*
... Wir sind für die Abschaffung des Krieges, wir wollen den Krieg nicht; aber man kann den ***Krieg nur durch den Krieg abschaffen; wer das Gewehr nicht will, der muß zum Gewehr greifen.****«*

◆ ◆ ◆

IMANUEL KANT: (1724-1804)

»Der Friedenszustand unter Menschen, die nebeneinander leben, ist ***kein Naturzustand*** *(...), der vielmehr ein Zustand des Krieges ist, d.i. wenngleich nicht immer ein Ausbruch der Feindseligkeiten, doch immerwährende Bedrohung mit denselben. Er muß also* ***gestiftet*** *werden; ...«*

◆ ◆ ◆

DEUTSCHE BISCHOFSKONFERENZ (Feb. 91)

»Der ***irdische Frieden*** *besteht im Sinn der christlichen Botschaft nicht darin, daß* ***kein Krieg*** *ist; er läßt sich auch nicht bloß durch das* ***Gleichgewicht*** *entgegengesetzter Kräfte sichern, er entspringt ferner nicht dem* ***Machtgebot eines Starken;*** *er heißt vielmehr mit Recht und eigentlich ein* ***»Werk der Gerechtigkeit«*** *(Js 32.17) (Gaudium et Spes 78). Er setzt die Achtung der Menschenrechte, Gerechtigkeit und Freiheit, die Förderung der internationalen Ordnung und die Stärkung des Völkerrechts voraus.«*

Quellen: 2, 3, 4, 31, 32

Krieg
Frieden

Wie stellt sich die »Gesamtsystematik Frieden« dar?

11.2

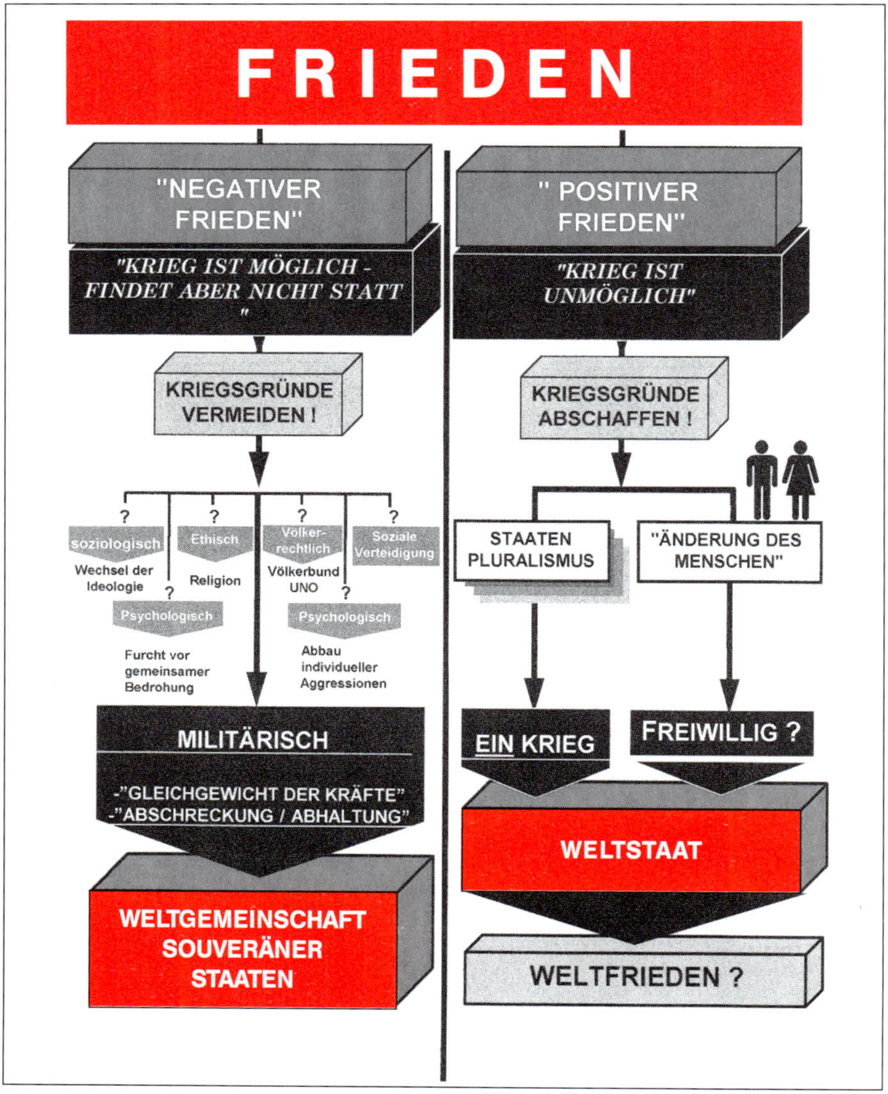

Welche ideellen Grundsätze sind Voraussetzung zur Wahrung des Friedens?

Souverän nebeneinander lebende **Staaten**

→ **verzichten** auf die Androhung oder Anwendung von **Gewalt** oder den Mißbrauch von **Macht** in der Durchsetzung wirtschaftlicher, ideologischer oder sonstiger Interessen

→ **verpflichten** sich zur **friedlichen Streitbeilegung** auf politischer Ebene

→ **verzichten** auf **Einmischung in innerstaatliche Angelegenheiten**

→ **verpflichten** sich zur gegenseitigen **Achtung der Menschenrechte und Grundfreiheiten**

→ **fördern** freundschaftliche Beziehungen und die **internationale Zusammenarbeit**

→ **bemühen** sich um **gemeinsame Antworten** auf politische, wirtschaftliche, gesellschaftliche und soziale Fragen

→ **ächten den Krieg als Mittel zur Durchsetzung von politischen Zielen**

→ **akzeptieren** die gleichberechtigte **Partnerschaft** zwischen den Völkern

→ **aber bekunden gleichzeitig ihre Entschlossenheit, sich fremden Willen nicht aufzwingen zu lassen!**

Quellen: 5, 6

Volker Rühe:

»Die Vorstellung von Frieden ohne Macht ist eine gefährliche Illusion und Sicherheitssysteme ohne angemessene militärische Machtmittel sind letztlich zur Bedeutungslosigkeit verurteilt.
Streitkräfte sind zwar nur eine Komponente staatlicher Macht, aber auch in Zukunft eine besonders wichtige.«

Betr: ***Bundeswehr, Sicherheitspolitik und Streitkräfte im Wandel***
Schriftenreihe OFFENE WORTE seit 1789 Verlag E.S. Mittler & Sohn, Berlin · Bonn · Herford

Welche Faktoren behindern ein friedliches Nebeneinander?

1. Nach wie vor gibt es überall in der Welt Staaten, die als **totalitäre Systeme** die **freie Entfaltung** ihrer Bürger verhindern und ihnen die Wahrnehmung der **Menschenrechte** vorenthalten.

2. Auch innerhalb Europas – insbesondere nach der Öffnung der Grenzen zu Osteuropa – zeigen sich eklatante **soziale und wirtschaftliche Unterschiede**, die auf Jahre hinaus den Abbau von Spannungen verzögern können.

3. ➡ **Bevölkerungsexplosionen** in wirtschaftlich unterentwickelten Bereichen,
   ➡ **politischer Radikalismus**,
   ➡ **religiöser Fanatismus**,
   ➡ **Gefahr großräumiger Umweltkatastrophen** und
   ➡ **Machthunger**

   sind weitere Faktoren, die sich für den Frieden in der Welt – auch in Europa – nachteilig auswirken können.

Krieg
Frieden

Wie kann man sich um die Erhaltung des Friedens bemühen?

11.5

---

1. Die Aufrechterhaltung des eigenen **Sicherheitskonzepts** und der gleichzeitige **Verzicht auf die Lösung von Konflikten durch Gewalt** kann in enger Zusammenarbeit zwischen den Völkern entscheidend zur **Entspannung** beitragen.

2. **Entspannung wird damit zur Voraussetzung für alle weiteren Friedensbemühungen** und erfordert einen zielgerichteten Kampf gegen alle entspannungshemmenden Ursachen.

3. Der Zustand der **Entspannung** und des damit verbundenen, gegenseitigen **Gewaltverzichts** eröffnet darüber hinaus die **Möglichkeit zur Abrüstung unter Wahrung des Gleichgewichts.**
Somit werden langfristig Mittel für die Lösung anderer Probleme unserer Menschheit frei:
➡ der Interessenkonflikt wird verringert
➡ der Frieden wird sicherer.

4. Der Slogan **»Frieden schaffen mit immer weniger Waffen«** macht deutlich, daß die Weiterentwicklung der **»kleinen Pflanze Frieden«** nur unter angemessenem und funktionierendem **Schutz** möglich ist.

☞

Volker Rühe:

»Vor dem Hintergrund der neuen Konstellation von Risiken und Chancen muß unsere Sicherheitspolitik mehr leisten als Abschreckung, Verteidigung und Sicherung der Grenzen.
Moderne Sicherheitsvorsorge erfordert das Zusammenwirken aller Politikfelder.
Die militärische ist nur eine Dimension.
Sie ist allerdings eine unverzichtbare Grundlage.
Zuallererst gilt es, die Ursachen von Spannungen und Konflikten zu bekämpfen.
Dafür brauchen wir ein breites Spektrum von Handlungsoptionen, mit dem flexibel agiert und reagiert werden kann.«

Betr: ***Bundeswehr, Sicherheitspolitik und Streitkräfte im Wandel***
Schriftenreihe OFFENE WORTE seit 1789 Verlag E.S. Mittler & Sohn, Berlin · Bonn · Herford

Krieg
Frieden

Kann ein Christ Soldat sein?

11.6

---

1. Grundlage für den gläubigen Christen sind die **10 Gebote.** Das **5. Gebot** lautet: **»Du sollst nicht töten!«**

2. Nach der heiligen Schrift ist der **Friede Gottes Wille**. Demzufolge sind Christen verpflichtet, im Sinne der Friedenserhaltung und Friedensbewahrung **Verantwortung** zu übernehmen. Dies schließt das **Einstehen für den Nächsten** ein, wenn dieser bedroht wird.

3. Erhaltung des Friedens bedeutet **nicht** Erhaltung der rein **biologischen Existenz** des Individuums, sondern legt ein **anspruchsvolles Menschenbild** zugrunde, welches durch die **Menschenrechte** bestimmt ist und damit die Erhaltung von **Recht, Freiheit** und **Menschenwürde in den Mittelpunkt** stellt.

4. Erhaltung des Friedens und Schutz des Nächsten sind bei **realistischer Betrachtungsweise** des Menschenbildes ohne Zwang – und damit **ohne Waffengewalt – kaum denkbar**.

5. Der Soldat wird sich demzufolge mit der Situation konfrontiert sehen, daß er zur Erhaltung des Friedens und zum Schutz des Nächsten seine Waffe einzusetzen hat. Dieses schließt die Notwendigkeit zur »Tötung« zwangsläufig ein.

6. Ein **Widerspruch** zum 5. Gebot ergibt sich jedoch nicht, da dessen wörtliche Übersetzung aus dem hebräischen lautet: **»Du sollst nicht morden!«** Nach dem Urtext ist hier also das »Morden« aus **niedrigen Beweggründen** und **Machtmißbrauch** gemeint, welches in den jeweiligen Strafgesetzbüchern eindeutig definiert ist.

Quellen: 31

Wie ist der Frieden heute realistisch zu sichern?

1. Trotz weltweiter Ächtung des Krieges gibt es weiterhin Staaten
   ➞ vornehmlich **totalitärer Struktur** -,
   - die zur Durchsetzung ihrer Ziele **Gewaltanwendung androhen,**
   - ihre Streitkräfte weit über das zur Verteidigung notwendige Maß hinaus **aufrüsten,**
   - und damit den **Frieden** und **die Stabilität gefährden.**

2. **Souveräne Staaten,** die sich ihre Grundrechte und ihre politische Handlungsfreiheit erhalten wollen, müssen
   ➞ durch **hinreichende Verteidigungsfähigkeit** (Stabilität/Gleichgewicht der Kräfte)
   ➞ durch **Abschreckung**
   für einen evtl. Angreifer ein **unkalkulierbares Risiko** schaffen.

3. Angesichts der **weltweiten Interessenverpflechtungen** und der **ständig wachsenden Rüstungskosten** ist diese Zielsetzung nur im Rahmen von Bündnissystemen zu gewährleisten, die durch
   ➞ Kostenteilung
   ➞ Aufteilung von Aufträgen im Rahmen eines Gesamtkonzepts
   ➞ gemeinsame, technische Entwicklungen
   sowohl **Belastungen** als auch das **Risiko** ihrer Mitglieder **reduzieren.**

4. Die gegenseitige **Verpflichtung zur Hilfeleistung** bei einem Angriff gegen eine oder mehrere Parteien eines Bündnisses (z.B. Art. 5+6 des NATO-Vertrages) muß zur **gesetzlichen Grundlage** eines Bündnissystems gemacht werden, um dessen **Abschreckungsfunktion** zu gewährleisten.

11.7

Volker Rühe:

»Der Kampfeinsatz von Streitkräften ist zwar die letzte Möglichkeit, politische Ziele zu erreichen.
In dem Bemühen, Krisen friedlich zu lösen, kann der vorbeugende Einsatz von Streitkräften jedoch zu einem entscheidenden Element werden.
Daher haben Streitkräfte heute mehr und mehr die Funktion eines Katalysators, der die Bedingungen für Frieden und Freiheit schafft.
Unter bestimmten Umständen müssen sie die Voraussetzungen für einen Neuansatz der Politik schaffen.«

Betr: ***Bundeswehr, Sicherheitspolitik und Streitkräfte im Wandel***
Schriftenreihe OFFENE WORTE seit 1789 Verlag E.S. Mittler & Sohn, Berlin · Bonn · Herford

Kann man den Zustand in Europa als Frieden bezeichnen?

Unabhängig von der Frage, ob »**Frieden**« in seinem **ursprünglichen Sinne** überhaupt irgendwo oder zu irgendeiner Zeit realisiert werden kann, bleibt festzuhalten:

1. Die Tatsache, daß wir in Mitteleuropa im Zeitalter der Ost-West-Konfrontation keinen ernsthaften, bewaffneten Konflikt hatten, beweist, daß das **Prinzip,** durch Streitkräfte andere Staaten vor Androhung oder Anwendung militärischer Gewalt **abzuschrecken, aufgegangen ist.**

2. **Konflikte** wurden **vermieden (»negativer Frieden«),** weil das immer wieder angestrebte »**Gleichgewicht der Kräfte**« den möglichen Aggressor vor ein zu **hohes Risiko** stellte.

3. Obwohl der Einsatz von Waffengewalt an den ehemaligen Grenzen zweier, großer militärischer Bündnissysteme durch die Auflösung des Warschauer Paktes inzwischen unrealistisch geworden ist, gibt es insbesondere im osteuropäischen Bereich **weiterhin Spannungen,** die es zu **kontrollieren** und **einzudämmen** gilt. Das gilt insbesondere für den Bürgerkrieg auf dem Balkan.

4. Wenn vom »**Frieden in Europa**« gesprochen werden soll, kann man dieses allenfalls eingeschränkt für **Mitteleuropa** tun.

☞

11.8

Volker Rühe:

»Nach dem Ende des Kalten Krieges ist eben nicht der ›ewige Frieden‹ Wirklichkeit geworden.
Zahlreiche alte und neue Konflikte, latente Krisen und neue strategische Trends bestimmen die internationale Lage.
Es erscheint paradox:
Der Ost-West-Konflikt wurde ohne Krieg überwunden,
aber danach ist der Krieg nach Europa zurückgekehrt.«

Betr: ***Bundeswehr, Sicherheitspolitik und Streitkräfte im Wandel***
Schriftenreihe OFFENE WORTE seit 1789 Verlag E.S. Mittler & Sohn, Berlin · Bonn · Herford

Was ist eine Aggression?

1. **Aggression** (aggressio: lateinisch, Angriff):
   Anwendung von Waffengewalt durch einen Staat **gegen** die **Souveränität,** die **territoriale Unversehrtheit** oder **politische Unabhängigkeit** eines anderen Staates.
   Dies können sein:
   - ➞ Die **Besetzung** oder gewaltsame **Annektion** von Gebieten
   - ➞ **Beschießung** oder **Bombardierung** fremden Hoheitsgebiets
   - ➞ **Blockade** der Häfen oder Küsten eines Staates
   - ➞ **Militärischer Angriff** auf die Streitkräfte eines anderen Staates
   - ➞ Einsatz von **Streitkräften auf Gastterritorium** über das Einverständnis der Gastgebernation hinaus
   - ➞ **Bereitstellung eigenen Hoheitsgebietes für Angriffshandlungen** einer fremden Nation gegen einen dritten Staat
   - ➞ **Entsendung bewaffneter Banden,** Freischärler, Söldner durch einen Staat oder in seinem Namen, die die bisher genannten Aggressionshandlungen ausführen.

2. Ein Aggressionskrieg ist ein **Verbrechen** gegen den Weltfrieden, er kann **weder politisch, wirtschaftlich oder militärisch gerechtfertigt** werden.

3. Nach **Artikel 51 der UN-Charta** sind Maßnahmen überfallener Staaten zu ihrer **individuellen und kollektiven Selbstverteidigung** bzw. Anwendung von Waffengewalt gegen einen Aggressor als **»naturgebenes Recht«** rechtmäßig und damit **keine Aggression.**

Quellen: 8, 29

Krieg
Frieden

Was ist Krieg?

11.10

1. Krieg ist
   → eine **bewaffnete Auseinandersetzung**
   → zwischen **zwei oder mehreren Staaten oder militärisch organisierten Gruppierungen**
   → mit dem Ziel einer **gewaltsamen Durchsetzung** politischer, wirtschaftlicher, ideologischer oder militärischer **Interessen.**

2. Ein organisierter, mit Waffengewalt ausgetragener Konflikt zwischen Bevölkerungs- oder Interessengruppen innerhalb eines Staates kann ebenfalls als Krieg bezeichnet werden **(Bürgerkrieg).**

Quellen: 10

Welche Arten von Krieg gibt es?

1. **Allgemeiner Krieg:**
   Bewaffnete Auseinandersetzunge zwischen Nuklearmächten und ihren Verbündeten mit allen verfügbaren Mitteln.
2. **Begrenzter Krieg:**
   Nach Raum, Mittel und Zeit sowie Zielen begrenzter Konflikt.
3. **Bürgerkrieg:**
   Ein bewaffneter Konflikt innerhalb eines Staates, der in der Regel zwischen den regulären Streikräften dieses Staates und Widerstand leistenden Gruppen ausgetragen wird
   ➡ nach **kommunistischer Lehre** ist der »Bürgerkrieg« die schärfste, bewaffnete Form des Kampfes zur Erringung bzw. Wiedererlangung der Staatsmacht zwischen Klassen- und sozialen Gruppen in einem Land«.
4. **»Gerechter Krieg«**
   Nach **kommunistischer Lehre** sind »gerechte Kriege« Kriege zur Verteidigung des Sozialismus, revolutionäre Bürgerkriege, nationale Befreiungskriege der Völker kolonialer und abhängiger Länder oder Befreiungskriege der Völker kapitalistischer Länder, die das Opfer einer imperialistischen Aggression wurden.
5. **Ungerechte Kriege:**
   Nach **kommunistischer Lehre** sind ungerechte Kriege solche, die in ihrem objektiven politischen Inhalt den Interessen der revolutionären Arbeiterklasse widersprechen. Dies sind vor allem Kriege imperialistischer Staaten gegen sozialistische Länder, bzw. Kolonialkriege des Imperialismus.
6. **Präemptiver Krieg:**
   Krieg, der aufgrund der Vermutung begonnen wird, daß ein feindlicher Angriff unmittelbar bevorsteht (Beispiel: **6-Tage-Krieg** zwischen Israel und den arabischen Staaten **1967**).

7. **Präventiver Krieg:**
   Krieg, der begonnen wird, weil der Angreifer glaubt,
   - → daß die Anwendung militärischer Gewalt **unvermeidbar** ist,
   - → daß durch einen frühzeitigen Angriff gegnerische **Gewinne verhindert** werden können,
   - → daß die **Initiative des Handelns** gegebenenfalls den folgenden Konflikt entscheiden könnte (Beispiel: Japanischer Angriff auf **Pearl Harbor** am 08.12.**1941**).
8. **Stellvertreterkrieg:**
   Lokaler, begrenzter Krieg, in dem die Interessen der Großmächte ausgefochten werden, ohne daß diese die direkte Konfrontation suchen (Beispiel: einige Kriege in der **Dritten Welt**).
9. **Verdeckter Krieg:**
   Internationale, bewaffnete Auseinandersetzung, die im Hoheitsgebiet eines Staates durchgeführt, aber von außen gesteuert, unterstützt und getragen wird.
10. **Konventioneller Krieg:**
    Krieg ohne Einsatz nuklearer oder chemischer Massenvernichtungsmittel.
11. **Nuklearer Krieg:**
    Krieg, in dem alle Massenvernichtungsmittel, inklusive Kernwaffen eingesetzt werden (atomarer Krieg, Atomkrieg, allgemeiner Krieg).

Quellen: 10, 11

Wie haben sich die kriegerischen Auseinandersetzungen auf der Welt seit Ende des 2. Weltkrieges entwickelt?

1. Nach Ende des 2. Weltkrieges hat es insgesamt über **170 Konflikte** in aller **Welt** gegeben.

2. Zur Zeit sind weltweit noch über **40** Länder in Kriege verwickelt.

3. Die Masse dieser Konflikte sind innerstaatlicher Art und ethnischen, religiösen oder kulturellen Ursprungs.

4. Nach Wegfall des traditionellen **Ost-West-Konfliktes** ist, nach derzeitiger Entwicklung der Lage, eher mit einem zunehmenden **Nord-Süd-Risiko** zu rechnen.

5. Wie die jüngste Vergangenheit (Golf-Krieg) zeigt, ist und bleibt z.B. der **Nahe Osten** ein Pulverfaß, welches auch bei kleineren Explosionen immer wieder die Gefahr einer **Weltkrise** heraufzubeschwören vermag.

Quellen: 10, 11

Krieg
Frieden

Was versteht man unter »Sozialer Verteidigung«?

11.13

1. ***Theodor Ebert:***

   *»Unter **Sozialer Verteidigung** (Civilian Defence) versteht man den **Einsatz gewaltloser Kampftechniken** zur Aufrechterhaltung sozialer und rechts-staatlicher Verhältnisse **gegen Versuche illegaler Machtergreifung von innen oder außen.**«*

2. **Begründung und Ausgangslage:**
   - ➞ Wesentliche Formen des modernen Krieges werden durch militärische Verteidigung nicht mehr erfaßt
   - ➞ Das Gleichgewicht des Schreckens führt nur zu einem labilen, **krisenanfälligen Frieden**
   - ➞ **Streitkräfte** stellen eine **permanente innenpolitische Bedrohung** demokratischer Entwicklungen dar

   Hieraus ergibt sich die ungenügende sicherheitspolitische Wirksamkeit von Streitkräften;
   die **Aufgabe der Verteidigung wird daher der Zivilbevölkerung übertragen.**

3. **Beispiele aus der Vergangenheit:**
   - ➞ Ruhrkampf 1923
   - ➞ Norwegen, Besetzung durch Hilter (II. Weltkrieg)
   - ➞ Indische Unabhängigkeitsbewegung 1919-1948 (GHANDI)
   - ➞ CSSR 1968, Einmarsch der Warschauer Paktstaaten.

Quellen: 12, 13, 28

4. Thesen **für** die »Soziale Verteidigung«:

4.1 Die **militärische Form der Verteidigung ist nicht mehr sinnvoll,** da
- ➞ das Gleichgewicht des Schreckens nur einen labilen und krisenanfälligen Frieden garantiert
- ➞ wesentliche Formen des modernen Krieges (Einsatz von Fernlenkwaffen, Guerillatätigkeit) durch die Sicherung von Grenzen nicht mehr erfaßt werden.

4.2 Die **militärische Form der Verteidigung** ist abzulehnen, da sie auf **Bedrohungsvorstellungen** angewiesen ist und sich diese notfalls selbst durch **Feindbildklischees** schafft.

4.3 **Streitkräfte** als Grundlage der Verteidigung sind abzulehnen, da sie sich als eine **permanente Bedrohung demokratisch legitimierter Veränderungen** erwiesen haben.

4.4 Die **strategische Grundform** der Sozialen Verteidigung ist die **»dynamische Weiterarbeit ohne Kollaboration«.** Ihre taktischen Maßnahmen basieren auf dem **Prinzip der Gewaltfreiheit.**

4.5 Die **Warnungsfunktion** der demonstrativen Bereitschaft zur Sozialen Verteidigung ersetzt hinlänglich die **Abschreckungswirkung** der militärischen Verteidigung.

4.6 **Gesellschaftliche Kontrolle der Wirtschaft** und demokratische Mitwirkungsmöglichkeiten machen es leicht, **Liquidierungslücken** wieder durch **Ersatzleute** zu füllen.

☞

4.7 **Bürokratie** und **Gesellschaft** können systematisch auf die Soziale Verteidigung vorbereitet werden.

4.8 Erfolgsversprechende Soziale Verteidigung setzt eine **partizipierende Demokratie** voraus, da jede Verteidigungsform Ausdruck der jeweiligen Gesellschaftsstruktur ist.

4.9 **Offensive Zielsetzung** der Sozialen Verteidigung ist es, mit **gewaltlosen Mitteln den Aggressor zu verunsichern** und in **seinem Land** die innere **Opposition zu mobilisieren.**

4.10 Die Soziale Verteidigung ist sowohl eine geeignete **Strategie der außerparlamentarischen Opposition** in kapitalistischen Formaldemokratien, als auch ein Mittel zur Demokratisierung kommunistischer Einparteiensysteme.

Welche Faktoren sprechen gegen die »Soziale Verteidigung«?

5. Thesen **gegen** die Soziale Verteidigung:

5.1 Die **Soziale Verteidigung schränkt** die möglichen **Motive** einer Aggression weitgehend ein, indem sie als Ziel eines Angriffes fast ausnahmslos die **Beherrschung und Ausnutzung des wirtschaftlichen Potentials,** vor allem mit dem Mittel sozialer Kontrolle eines Staates, annimmt. **Sicherheitspolitische, ideologische** oder einfach auf die **Ausdehnung seines Territoriums** ausgerichtete **Überlegungen eines Angreifers werden kaum berücksichtigt.**

5.2 Die **Beweisführung** für die Soziale Verteidigung erfolgt primär durch das Zitieren von **konkreten Fällen »erfolgreichen« gewaltfreien Widerstands** in den vergangenen Jahrzehnten. Der Erfolg dieser Kampagnen und ihre Übertragbarkeit auf die heute zu diskutierenden Probleme von Krieg und Frieden müssen **kritischer** untersucht werden.

5.3 Durch die **Umrüstung** eines in einem (mil.) **Verteidigungsbündnis** integrierten Staates auf Soziale Verteidigung würde eine **Verschiebung im internationalen Machgleichgewicht** und somit ein neuer **Konfliktherd** innerhalb und zwischen den Machtblöcken entstehen.

5.4 Die **Warnungsfunktion** der Sozialen Verteidigung ist der atomaren Vergeltungsdrohung der militärischen Verteidigung **nicht gleichwertig:** Bei einem **Angriff** droht dem Gegener bei militärischer Verteidigung die **Vernichtung,**
bei **Sozialer Verteidigung** nur der **Mißerfolg** seiner Aktion.

5.5 Die Vorbereitung Sozialer Verteidigung im Frieden birgt die Gefahr in sich, daß die bewußte **Herausbildung einer homogenen Widerstandshaltung** mit Hilfe der Staatsgewalt das Prinzip des Pluralismus in der Demokratie aufhebt. **(»Erziehungsdiktatur«)**

5.6 Die Soziale Verteidigung geht davon aus, daß auf der Basis der Mitbestimmung aller von einer Entscheidung Betroffenen **Liquidierungslücken durch Ersatzleute** leicht wieder zu füllen sind. Für das Funktionieren einer hochgradig technisierten und arbeitsteiligen Industrienation ist jedoch **weniger die Mitbestimmung** als vielmehr das **spezifische Fachwissen** entscheidend.

5.7 Gelingt es einem Okkupanten, **die Einflußkanäle, die das Volk mit der Staatsführung verbinden** – den organisatorischen Kanal der Verbände und Parteien und/oder den sozialpsychischen der öffentlichen Meinung – zu **beseitigen,** wird eine Soziale Verteidigung scheitern.

5.8 Die Konzeption der Sozialen Verteidigung nimmt **idealtypisch** einen Menschen an, der zivilen Widerstand bis zur Selbstaufopferung zu leisten bereit ist. Die **begrenzte Bereitschaft und Fähigkeit des Menschen,** kollektiven Repressalien und individuellem Terror zu widerstehen, wird übersehen.

Alfred Mechtersheimner:

»Die ***Stunde der Wahrheit ist die Krise*** *und nicht – wie Theodor Ebert meint – die Invasion. Die* ***Interessen der Menschheit*** *wie der Einzelstaaten fordern die Verhinderung der kriegerischen* ***Lösung von Konflikten, nicht deren Austragung,*** *auch wenn eine Seite den Krieg mit gewaltlosen Mitteln führen möchte.* ***Deshalb muß ein Verteidigungsinstrument an seiner Tauglichkeit, Kriege zu verhindern, gemessen werden.*** *Auch wenn das Risiko der heutigen Form der funktionellen Friedenssicherung ernorm hoch ist, so muß es doch getragen werden, solange keine überzeugende Alternative gefunden ist. Soziale Verteidigung bietet diese Alternative offensichtlich nicht.«*

Quellen: 13, 28

Kapitel 12: Zeitafeln

DEUTSCHLAND

1940...

08. Mai 1945	**Kapitulation** der deutschen Wehrmacht
17. Juli- 2. August 1945	Konferenz von **Potsdam** (2. August: »Potsdamer Abkommen«)
21./22. April 1946	Vereinigung von KPD und SPD der SBZ zur **SED**
05. Juni 1947	US-Außenminister **Marschall** verkündet Wiederaufbauprogramm für Europa **(Marschallplan)**
20. März 1948	**Sowjets** verlassen Alliierten **Kontrollrat**
20. Juni 1948	**Währungsreform** in den Westzonen/ Aufhebung der Zwangswirtschaft
24. Juni 1948- 12. Mai 1949	**Berliner Blockade**
26. Juni 1948	Beginn der **Luftbrücke**
19. März 1949	Deutscher Volksrat billigt Verfassung für eine **»Deutsche Demokratische Republik«**
23. Mai 1949	Verkündung des **Grundgesetzes**
14. August 1949	Wahlen zum **1. Deutschen Bundestag**
07. Oktober 1949	Gründung der **DDR** ▪ Staatspräsident Pieck (11.10.) ▪ Ministerpräsident Grotewohl (12.10.)

1950...

17. Juni 1953	**Volksaufstand** in der DDR
23. Oktober 1954	**Pariser Verträge**
05. Mai 1955	**Souveränität der Bundesrepublik**

Zeittafeln

07. Mai 1955	Beitritt der Bundesrepublik zur Westeuropäischen Union **(WEU)**
09. Mai 1955	Beitritt der Bundesrepublik zur **NATO**
14. Mai 1955	Unterzeichnung des **Warschauer Pakt-Vertrages**
09.- 13. September 1955	Staatsbesuch **Adenauers in Moskau**
01. Januar 1957	**Eingliederung** des **Saarlandes** in die Bundesrepublik
27. November 1958	**Berlin-Ultimatum** Chruschtschows

1960...

13. August 1961	Bau der **Berliner Mauer**
06. April 1968	Neue **DDR-Verfassung**

1970...

19. März 1970	1. Treffen **Brandt/Stoph** in Erfurt
12. August 1970	**Moskauer** Vertrag
07. Dezember 1970	**Warschauer** Vertrag
17. Dezember 1971	**Transitabkommen**
17. Mai 1972	Ratifizierung der **Ostverträge** im Bundestag
03. Juni 1972	Viermächte-Schlußprotokoll zum Abkommen über **Berlin**, Inkrafttreten der **Ostverträge**
21. Dezember 1972	**Grundlagenvertrag**
18. September 1973	Aufnahme beider deutscher Staaten in die **UN**
07. Oktober 1974	Änderung der **DDR-Verfassung** (»Deutsche Nation« getilgt)
01. August 1975	**KSZE-Schlußakte von Helsinki**

1980...

06. Mai 1986	**Kulturabkommen** zwischen der Bundesrepublik und der DDR
07.- 11. September 1987	**Staatsbesuch** von **Erich Honecker** in der Bundesrepublik
Mai 1989	Kommunalwahlen in der DDR Bürger protestieren gegen **Wahlfälschungen**
August/ September 1989	DDR-Bürger besetzen **Botschaften** in **Prag, Budapest** und **Warschau** sowie die ständige Vertretung der Bundesrepublik in **Ost-Berlin**
11. September 1989	**Ungarn öffnet Grenze nach Österreich** für DDR-Ausreisende
07. Oktober 1989	**40-Jahr-Feier der DDR** Stasi geht gegen Demonstranten vor
09. Oktober 1989	**Großdemonstration in Leipzig** (70.000 Teilnehmer)
08. November 1989	Politbüro der SED tritt zurück
09. November 1989	**DDR öffnet die Grenzen zur Bundesrepublik** und zu West-Berlin
07. Dezember 1989	Konstituierung des »**Runden Tisches**«

1990...

12./13. Februar 1990	Konferenz von **NATO** und **Warschauer Pakt** in **Ottawa** Vereinbarung der **Zwei-plus-Vier-Verhandlungen** zur deutschen Frage
18. März 1990	**1. demokratische Wahl** zur Volkskammer der DDR

Zeittafeln

05. Mai 1990	Beginn der **Zwei-plus-Vier-Verhandlungen**
16./17. Juli 1990	**Gorbatschow** gesteht einem **vereinigten Deutschland** die **volle Souveränität** und die freie Entscheidung über die Bündniszugehörigkeit zu
23. August 1990	**Volkskammer beschließt den Beitritt der DDR zur Bundesrepublik Deutschland zum 3. Oktober 1990**
31. August 1990	Unterzeichnung des deutsch-deutschen **Einigungsvertrages**
12. September 1990	Unterzeichnung des **Zwei-plus-Vier-Abkommens**
20. September 1990	Verabschiedung des **Einigungsvertrages** durch Bundestag und Volkskammer
03. Oktober 1990	**Tag der deutschen Einheit**
12. Juli 1994	Das **Bundesverfassungsgericht** entscheidet, daß deutsche Soldaten ohne Einschränkung an internationalen UN-Missionen außerhalb des Bündnisgebietes der NATO teilnehmen können.
31. August 1994	Die letzten **russischen Truppen** verlassen Deutschland.
08. September 1995	Die Truppen **Frankreichs, Großbritanniens** und der **Vereinigten Staaten** werden mit militärischen Ehren feierlich aus Berlin verabschiedet.

BUNDESWEHR

1955

05.05.	**Souveränität** der Bundesrepublik Deutschland (Pariser Verträge).
09.05.	Aufnahme der Bundesrepublik Deutschland als **15.** Mitglied in die NATO.
07.06.	»Dienststelle Blank« wird **Bundesministerium der Verteidigung,** **Theodor Blank,** wird Bundesminister für Verteidigung.
30.06.	Abkommen **USA** und der Bundesrepublik Deutschland über gegenseitige **Verteidigungshilfe.**
15./16.07.	**Freiwilligengesetz.** Einstellung von zunächst 6 000 Freiwilligen.
21.09.	150 000 Freiwilligenmeldungen bei **Aufstellungsplan** der Bundesregierung; zwölf Heeresdivisionen bis 01.01.1959, Luftwaffe und Marine bis 01.01.1960.

1956

02.01.	Einberufung der ersten 1 000 Freiwilligen nach Andernach (Heer), Nörvenich (Luftwaffe) und Wilhelmshaven (Marine).
01.04.	**Soldatengesetz** tritt in Kraft.
04.06.	Verordnung über die Regelung des Militärischen Vorgesetztenverhältnisses (VVO) tritt in Kraft.
05.06.	Erste amerikanische Schiffseinheiten an die **Marine.**
01.07.	9 500 Angehörige des **Bundesgrenzschutzes** werden in die Bundeswehr übernommen.
14.07	Gründung des **Bundeswehrverbandes e.V.** in Munster-Lager

21.07.	Wehrpflichtgesetz tritt in Kraft.
24.09.	Übergabe der ersten amerikanischen Ausbildungsflugzeuge an die **Luftwaffe.**
16.10.	**Franz Josef Strauß** wird Bundesminister der Verteidigung.
13.11.	Luftwaffe übernimmt in Fürstenfeldbruck die ersten Düsenflugzeuge.
05.12.	Bundestag verabschiedet das Gesetz über die **zwölfmonatige Wehrpflicht** und die Gesamtdauer der Wehrübungen.

1957

01.04.	10 000 **Wehrpflichtige** (Jahrgang 1937) rücken zu den Einheiten des Heeres ein. **Generalleutnant Hans Speidel** wird Befehlshaber Allierter Landstreitkräfte in Mitteleuropa (bis 1963). Zwei Minensuchgeschwader der **Marine** werden als erste Verbände der Bundeswehr der **NATO** unterstellt.
11./12.04.	Bundestag verabschiedet Gesetz über den **Wehrbeauftragten** und das **Soldatenversorgungsgesetz.**
01.06.	**General Adolf Heusinger** wird Generalinspekteur der Bundeswehr.
Juni	**Generalleutnant Hans Röttiger** wird Inspekteur des Heeres; Generalleutnant Josef **Kammhuber** Inspekteur der Luftwaffe; Vizeadmiral Friedrich **Ruge** Inspekteur der Marine.
03.06.	Bei einer Übung ertrinken 15 wehrpflichtige Soldaten in der **Iller.**
29.06.	Bundestag verabschiedet **Vertrauensmännerwahlgesetz.**

01.07.	Der NATO werden die 1., 2. und 4. Grenadierdivision, zwei Korpsstäbe und ein Minensuchgeschwader unterstellt.
24.08.	**Lufttransportgeschwader 61 als erster fliegender Verband** der Luftwaffe in Erding aufgestellt.
Oktober	Erste Herbstmanöver der Bundeswehr im Bereich der 4. Grenadierdivision.
Dezember	Stärke der Teilstreitkräfte: Heer: 75 000, Luftwaffe: 23 800, Marine: 13 000.

1958

16.01.	Erstmals auch Wehrpflichtige für Einheiten der Luftwaffe und Marine.
28.10.	**Führungsakademie der Bundeswehr** (FüAkBw) nach Verlegung von Bad Ems in Hamburg eröffnet.
Dezember	Stärke der Teilstreitkraft Heer: 110 000 Soldaten

1959

19.02.	Generalleutnant a.D. **von Grolmann** wird erster Wehrbeauftragter des Deutschen Bundestages.
01.03.	Umbenennung der Grenadierdivisionen in Panzergrenadierdivisionen.
06.06.	Erstes Jagdgeschwader der Luftwaffe in Dienst gestellt.
07.07.	Erstes Aufklärungsgeschwader der Luftwaffe in Dienst gestellt.
09.10.	Erlaß über Einrichtung des **Berufsförderungsdienstes** der Bundeswehr.

1960

26.01. Gründung des **»Verbandes der Reservisten der Deutschen Bundeswehr e.V. (VdR Bw)«** in Bonn.

02.03. Hilfeleistungen der Bundeswehr für die durch ein Erdbeben zerstörte Stadt **Agadir** (Marokko). Lw und San im Einsatz.

26.03. Stapellauf des ersten nach dem Kriege auf einer deutschen Werft gebauten **Zerstörers (»Hamburg«).**

03.-24.11. Erste deutsche Verbände üben auf dem **französischen Übungsplatz** Moumelon.

1961

08.01. Bundeswehr stellt zur mobilen **NATO-Eingreiftruppe AMF** ein Fallschirmjägerbataillon ab.

01.04. **General Friedrich Foertsch** wird Generalinspekteur der Bundeswehr.
General Adolf Heusinger wird Vorsitzender des Ständigen Militärausschusses der NATO.

16.10. Erste in Bundesrepublik Deutschland gebaute **F-104 und G-91** werden an die Luftwaffe übergeben.

21.10. Stapellauf des ersten in Bundesrepublik Deutschland gebauten **U-Bootes** (U1; 350 t).

08.11. Admiral **a.D. Hellmut Heye** wird zweiter Wehrbeauftragter des Bundestages.

06.12. Bildung des Deutsch-Dänischen NATO-Kommandos Ostseezugänge »Baltic Aproaches (BALTAP).

08.12. **Verlängerung der Dienstzeit** für Wehrpflichtige von zwölf auf 18 Monate als Reaktion auf den Bau der **Berliner Mauer.**

1962

17.02.	Beginn Einsatz der Bundeswehreinheiten während der **Flutkatastrophe** in **Hamburg,** Schleswig-Holstein und Niedersachsen (ca. 40 000 Soldaten im Einsatz, 1 117 Menschen werden gerettet, neun Soldaten verlieren ihr Leben).

1963

09.01.	**Kai-Uwe von Hassel** wird Bundesminister der Verteidigung.
01.09.	General Johann **Adolf Graf von Kielmannsegg** wird als Nachfolger von General Hans Speidel Befehlshaber Allierte Landstreitkräfte Mitteleuropa.
11./12.10	Großer Feldparade in Wunstorf, Verabschiedung Bundeskanzler Konrad Adenauer.

1964

01.01.	**General Heinz Trettner** wird Generalinspekteur der Bundeswehr.
09.04.	**Schießunglück** auf dem Truppenübungsplatz Bergen-Hohne; zehn Soldaten getötet.
01.-07.10.	**Heeresunteroffiziersschule** 1 und Unteroffiziersschule der Luftwaffe nehmen Tätigkeit auf.
03.11.	**Matthias Hoogen** wird dritter Wehrbeauftragter des Deutschen Bundestages.

1965

07.01.	Übergabe der **ersten Truppenfahne** an das Wachbataillon durch Bundespräsident Heinrich Lübke.

Januar	Lufttransportgeschwader 62 und 63 fliegen mit 12 »Noratlas« Hilfsgüter nach **Algerien.**
10.04.	**12. Panzerdivision** in Würzburg wird der NATO unterstellt. (Verpflichtung gegenüber der NATO erfüllt).
24.04.	Feierliche Übergabe der vom Bundespräsidenten gestifteten 319 Schwarz-Rot-Goldenen **Truppenfahnen** an Abordnungen aller Bataillone und vergleichbarer Verbände der Bundeswehr in Münster.
01.07.	Erlaß **»Bundeswehr und Tradition«.**

1966

01.04.	Gesamte **Strahlflugzeugführerausbildung** wird in die USA verlegt.
28.06.	General Johann **Adolf Graf von Kielmannsegg** wird Oberbefehlshaber Allierte Streitkräfte Mitteleuropa.
01.08.	Erlaß über das **Koalitionsrecht** der Soldaten und gewerkschaftliche Betätigung in den Kasernen.
12.-25.08.	**Rücktritt** des Generalinspekteurs der Bundeswehr, General Heinz Trettner, des Inspekteurs der Luftwaffe, General Werner Panitzki und des Befehlshabers Wehrbereich III, General Günther Pape.
25.08.	General **Ulrich de Maizière** wird Generalinspekteur der Bundeswehr.
14.09.	**U-Boot »Hai«** sinkt mit Besatzung in der Nordsee.
01.12.	**Gerhard Schröder** wird Bundesminister der Verteidigung.

1967

06.12.	Zusammenfassung von Heer und Territorialverteidigung zur Teilstreitkraft »Landstreitkräfte«.

1968

16.01. NATO-Dokument **MC 14/3** über **»Flexible response«.**

01.04. General **Jürgen Bennecke** wird Oberbefehlshaber Allierte Streitkräfte Mitteleuropa.

16.12. Großbritannien, Italien, Niederlande und Bundesrepublik Deutschland einigen sich über gemeinsame Entwicklung des Strahlflugzeuges **MRCA** 75 (**M**ulti **R**ole **C**ombat **A**ircraft, einsatzbereit 1975).

1969

22.03. **Erster Lenkwaffenzerstörer** der Marine, die »Lütjens«, in Dienst gestellt.

06.06. Feldparade der Bundeswehr zum **20jährigen Bestehen der NATO** auf dem Nürburgring.

31.07 Die ersten 170 Unteroffiziere zu Fachoffizieren ernannt.

23.10 **Helmut Schmidt** wird Bundesminister der Verteidigung.

1970

11.03. Fritz-Rudolf **Schultz** wird vierter Wehrbeauftragter des Deutschen Bundestages.

09.10. General **Johannes Steinhoff** wird Vorsitzender des Militärausschusses der NATO.

1971

20.01. Übergabe der ersten Flugzeuge Typ RF-4E, **»Phantom II«** an Aufklärungsgeschwader der Luftwaffe.

15.02.	Einführung Abzeichen für Leistungen im Truppendienst **(Leistungsabzeichen)**
10.09.	Bundesregierung beschließt zur Förderung der Wehrgerechtigkeit Verkürzung der **Grundwehrdienstzeit** von 18 auf **15 Monate.**

1972

01.04.	Admiral **Armin Zimmermann** wird Generalinspekteur der Bundeswehr.
10.07.	**Georg Leber** wird Bundesminister der Verteidigung.
August/ September	Bundeswehr hilft bei den **XX. Olympischen Sommerspielen** in München und Kiel (23 000 Soldaten und 2 000 zivile Mitarbeiter im Einsatz), 24 Soldaten gehören zur Olympiamannschaft.
09.07.	Bundestag verabschiedet **Reservistenkonzeption.** Verband der Reservisten der Deutschen Bundeswehr (VdRBw) erhält die Aufgabe, die allgemeine Reservistenarbeit der Bundeswehr zu leisten.
14.-25.11.	4 800 Soldaten mit 600 Fahrzeugen helfen bei der Beseitigung von **Sturmschäden** in Niedersachsen.

1973

14.03.	Die ersten zwei »TransAll« fliegen nach Afrika zum längsten **Auslandseinsatz der Luftwaffe.** (Hilfe in der Sahel-Zone bis 1974). Mit dort stationierten Hubschraubern vom Typ »Bell UH-1D« sowie »TransAll C-160« und »Boing 707« werden insgesamt über 9 000 Tonnen Fracht transportiert.

11.05.	NATO bildet ständige multinationale **Ärmelkanalflotte** (STANAVFORCHAN).
08.06.	Gemeinsame Ausbildung für die Soldaten der EUROGROUP-Länder. (EURO-Trainings-Programm)
01.10.	Eröffnung der **Bundeswehrhochschulen** Hamburg und München.
	General **Ernst Ferber** wird Oberbefehlshaber Allierte Streitkräfte Mitteleuropa.
06.12.	Generalmajor **Gerd Schmückle** wird erster Deutscher Direktor des Internationalen Militärstabes der NATO.

1974

10.01.	Ablösung der **ersten Kfz-Generation.**

1975

09.02.	**»TransAll«** mit 42 Soldaten über Kreta **abgestürzt.**
19.02.	Ärztinnen können als **weibliche Sanitätsoffiziere** in die Bundeswehr eintreten.
20.03.	**Karl Wilhelm Berkhan** wird fünfter Wehrbeauftragter des Deutschen Bundestages.
12.08.	8 000 Soldaten sind im Kampf gegen **Waldbrände** in Niedersachsen.
01.10.	General **Karl Schnell** wird Oberbefehlshaber Allierte Streitkräfte Mitteleuropa.

1976

13.05.	Raum Esche in der **Lüneburger Heide in Flammen** (600 ha Wald) – Soldaten stoppen Feuerwalze.

August	Katastrophenhilfe im norditalienischen Erdbebengebiet **Friaul.**
21.12.	**General Harald Wust** wird neuer Generalinspekteur.

1977

11.01.	**General Franz Josef Schulze** wird Oberbefehlshaber Allierte Streitkräfte Mitteleuropa.
14.07.	SACEUR erhält einen zweiten Stellvertreter; den deutschen **General Gerd Schmückle** (DSACEUR)
08.08.	Der Flugabwehrraktenpanzer **»GEPARD«** rollt zur Truppe.

1978

17.02.	**Hans Apel** wird Bundesminister der Verteidigung.
07.11.	Verteidigungsminister Hans Apel stellt neue Struktur des Heeres vor (36 statt 33 Brigaden). Raketenjagdpanzer **»JAGUAR«** übergeben.
12.12.	**General Jürgen Brand** wird Generalinspekteur.

1979

Januar/ Februar	Schneekatastrophe in Norddeutschland.
27.09.	Stapellauf erste **Fregatte 122** und Taufe auf den Namen »Bremen«.
01.10.	General **Ferdinand von Senger und Etterlin** wird Oberbefehlshaber Allierte Streitkräfte Mitteleuropa.
25.10.	Erster von 1 800 Kampfpanzern **»LEOPARD 2«** wird in München an das Heer übergeben.

31.10.	Bericht »**de Maizière-Kommission**« zur Stärkung der Führungsfähigkeit und Entscheidungsverantwortung der Streitkräfte.

1980

26.03.	Die ersten 34 »**ALPHA JET**« – Nachfolger der Fiat G-91 – sind einsatzbereit.
01.04.	**Admiral Günther Luther** wird Stellvertretender Oberster Allierter Befehlshaber Europa (DSACEUR).
06.05.	Bundespräsident Karl Carstens hält aus Anlaß der **25jährigen Mitgliedschaft der Bundesrepublik Deutschland in der NATO** eine Rede bei einem Feierlichen Gelöbnis in Bremen. Schwere Ausschreitungen gegen die Bundeswehr.
13.05.	Bundestagsdebatte
20.08.	Aus Anlaß des 25jähigen Bestehens der Bundeswehr (12.11.1980) stiftet der Bundesminister der Verteidigung »**Ehrenzeichen der Bundeswehr**«.
04.12.	Im **süditalienischen Erdbebengebiet** wird ein Katastrophenschutzverband der Bundeswehr eingesetzt. (leichtes Pionierbataillon 240/2. gemischten Sanitätsbataillon 865)

1981

15.06.	Erster Flugabwehrraketenpanzer »**ROLAND**« wird an das Heer übergeben. (Insgesamt 140 FlaRakPanzer, bis Ende 1983)

1982

25.01. Erste von 18 **AWACS**-Maschinen wird in Oberpfaffenhofen bei München an die NATO übergeben. (bis 1985, Standort: Geilenkirchen).

15.03. Der Wehrbeauftragte wird zu einem **Hilfsorgan** des Bundestages.

15.04. Abkommen zwischen USA und Bundesrepublik Deutschland zur Unterstützung der Streitkräfte in Deutschland im Spannungs- oder Verteidigungsfall durch militärische und zivile Leistungen (Wartime Host Nation Support/WHNS).

Mai Ständiger **NATO-Einsatzverband Ärmelkanal** (STANDING NAVAL FORCE CHANNEL) wird erstmalig unter deutsches Kommando gestellt.

02.07. Jagel erhält die ersten seiner insgesamt 48 »TORNADOS«. (gesamt 112 Maschinen bis 1987)

20.09. Verteidigungsminister Hans Apel setzt neue **Traditionsrichtlinien** der Bundeswehr in Kraft.

04.10. **Manfred Wörner** wird Bundesminister der Verteidigung.

1983

01.01. **Spitzendienstgrad für Unteroffiziere** – Oberstabsfeldwebel (Heer und Luftwaffe), Oberstabsbootsmann (Marine) – wird eingeführt.

25.03. Bundeswehr beendet **»STARFIGHTER«**-Ausbildung nach 18 Jahren in USA (Fliegerhorst Luke in Arizona)

01.04. **General Wolfgang Altenburg** wird neuer Generalinspekteur der Bundeswehr.

18.08. **Generalleutnant Heinz Kasch,** Stellvertreter des Inspekteurs des Heeres, wird »Beauftragter für Reservistenangelegenheiten beim Generalinspekteur.«

01.10. **General Leopold Chalupa** wird Oberbefehlshaber der Allierten Streitkräfte Mitteleuropa.

04.10. **Schießunglück** auf dem Truppenübungsplatz Münsingen;
- zwei Offiziere werden getötet
- 25 Soldaten und Zivilpersonen, darunter der CSU-Bundestagsabgeordnete und Reserveoffizier Fritz Wittmann, werden zum Teil schwer verletzt.

1984

01.01. Gesetz zur **Neuregelung des Kriegsdienstverweigerungsrechts und des Zivildienstes** tritt in Kraft.

01.04. **General Hans-Joachim Mack** wird Stellvertretender Oberster Befehlshaber Europa.

10.04. **Zum ersten Male** übernimmt **ein deutscher Offizier** – Kapitän zur See **Klaus Schwabe** – das Kommando über die STANDING NAVAL FORCE ATLANTIC (STANAVFORLANT).

25.09. Während einer **gemeinsamen deutsch-französischen Truppenübung** auf den Schlachtfeldern von Verdun ehren Staatspräsident Mitterand und Bundeskanzler Kohl gemeinsam die Toten des Ersten Weltkrieges.

November TRANSALL des Lufttransportgeschwaders 63 in Hohn fliegen Versorgungsgüter in die Hungerkatastrophengebiete in **Äthiopien.**

10.12. Kabinett billigt Gesetzentwurf zur **Verbesserung der Personalstruktur.** (nach Vollendung des 45. Lebensjahres ab 1986 freiwillig vorzeitig in den Ruhestand).

1985

Januar USA und Bundesrepublik Deutschland beschließen die Beschaffung der Luftverteidigungssysteme **PATRIOT** und **ROLAND.**

01.04. **Willi Weiskirch** wird sechster Wehrbeauftragter des Deutschen Bundestages.

02.08. Bundesrepublik Deutschland, Großbritannien und Italien beschließen in Turin den gemeinsamen Bau eines **Jagdflugzeuges für die 90er Jahre.**

12.11. **30 Jahre Bundeswehr.** (Feldparade aller Waffengattungen auf dem Truppenübungsplatz Bergen-Hohne)

1986

17.04. Der Bundestag verabschiedet die **Verlängerung des Grundwehrdienstes** von 15 auf **18** Monate. (Sicherstellen der Präsenzstärke der Bundeswehr von 495 000 Soldaten in den 90er Jahren)

1988

22.01. Einrichtung eines **Gemeinsamen Sicherheitsrates** durch die Regierungen der Bundesrepublik **Deutschland** und **Frankreichs.** Abkommen über die Aufstellung einer **Deutsch-Französischen Brigade.**

März **Hochwasserkatastrophe** in Niederbayern (1 700 Soldaten aus Einheiten und Verbänden des II. und III. Korps)

18.05. **Rupert Scholz** wird Bundesminister der Verteidigung.

01.07. Der ehemalige Bundesminister der Verteidigung, **Manfred Wörner,** tritt als erster deutscher

NATO-Generalsekretär die Nachfolge von Lord Carrington an.

1989

20.04.	In Paris konstituiert sich der **»Deutsch-Französische Rat für Verteidigung und Sicherheit«.**
21.04.	**Gerhard Stoltenberg** wird Bundesminister der Verteidigung.
01.06.	Die ersten 50 Sanitätsoffizieranwärterinnen treten ihren Dienst an.
09.11.	Die **DDR öffnet die Grenzübergänge** zur Bundesrepublik Deutschland und West-Berlin.

1990

27.04.	**Alfred Biehle** wird siebter Wehrbeauftragter des Deutschen Bundestages.
15./16.07.	Der Präsident der Sowjetunion, Michail **Gorbatschow,** und Bundeskanzler **Kohl** beraten im Kaukasus die Modalitäten der Wiedervereinigung Deutschlands. Sie einigen sich auf eine **Reduzierung der Bundeswehr** auf eine Stärke von höchstens 370 000 Mann bis Ende 1994.
30.08.	Generalleutnant **Jörg Schönbohm** wird Befehlshaber des neuen **Bundeswehrkommandos Ost** in Strausberg.
03.10.	Einheit Deutschlands (Beitritt der DDR zur Bundesrepublik Deutschland). Verteidigungsminister Gerhard Stoltenberg übernimmt die Befehls- und Kommandogewalt über die gesamtdeutschen Streitkräfte.
17.10.	Indienststellung der Deutsch-Französische Brigade.
19.11.	**Unterzeichnung des KSZE-Vertrages** in Paris

(22 Staats- und Regierungschefs aus den Ländern der NATO und des Warschauer Paktes).

1991

06.03. Deutsche Minenabwehreinheiten im **Persischen Golf** (Räumung von Seeminen vor der kuwaitischen Küste).

16.04. **»Operation Kurdenhilfe«** CH-53-Hubschrauber aus Mendig und Laupheim versorgen kurdische Flüchtlinge in Anatolien. In Potsdam wird das **Korps/ Territorialkommando Ost** aufgestellt. Erster Befehlshaber ist Generalleutnant **Werner von Scheven.**

01.07. Das **Bundeswehrkommando Ost** wird außer Dienst gestellt. Seine unterstellten Verbände treten unter das Kommando der Teilstreitkräfte.

02.09. Heeresfliegerregiment 35 (CH-53-Hubschrauber übernimmt Transportaufgaben für eine UN-Kommission, die die Massenvernichtungsmittel des **Irak** kontrollieren soll).

06.11. Deutsche Sanitätsoffiziere und -unteroffiziere zur medizinischen Betreuung von UN-Angehörigen in **Kambodscha.** (Betrieb eines Krankenhaues).

1992

19.02. Das Bundeskabinett billigt das **neue Personalkonzept der Bundeswehr,** (bis Ende 1994 Reduzierung der Stärke auf 370 000 Soldaten).

01.04. **Volker Rühe** wird Bundesminister der Verteidigung.

22.05. Frankreich und Deutschland beschließen die Aufstellung des **Eurokorps** als Kern einer europäischen Verteidigungsidentität.

04.07. Die erste TRANSALL C-160 landet mit Hilfsgütern in der bosnischen Hauptstadt **Sarajevo.**

15.07. Das Bundeskabinett beschließt, daß Deutschland sich mit Marinestreitkräften an den von der WEU und der NATO am 10.07. festgelegten Maßnahmen beteiligen wird, mit denen die Einhaltung des von der UN gegen **Serbien und Montenegro** verhängten **Embargos** kontrolliert werden soll.

03.08. Deutschland beginnt mit der **Verschrottung** von rund 11 000 Waffensystemen entsprechend den Vereinbarungen des **KSZE-Vertrages.**

02.10. Verteidigungsminister Volker Rühe ernennt in Leipzig die **ersten 20 ehemaligen NVA-Soldaten zu Berufssoldaten** der Bundeswehr.

15.12. Verteidigungsminister Volker Rühe gibt die **Bundeswehrplanung bis zum Jahre 2006** bekannt. (50 000 Mann rasch verfügbare Krisenreaktionskräfte neben mobilmachungsabhängigen Hauptverteidigungskräften).

1993

30.03. Verteidigungsminister Volker Rühe und sein niederländischer Amtskollege Relus ter Beek unterzeichnen in Bonn eine »Gemeinsame Erklärung« über die Aufstellung eines **Deutsch-Niederländischen Korps.**

08.04. Das Bundesverfassungsgericht weist Anträge der SPD- und FDP-Bundestagsfraktion ab, den **Einsatz von deutschen Soldaten in AWACS-Aufklärungsflugzeugen** zur Durchsetzung des Flugverbotes über Bosnien-Herzegowina durch eine einstweilige Anordnung vorläufig zu stoppen.

21.04. Das Bundeskabinett beschließt die Unterstützung der UN in **Somalia.**

05.11. Indienststellung des **Eurokorps** in Straßbourg.

14.10. Feldwebel Alexander Arndt stirbt bei einem **Mordanschlag** in der kambodschanischen Hauptstadt **Phnom Penh.**

12.11. Ende der UN-Mission in Kambodscha.

1994

28.02. Ende der UN-Mission in **Somalia** (Lager Belet Huen).

05.04. »**Weißbuch 1994** zur Sicherheit der Bundesrepublik Deutschland und zur Lage und Zukunft der Bundeswehr«.

08.07. Das Bundeskabinett verabschiedet die Konzeptionellen **Leitlinien zur Bundeswehrplanung (KLB):** Reduzierung auf 340 000 Soldaten, Festlegung der Krisenreaktionskräfte auf 50 000 Soldaten.

1995

03.02. **Eingliederung der Truppenteile** der Bundeswehr in den neuen Bundesländern in die Nordatlantische Allianz vollzogen. Seit dem 01.01.95 sind damit

- das IV.Korps in Potsdam,
- ein Jagdgeschwader,
- ein Flugabwehrraketengeschwader
- zwei Radarführungsabteilung der Luftwaffe sowie
- ein Schnellbootgeschwader der Marine

der NATO assigniert.

15.03. Anpassung der Territorialen Wehrverwaltung und der Stationierung.

28.04.	**Claire Marienfeld** wird als erste Frau zum achten Wehrbeauftragten des Deutschen Bundestages gewählt.
23.05.	Deutschland erfüllt sechs Monate früher als vertraglich gefordert seine **Reduzierungsverpflichtung** gemäß KSE-Vertrag.
30.06.	Der Bundestag stimmt dem Antrag der Bundesregierung zu, den Schnellen Eingreifverband der NATO im ehemaligen Jugoslawien mit **ECR-TORNADOS,** Transport- und Aufklärungsflugzeugen sowie Sanitätspersonal zu unterstützen.
21.07.	Acht ECR- und sechs Aufklärungs-TORNADOS verlegen nach **Piacenza.** In der Nähe von **Split** stellt das Feldhospital die Einsatzbereitschaft her.
30.08.	Das I. Korps in Münster wird aufgelöst, das **Deutsch-Niederländische Korps** in Dienst gestellt.
09.10.	»Fünf Jahre Armee der Einheit«.
22.10.	Eine TRANSALL verunglückt auf den **Azoren,** sieben Tote.
24.10.	Beschluß der Bundesregierung nach einem Friedensschluß im ehemaligen **Jugoslawien** die UN-Friedenstruppen mit rund **4 000 Soldaten** zu unterstützen.
12.11.	**40 Jahre Bundeswehr** (öffentliches Gelöbnis in Bordenau, dem Geburtsort Scharnhorsts.

1996

Januar	Beginn des Einsatzes der Bw in **BOSNIEN** (IFOR/**GECONIFOR**)
14.02	General **NAUMANN** wird Vorsitzender NATO-Milit. Ausschuss General **BAGGER** wird neuer Generalinspekteur

Persönliche Notizen

Kapitel 13: Quellenverzeichnis

Quellen

1. **Politik** im 20. Jahrhundert, Westermann-Verlag Braunschweig
2. **Johann Galtung,** Strukturelle Gewalt, Beiträge zur Friedens- und Konfliktforschung, Reinbek 1975
3. **Immanuel Kant,** (1724-1804) »Zum ewigen Frieden«
4. **Ihring Fetscher,** Modelle der Friedenssicherung, Pieper-Verlag 1972
5. Bundesgesetzblatt 1955, II. 293 **(NATO-Vertrag)**
6. Bundesgesetzblatt 1973. 1974, 1980 **(Charta der Vereinten Nationen)**
7. Professor **Carl-Friedrich von Weizsäcker,** Friede und Wahrheit, neue Normen für eine Weltordnung ohne Krieg, 1967
8. Entschließung Nr. 3314 der XXIX. **UN-Vollversammlung** vom 14.12.1974
9. **Weißbücher** der Bundesrepublik (1970-1994)
10. **Wörterbuch zur Sicherheitspolitik,** Mittler-Verlag
11. Taschenbuch des **Kommunismus,** Hohwacht-Verlag, 1963
12. **Theodor Ebert,** Civilian Defence, Bielefeld 1969
13. Alfred **Mechtersheimer,** Soziale Verteidigung – Utopie oder Alternative zur Bundeswehr?
14. Wehrwissenschaftliche **Rundschau,** Heft 10, 1969
15. **Henry Kissinger,** »Kernwaffen und auswärtige Politik«
16. Professor General a.D. **Graf Baudissin** (17.10.1984 – Vortrag an der Führungsakademie der Bundeswehr)
17. **Carl-Friedrich von Weizsäcker,** Das strategische Streben nach Macht, Deutsches Allgemeines Sonntagsblatt, 12.08.1984
18. Bundespräsident **von Weizsäcker** (Ansprache beim Festakt im BMVg aus Anlaß des 30-jährigen Bestehens der Bundeswehr am 12. November 1985)
19. **Alois Mertes,** Ethische Aspekte unserer Sicherheitspolitik, »Sicherheit und Frieden«, 1/1983

Quellen

20. **Egon Bahr,** Anhörung vor dem Vtdg-ausschuß des Bundestages zu »Alternativen Strategien« (stenographisches Protokoll vom 29. November 1983)
21. **Beaufre,** Abschreckung und Strategie, Propyläen, Berlin 1964
22. Bundespräsident **Gustav Heinemann** (Rede an der Schule der Bundeswehr für Innere Führung, Koblenz 1972)
23. Zentrale Dienstvorschrift (ZDv **14/5** Soldatengesetze)
24. Zentrale Dienstvorschrift (ZDv **10/1** Innere Führung)
25. Zentrale Dienstvorschrift (ZDv **14/1** Grundgesetz)
26. ZDv **14/5** Soldatengesetze
27. **NATO-Handbuch,** NATO-Informationsabteilung, Brüssel
28. **Franz Freistetter,** Experiment gewaltfreie Verteidigung - eine Erwiderung auf Theodor Ebert, Beiträge zur Konfliktforschung 3/1972
29. **Friedrich Hacker,** Materialien zum Thema Aggression, Molden-Verlag 1972
30. »**Neutral**« Österreich Januar 90
31. Pressedienst der Deutschen **Bischofskonferenz,** Bensberg, 1991 (PRDD 91 G-01)
32. Das Rote Buch, Worte des Vorsitzenden **Mao Tse-Tung,** Fischer-Verlag, 1967
33. **Frowein** und **Stein,** Rechtliche Aspekte einer Beteiligung der Bundesrepublik Deutschland an Friedenstruppen der Vereinten Nationen, Berlin/Heidelberg 1990
34. Militaire et la **Droit de la Guerre,** Revue de Droit, Brüssel 1989
35. **Mittler-Brief,** Westeurop. Sicherheits- und Verteidigungspolitik, Nr.3,3. Quartal 1990
36. **Handwerger/Kappl/Schneider,** Der politische Prozeß, Buchners-Verlag Bamberg 1988
37. Zentrale Dienstvorschrift (ZDv **15/1**-20 **Kriegsvölkerrecht**)

38. **Graf Baudissin,** Soldat für den Frieden, Pieper-Verlag, München 1969
39. **»Jugend und Bundeswehr«,** SINUS-Institut, Im Auftrag BMVg, Bonn 1991
40. **»Harmelbericht«** Dez 1967
41. »Materialien für den **Staatsbürgerlichen Unterricht**«, BMVg, Bonn 1983
42. **Egon Bahr,** Gemeinsame Sicherheit. Gedanken zur Entschärfung der nuklearen Konfrontation in Europa. In: Europa-Archiv, Folge 14/1982, Seite 427
43. **Karl Kaiser,** Der Nichterstgebrauch von Kernwaffen: Ein falscher Schritt in die richtige Richtung. In: Bundeszentrale für politische Bildung (Hrsg.), Frieden und Sicherheit als Herausforderung, Bonn 1985, 2. Auflage, Seite 210 ff.
44. **Brückner,** Historischer Einschnitt in der Geschichte Europas. In: Soldat und Technik, 2/1991
45. **Information** für die Truppe, 3/91, Bonn 1991
46. **UN Demographic** Yearbook
47. **Henry Kissinger,** »Die Entscheidung drängt«
48. Marschall **Sokolowski,** »Militärstrategie«, Moskau 1968
49. **Egon Krenz,** »Das Vaterland üben und den Feind hassen«, Ostberlin 1979
50. SED-Zeitung **»Freiheit«,** Halle 1959
51. **BMVg** – S I 1 – Az 25-01-00 – vom 12.12.92 (Merkblatt)
52. Dr. **Stefanie Babst/Heribert Schaller,** »Der untaugliche Versuch, Verantwortung zu vermeiden«, Europäische Sicherheit 6/93
53. BMVg, **»Verteidigungspolitische Richtlinien«**
54. **Europäische Sicherheit** 1/93, Bonn, 26.11.92
55. Fernschreiben **Generalinspekteur** der Bw, Bonn 21.04.93

Quellen

56. **Bulletin** Nr. **128,** Presse- und Informationsamt der Bundesregierung, Bonn, 13. Nov. 91 **(Erklärung von ROM über Frieden und Zusammenarbeit)**
57. **Bulletin** Nr. **31,** Presse- und Informationsamt der Bundesregierung, Bonn, 21. März 1992 **(»Wiener Dokument 1992«)**
58. **Bulletin** Nr. **48,** Presse- und Informationsamt der Bundesregierung, Bonn, 8. Mai 1992 **(»Vertrag über den Offenen Himmel«)**
59. **Bulletin** Nr. **68,** Presse- und Informationsamt der Bundesregierung, Bonn, 23. Juni 1992 (Tagung des Ministerrates der Westeuropäischen Union/**»Petersberg-Erklärung«**)
60. Inspekteur des Heeres **»Das deutsche Heer im Umbruch«,** Bonn, 13. April 1992
61. BMVg – Fü S I 3 – Az 35-20-03 – **»Verifikation«** (September 1992)
62. **Der Vertrag über konventionelle Streitkräfte in Europa,** Reihe: Berichte und Dokumentationen, Presse- und Informationsamt der Bundesregierung (ISSN 0172-7575)
63. BMVg – Fü H III 1 – Bericht des deutschen und des französischen Verteidigungsministers über die Aufstellung des **Europäischen Korps**
64. **»Overkill ausgeschlossen«,** Kim Steinbeck in: Loyal 2/93
65. **»Der Welt droht ein Jahrhundert der Bürgerkriege«,** Manfred Kohnke in: »Die Welt« vom 11.01.1993
66. **Neue Dimensionen in der Sicherheitspolitik,** Institut für Sicherheitspolitik an der Christian-Albrechts-Universität zu Kiel (Werner Kaltefleiter/1992)
67. Dr. **Sigrid Westphal**/Dr. **Joachim Ahrenth** in: Information für die Truppe 6/93
68. **Soldat und Technik,** August 1993

69. **Weißbuch 1994** zur Sicherheit der Bundesrepublik Deutschland und zur Lage und Zukunft der Bundeswehr (April 1994)
70. **Konzeptionelle Leitlinie** zur Weiterentwicklung der Bundeswehr, BMVG April 1994 in »Frankfurter Rundschau« vom 04.05.94
71. Vorläufige Leitlinie für die operative Führung von Kräften des Heeres **(»Operative Leitlinie«)** BMVG – Insp H vom 08.02.94
72. Heeresdienstvorschrift **(HDv 100/100)** »Truppenführung« (Neufassung)
73. **Volker Rühe,** Deutschlands Verantwortung (Perspektiven für das Neue Europa), Ulstein 1994
74. **Volker Rühe,** Betr.: Bundeswehr (Sicherheitspolitik und Streitkräfte im Wandel) Verlag Mittler & Sohn 1993
75. **Klaus Naumann,** ehemaliger Generalinspekteur der Bundeswehr (»Soldaten dürfen nicht Mörder genannt werden« Focus 46/1995)
76. **Volker Rühe,** Bundesminister der Verteidigung »Die Neue NATO – Vision und angestrebte Entwicklung«/ Soldat und Technik 6/1996
77. BMVG/FÜS I **»Konzeption für die Reservisten der Bundeswehr«,** 02.09.94
78. BMVG/InspH Weisung **»Reservisten im Heer«,** 13.06.95
79. **Klaus Naumann** 7. Forum: »Bundeswehr und Gesellschaft«, (Welt am Sonntag), 22.03.94
80. **Klaus Naumann,** Ehem.Generalinspekteur: »Die Herzen und Köpfe der Soldaten gewinnen«, in Truppenpraxis 10/1995
81. Bundespräsident **Roman Herzog:** 13. März 1995 »Die Globalisierung der deutschen Außenpolitik ist unvermeidlich«, (40. Jahrestag der Gründung der Deutschen Gesellschaft für auswärtige Politik – Bonn)

Persönliche Notizen

Kapitel 14: Abkürzungsverzeichnis

Abk

	Englisch	Deutsch
ABC	Nuclear, biological,chemical	Atomar, biologisch, chemisch
ABM	Anti-Ballistic-Missile	Rakete zur Abwehr ballistischer Raketen
ACE	Allied Command Europe	Alliiertes Oberkommando Europa
ADM	Atomic Demolition Munition	Atomare Sperrmittel
AFCENT	Allied Forces Central Europe	Alliierte Streitkräfte Europa Mitte
AFCMD	Army Forces Command	Heeresführungskommando
AFNORTH-WEST	Allied Forces Northwest Europe	Alliierte Streitkräfte Europa Nord-West
AFSOUTH	Allied Forces Southern Europe	Alliierte Streitkräfte Europa Süd
ALCM	Air Launched Cruise Missile	Luftgestützter Marschflugkörper
AMF	Allied Command Europe Mobile Force	Beweglicher Eingreifverband für den Kommandobereich Europa
AO	Army Office	Heeresamt
ARRC	ACE Rapid Reaction Corps Schnellreaktions Korps	Alliiertes Oberkommando Europa
AS	Army Staff	Führungsstab des Heeres
ASPTCMD	Army Support Command	Heeresunterstützungskdo
AWACS	Airborn Warning and Control System	Luftgestütztes Frühwarnsystem
BALTAP	Allied Forces Baltic Approaches	Alliierte Streitkräfte Ostseezugänge
BGBI	Bundesgesetzblatt	
BGS		Bundesgrenzschutzgesetz
BLG		Bundesleistungsgesetz
CBM	Confidence Building Measure	Vertrauensbildende Maßnahme
CD	Conference on Disarmament	Genfer Abrüstungskonferenz
CINCCENT	Commander in chief Central Europe	Oberbefehlshaber Europa Mitte
CINCSOUTH	Commander in chief Southern Europe	Oberbefehlshaber Europa Süd
CM	Cruise Missile	Marschflugkörper
CONUS	Continental United States	Territorium der Vereinigten Staaten

	Englisch	Deutsch
EAG		Europäische Atomgemeinschaft
EEA		Einheitliche Europäische Akte
EG		Europäische Gemeinschaft
EGKS		Europäische Gemeinschaft für Kohle und Stahl
EUREKA	European Research and Coordination Agency	Europäische Forschungsagentur
EUROKORPS		deutsch-französisches Korps der WEU
EVG	European Defense Community	Europäische Verteidigungsgemeinschaft
EWG		Europäische Wirtschaftsgemeinschaft
FBS	Forward Based System	Nuklearfähige Systeme der NATO/USA in Europa
FK		Flugkörper
GECONIFOR	German Contingent Implementation Forces	Deutsches Kontingent IFOR (Bosnien)
GG		Grundgesetz
GLCM	Ground Launched Cruise Missile	Landgestützter Marschflugkörper
GS	Secretary General	Generalsekretär
GUS		Gemeinschaft Unabhängiger Staaten (Nachfolger SU)
HNS	Host Nation Support	Unterstützung verbündeter Streitkräfte
HVK	Main Defense Forces	Hauptverteidigungskräfte
IBUK		Inhaber der Befehls- und Kommandogewalt
ICBM	Intercontinental Ballistic Missile	Interkontinentalstrategische ballistische Rakete

	Englisch	Deutsch
IEPG	Independent European Programm Group	Unabhängige europäische Programmgruppe
INF	Intermediate Range Nuclear Forces	Mittelstreckenwaffen
IRF	Immediate Reaction Forces	Sofortreaktionskräfte (wie AMF)
KatSG		Katastrophenschutzgesetz
KRK		Krisenreaktionskräfte
KSE		Konferenz über Sicherheit in Europa
KSZE	Conference on Security and Cooperation in Europe (CSCE)	Konferenz über Sicherheit und Zusammenarbeit in Europa
KVAE	Conference on Confidence and Security Building Measures and Disarmament in Europe (CDE)	Konferenz über Vertrauens- und Sicherheitsbildende Maßnahmen und Abrüstung in Europa
KWFZ	Nuclear weapons free zone	Kernwaffenfreie Zone
KWKG		Kriegswaffenkontrollgesetz
LANDCENT	Land Forces Central Europe	Landstreitkräfte Europa Mitte
LANDJUT	Allied Forces Jutland	Alliierte Streitkräfte Schleswig-Holstein/Jütland
LOC	Lines Of Communication	Verbindungslinien
LRINF	Long Range Intermediate Nuclear Forces	Mittelstreckenwaffen größerer Reichweite
MAD	Mutual Assured Destruction	Gegenseitige gesicherte Zerstörungsfähigkeit
MARV	Maneuverable Reentry Vehicles	Steuerbarer Wiedereintrittsflugkörper
MC	Military Committee	Militärausschuß
MDF	Main Defense Forces	Hauptverteidigungskräfte
MIRV	Multiple Independently Targetable Reentry Vehicles	Mehrfach unabhängig zielprogrammierbarer Wiedereintrittsflugkörper

	Englisch	Deutsch
MND-C	Multinational Division-Central	Multinationale luftbewegliche Division beim ARRC
Mob	Mobilisation	Mobilisierung
MRV	Multiple Reentry Vehicle	Mehrwiedereintrittskörper
MSZ		Militärstrategische Zielsetzung
MVW		Massenvernichtungswaffen
NATO	North Atlantic Treaty Organisation	Nordatlantische Allianz
NDAC	Nuclear Defense Affairs Committee	Ausschuß für Nukleare Verteidigungsfragen
NPG	Nuclear Planning Groupe	Nukleare Planungsgruppe
NPT	Nonproliferation Treaty	Nichtverbreitungsvertrag
NVA		Nationale Volksarmee
NWFZ	Nuclear Weapons Free Zone	Nuklearwaffenfreie Zone
POD	Port Of Deembarkation	Entladehafen
POE	Port Of Embarkation	Verladehafen
POMCUS	Pre-Positioning of Overseas Material Configurated in Unit Sets	In Vorratslagern (in Übersee) einheitsweise aufgeteilt lagernde Waffen und Geräte der US-Streitkräfte
PTBT	Partial Test Ban Treaty	Teilweiser Teststopp-Vertrag
QRA	Quick Reaction Alert	Schnelle Reaktionsbereitschaft
RDF	Rapid Deployment Forces	Schnelle Verstärkungskräfte
RDJTF	Rapid Deployment Joint Task Force	Schnelle Eingreiftruppe
REFORGER	Return of Forces to Germany	Rückkehr von Streitkräften nach Deutschland
ROE	Rules Of Engagement	Verhaltensregeln
RRF	Rapid Reaction Forces	Schnellreaktionskräfte (wie ARRC)

	Englisch	Deutsch
SACEUR	Supreme Allied Commander Europe	Oberster Alliierter Befehlshaber Europa
SALT	Strategic Arms Limitation Talks	Gespräche über die Begrenzung strategischer Waffen
SED		Sozialistische Einheitspartei Deutschlands
SDI	Strategic Defense Initiative	Strategische Verteidigungsinitiative
SG		Soldatengesetz
SHAPE	Supreme Headquartes Allied Powers Europe	Oberkommando der Alliierten Streitkräfte in Europa
SLBM	Sealaunched Ballistic Missile	Seegestützte Ballistische Rakete
SLCM	Sealaunched Cruise Missile	Seegestützte Marschflugkörper
SNF	Short Range Nuclear Forces	Nuclearstreitkräfte kurzer Reichweite
SOFA	Status Of Forces Agreement	Truppenstatut
SOP	Standing Operations Procedure	Verfahrensrichtlinie
SRINF	Short Range Intermediate Nuclear Forces	Mittelstreckenwaffen kürzerer Reichweite
StGB		Strafgesetzbuch
SS-N	Sub-Surface Nuclear	Nuklear-U-Boot
STAN-FORCHAN	Standing Navel Force Channel	Ständige Seestreitmacht Ärmelkanal
STANAV-FORLANT	Standing Navel Force Atlantic	Ständige Seestreitmacht Atlantik
START	Strategic Arms Reduction Talks	Verhandlungen über die Reduzierung strategischer Waffen
UK	United Kindom	Großbritannien
UN, UNO	United Nations	Vereinte Nationen (UN/VN)
UNESCO	United Nations Educational, Scientific and Cultural Organisatio	UN-Organisation für Erziehung, Wissenschaft und Verkehr

	Englisch	Deutsch
VBM	Confidence Building Measure/CBM	Vertrauensbildende Maßnahme
VKSE		Verhandlungen über Konventionelle Streitkräfte in Europa
VPR		Verteidigungspolitische Richtlinien
VVO		Vorgesetztenverordnung
VVSBM		Verhandlungen über vertrauens- und sicherheitsbildende Maßnahmen
WBO		Wehrbeschwerdeordnung
WDO		Wehrdisziplinarordnung
WEU	Western European Union	Westeuropäische Union
WP	Warzaw Pact	Warschauer Pakt
ZDv		Zentrale Dienstvorschrift
ZMZ	Civil-Military-Cooperation (Cimic)	Zivil-militärische Zusammenarbeit

Kapitel 15: Stichwortverzeichnis

!

!

!

!

!

!